Ulla Janascheck
Cambrá Maria Skadé

Göttinnen-zyklus

Arun

Arun-Verlag, Ortsstr. 18, D - 07407 Engerda.
Tel: 036743-2330, Fax: 036743-23317.
Email: info@arun-verlag.de, Homepage: www.arun-verlag.de.
Illustrationen und Titelbild: Cambra Maria Skadé.
Herstellung Buch: Hubert & Co., Göttingen.
Herstellung der Karten: Spielkartenfabrik Altenburg.
Konfektionierung: Lindner, Mühlau / Sachsen.

ISBN 3-935581-35-1

Inhalt

für die Göttin in dir und mir,
die Ahninnen, Mütter und Töchter
für unsere Familie und Freundinnen

Tanz im Sternenrad

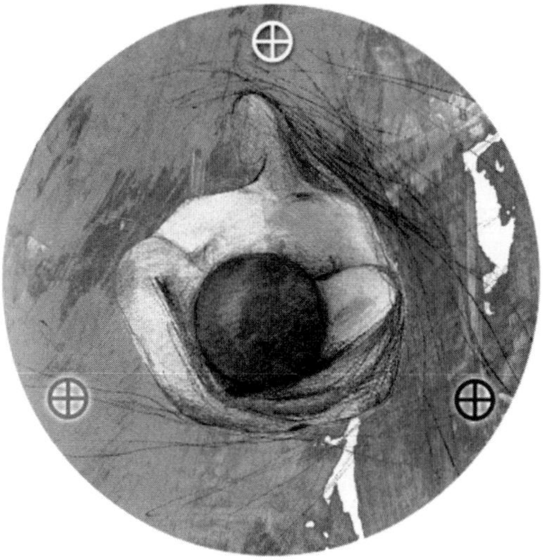

...statt einer Einleitung...

Es war an einem kalten Wintertag, dem dunkelsten Tag im Jahr, als sich zwölf heilige Frauen trafen, um die Wiederkehr des Lichts zu feiern. Sie versammelten sich an ihrem Lieblingsort, hoch oben auf dem Hügel, dessen sanftes Rund den Himmel zu berühren schien. In drei Richtungen öffnete sich der Blick auf die graublauen Wellen des Meeres, die sich, vom Sturm gestärkt, wild aufbäumten und deren Rhythmus vom ewigen Kommen und Gehen sang. Den Rücken der Frauen stärkte ein hoher Berg, der erhaben die Wolken teilte. Der Wind blies in ihre Gesichter und ihre wollenen Kleider, blähte sie auf, so dass es den Anschein hatte, als würden sie sich gleich in die Lüfte erheben. Vor ihnen lag der alte Steinkreis. Seine zerklüfteten Felsen warfen gigantische Schatten, sobald die fliegenden Wolken den Blick auf den hellen Mond freigaben. Wie jedes Jahr umkreisten sie den heiligen Ort dreimal gegen den Uhrzeigersinn, einander in gelöster Sammlung folgend, bevor sie durch die beiden eng zusammen stehenden großen Steine, die sich an der Spitze berührten und auf der Erde einen schmalen Durchgang gewährten, eintraten. Sie mussten sich zusammenkauern, ganz klein werden, um durch die Lücke zu kriechen. Jede grüßte die Mutter auf ihre Weise, während sie eintrat. Dann liefen sie von Stein zu Stein, diese liebevoll berührend. Schneller und schneller liefen sie, hinter einander her, ihre Füße schienen vom gleichen Rhythmus erfasst zu werden. Sie jauchzten und stießen schrille Schreie aus, sie brummten und murmelten, räusperten sich und husteten bis ihre Stimmen frei waren. Sie rannten und lachten und weinten, bis sie leer wurden. Dann begannen sie zu tanzen. Links herum, von den Steinen geführt, tanzten sie eine große Spirale in die Mitte des Kreises. Sie ließen los von der Anspannung, der Erschöpfung, von den Erinnerungen des vergangenen Jahres. Sie wurden zu alten Greisinnen, während sie tanzten - gebrechlich. Tiefe Furchen zogen sich durch ihre Gesichter. Sie sangen vom Leid auf Erden, dem Tod und der anderen Welt, ihre furchterregenden Schreie hallten über das Meer. Um zu sterben, in der Mitte des Kreises. Die Mondin schob sich durch die Wolken und ihr silbernes Licht berührte die dürren vertrockneten Körper in der Mitte des Steinkreises. Deren Skelette bildeten einen kleinen, unscheinbaren Haufen durcheinander gewürfelter Knochen. Eine weiße neblige Lichtspirale stieg aus der Mitte des Kreises in den Himmel und verband sich mit dem Strahlen der Mondin. Ein tiefer Klang ließ sich wahrnehmen und schien den Gesang der Wellen, des Windes, der wilden Natur zu tragen. Die Steine summten in einem so tiefen Ton, der sich wie HUNG anhörte. Er schien direkt aus den Eingeweiden der Mutter zu kommen. Der Ton war ruhig, gleichförmig, unveränderlich, ewig. Aus ihm heraus wurde geboren und in ihm wurde gestorben. Er war die Welt. Da hielt sogar der Wind den Atem an. Das Meer glättete sich, und die Wolken verweilten an ihrem Ort. Stille - getragen vom ewigen HUNG. Die Strahlen der Mondin erleuchteten den heiligen Ort. Die Steine vibrierten und klangen. Aus dem Zentrum der Mondin entstand eine milchig weiße Lichtspirale. Rechtsherum suchte sie sich den Weg zur Erde. Eine wilde, junge, rotgekleidete Amazonenfrau sprang in den uralten Kreis. Ihre lauten Schreie schienen die Welt zu wecken. „Ich habe den Mut und die Entschlossenheit mitgebracht", gellte ihre hohe Stimme: „und die Kampfbereitschaft." Sie wurde gefolgt von einer behäbigen Mutter, deren erdfarbenes Kleid aus Blättern, Wurzeln und Wolle gewirkt war. „Ich bringe die Nahrung und die Sicherheit", sang sie und warf in rhythmischen, langsamen Bewegungen Körner und Reis auf die gefrorenen Erdschollen. Sie glich Mutter Erde. Nach ihr erschien eine luftige, durchscheinende feenhafte Gestalt, Mnemosyne geworden. Blüten schmückten ihr farbiges, wildes Haar. Sie lachte und tanzte und gluckste, während sie sich bewegte, ohne jemals still zu halten. „Ich bringe die Geschichten und die Sprache mit mir", kicherte sie, während sie umherhüpfte und mit allen Steinen gleichzeitig Kontakt aufzunehmen schien. Dann löste sich aus dem weißen Licht eine Gestalt, die an Maya-Shakti erinnerte. Silbern schien sie von innen heraus zu leuchten, alterslos war ihr Gesicht, nackt flossen ihre Bewegungen durch den Kreis. Sie änderte ihre Gestalt, je nachdem, wie sie vom Licht bestrahlt wurde und wohin ihr Blick fiel. Stand sie vor einem Stein, verwandelte sie sich in eine zerfurchte, von Leben gezeichnete Weise, blickte sie auf das Meer, ähnelte sie eher einer Meerjungfrau. „Ich bringe die Träume, Wünsche und Wunder", sang sie murmelnd. Man musste ihr schon sehr aufmerksam zuhören, um sie zu verstehen. Begleitet von mitreißender Musik löste sich jetzt eine Frau aus der Spirale, die Shakti Deva so, wie man sie kannte, ähnelte. Ihr wirbelnder Tanz belebte die alte Stätte und schien sie zu verjüngen. „Ich bringe die Freude und die Ekstase", rief sie und schüttelte elegant eine Erdkrume aus ihrem goldenen Gewand. Gefolgt wurde sie von einer unscheinbaren weiblichen Gestalt, einer vestalischen Priesterin. Ganz in weiß hatte sie sich gleich unauffällig unter die Reihen ihrer Schwestern begeben. Sie war damit beschäftigt, ein Brot zu teilen und den anderen anzubieten. „Ich bringe die Reinheit und die Hilfsbereitschaft", sprach sie mit klarer Stimme und bückte sich, um vorsichtig die Beine einer Spinne zu entwirren, die strauchelnd auf einer Erdscholle umherkugelte. Dann erschien eine Frau, die Venus Aphrodite glich. Leichtfüßig tänzelte sie in die Runde, ihr weites Kleid war mit vielen Steinen, kleinen Spiegeln und Blüten besetzt. Ihre langen Haare glänzten im Mondschein, und ihr Lächeln öffnete allen Anwesenden das Herz. So berührt fanden sie sich jetzt in Paaren zusammen, hielten sich an den Händen und tanzten zur Musik von der zu Shakti Deva Gewordenen. „Ich bringe die Bezauberung, die Kunst und die erotische Liebe", lachte sie und wirbelte die wilde Amazone im gemeinsamen Tanz. Dann wurde es wieder dunkel. Eine schwarze Gestalt tauchte aus dem Nebel auf. Blut tropfte ihr aus dem Mund und weiße, scharfe Zähne blitzten auf. Die Felsen des Steinkreises verwandelten sich in geisterhafte Wesen, die von uraltem Leben erfüllt zu sein schienen. Die Augen der dunklen Frau sandten Blitze umher, ihre Kraft wirkte unermesslich. „Ich bringe die Magie und die Transformation." Ihre tiefe Stimme brachte die Unterleiber der anwesenden Frauen ins Schwingen. Stille ergriff den Kreis. Gebannt schauten sie in das Zentrum. Die Blutige, in ihrer Erscheinung ganz Kali Ma, tanzte, riss sich dabei den Kopf ab und das hervorschießende Blut zeichnete Muster auf die Kleider der Anwesenden. Sie fing es mit ihrer Schädelschale auf und bot jeder Einzelnen einen Schluck daraus an. Sie schlürften das Blut. Als die Letzte getrunken hatte, hielt sie inne und befestigte ihren Kopf wieder am Rumpf. Irrsinnig klang ihr wildes Gelächter. Die Augen der heiligen Frauen begannen von innen heraus zu strahlen. Unsterblich war ihre Kraft geworden, erneuert, auch wenn sie Jahr für Jahr den alten Körper verließen. Ihre Tanzschritte fanden die gleichen Bewegungen, sie begannen, im Kreis in stampfenden, trommelnden Schritten entlang der Steine zu wirbeln. Bis eine Frau - Sophia - erschien. Ihr Kopf war von einer kleinen Krone geschmückt. Ein großes Rad in den Händen haltend drehte sie dessen Speichen und rief eine Versammlung ein. „Haltet inne, meine Schwestern. Ich bringe die Weisheit, die Erlösung und die Fülle. Ich bin die Retterin, solange Wesen diese Erde beleben.“ Die anderen verneigten sich vor ihr. Die Weise, die an Mnemosyne erinnerte, schmunzelte. Dass sie immer so übertreiben musste! Dann aber reihte sich Sophia unter die Tänzerinnen und setzte den wilden Tanz gemeinsam mit ihnen fort. Es entstand aus dem weißen Licht der Spirale eine knochige, asketisch wirkende Frau. Sie war sparsam bekleidet und Schlangen wanden sich durch ihr Haar. „Ich bringe die Enthaltsamkeit und die Kraft der klaren Entscheidung“, sprach sie. Ihre eisige Stimme durchschnitt die Luft. Die Worte kristallisierten sich in den Herzen der anderen heiligen Frauen. Für einen Moment erstarrten sie versteinert. Die Zeit hielt inne. Sie sahen das Jetzt. Dann reihte sie sich als Maat unter die Tänzerinnen. Doch was war das? Auf dem Kopf, mit den Beinen nach oben, fiel etwas aus der Spirale, das einer Närrin ähnelte. War es Mensch, Tier, Göttin oder einfach ein Unfall? War es überhaupt eine Frau? Die Teile des Körpers schienen nicht zueinander zu passen, ein Flickwerk aus bekannten Teilen ergab in der Zusammensetzung keinen Sinn. „Ich bringe das ver-rückt-Sein, die Einfälle und Überraschungen“, witzelte sie, die Varuna geworden war. „Denkt nur nicht, dass ihr den Sinn so schnell finden könnt.“ Unsinnige Wortkombinationen reihte sie so aneinander, dass keine der Anwesenden die Sprache verstand und sich ihre Sinne verwirrten. Gerade als sie sich etwas genervt wieder ihrem Tanz zuwenden wollten, rief die Amazone glücklich: „Ich hab´s!“ Aus ihrer Körperöffnung fiel ein rotgoldenes Ei. Die Erdmutter fand an dieser Stelle einen grünen Keimling, den sie liebevoll streichelte. Mnemosyne schaute und fand kostbaren Blütenstaub, den sie gleich umherblies. Maya-Shakti fand eine Muschel und tönte in ihr Horn. Shakti Deva entdeckte ein strahlendes Herz. Vestia hob dankbar eine Streichholzschachtel auf. Venus Aphrodite schwebte eine duftende Kamelienblüte entgegen, die sie sich ins Haar steckte. Kali Ma saß auf einem Gefährten, und Sophia fand eine Glocke. Maat konzentrierte sich auf ihren Diamanten. „Danke“, sangen die Schwestern. Verwirrung brachte doch auch immer überraschende Wendungen mit sich. Nun konnten sich alle während des kommenden Jahres ihrer Aufgabe entsinnen. Sie begannen wieder zu tanzen. Die letzte der Frauen ließ wie immer auf sich warten. Sie kannten das schon. Oft traf sie schon beim Werden in der Lichtspirale eine Motte oder ein Staubkorn, die sich darin verirrt hatten und befreite sie aus dem blendenden Licht. Manchmal wachte sie auch zu spät wieder auf und kam dann in letzter Sekunde. So tanzten die anderen und stimmten ihren dreistimmigen Gesang an, der die Steine zum Schwingen brachte. Mehr und mehr Kraft entstand im Inneren des Kreises. Der Raum zwischen den Steinen füllte sich mit Wärme, vom Winter war nichts mehr zu merken. Die Quarze der alten Steine begannen zu summen. Ein ganz hoher Ton entstand, der fast sichtbar einen Lichtring über dem Kreis schweben ließ. Innerhalb des Rings manifestierte sich nun eine Frau als Mari. Wenn sie erschien, traten allen anderen Tränen in die Augen. Sie erinnerten sich daran, dass die Zeit viele Verwirrungen und Verirrungen mit sich brachte und viele Lebewesen vergaßen, woher sie kamen. Sie erinnerten sich auch an das Leid und das Unglück, an die Hilfe, die viele benötigten, und weinten vor Rührung über die Liebe, die Mari ausstrahlte. Wenn man sie traf, wusste man. Wortlos begann Mari, sich hin und her zu wiegen, und die heiligen Frauen tanzten nun rechtsherum vom Zentrum aus eine Spirale, bis sie die Steine erreichten. Das Licht war geboren und würde durch das kommende Jahr leuchten. Gemeinsam huldigten sie ihrer dreizehnten unsichtbaren Schwester, die in der geborgenen Dunkelheit des ungeborenen Raumes blieb. Dann vereinten sie sich zu einem letzten gemeinsamen Mahl und suchten schließlich ihre Wirkstätten auf, um dort die wechselnden Jahreszeiten zu verbringen. Mari glitt vom Hügel herab ins Meer.

Einführung

Die Idee zu diesem Orakelspiel entstand ganz spontan auf der Buchmesse 2001, als mir überraschend angetragen wurde, ein astrologisches Spiel zu entwickeln. Da ich mich seit vielen Jahren sowohl mit Astrologie als auch mit den Göttinnenmysterien beschäftige, bedeutete mir eine spontane Eingebung, doch beide Thematiken miteinander zu verbinden. Denn insbesondere für Astrologie interessierte Frauen ist es bisweilen schwierig, sich mit der patriarchalen Symbolik der griechischen Götterwelt auseinander setzen und identifizieren zu müssen, nur weil sie die Gesetzmäßigkeiten der Zeit, das Leben im Einklang mit darin verbundenen Wechseln - die Astrologie - verstehen wollen. Das Erfassen der einzelnen Themen des Tierkreises erfährt unter Berücksichtung der weiblichen Aspekte eine neue Dimension.

Das astrologische System, d.h. der Tierkreis mit den zugeordneten Planeten und Häusern, ist ein sehr altes System, welches die Veränderungen des Lebens in einzelnen Schritten von Geburt bis zum Tod und der Wandlung zur neuen Geburt ausdrückt. Der Tierkreis geht ursprünglich auf das **Rad des Lebens** im asiatischen Raum zurück (vgl. Johann Munzer, Nidana-Astrologie). Er entspricht ebenso dem **karmischen Rad** - einem Symbol für die Göttin in ihrer Funktion als Gebieterin des Schicksals - wie auch dem **Rad der Galaxis** oder der Milchstraße, das sich spiralförmig um die Yoni (das weibliche Geschlechtsteil) oder den Nabel der Göttin bewegt. Das **Rad der Zeit** war auch das **Glücksrad**, das von Fortuna, der dreigestaltigen Göttin des Schicksals, gedreht wurde.

Das Rad ist ein Symbol der Ganzheit. Seine ursprüngliche Unterteilung in dreizehn veränderliche Abschnitte richtete sich nach den dreizehn Monden, die sich im Laufe eines Erdumlaufs um die Sonne füllen und leeren. Damit verbunden fanden entsprechende Festlichkeiten statt, Tänze und Rituale, die das jeweils zugrundegelegte Lebensthema feierten und so dessen Bedeutung im Bewusstsein der Gemeinschaft verankerten (in meinem Buch: „Göttin der Gezeiten" findet sich dazu mehr, insbesondere zu den machtvollen Aspekten der Göttinnen und der sie begleitenden Symbolik, einschließlich der Spuren der Göttinnen in heutigen Festlichkeiten und Ritualen. Auch in Cambras Buch „Töchter der Mondin" wird man darüber hinaus fündig).

Mit diesem Wissen im Hintergrund folgte ich also meiner ursprünglichen Idee und beschloss, dem durch die patriarchale Symbolik der griechischen Götterwelt dargestellten astrologischen System, dem Tierkreis, eine matriarchale Symbolik zuzuordnen. Ich suchte Göttinnen, Künste und Wirkstätten aus verschiedenen Kulturräumen und ordnete deren Energien den entsprechenden Planeten-, Tierkreis- und Häuserenergien zu. Die getroffene Auswahl an Göttinnen ist als Vorschlag eines durch weibliche Vertreterinnen repräsentierten astrologischen Systems zu verstehen. Es lassen sich sicherlich darüber hinaus noch viele andere Göttinnen finden. Mein Wunsch war, die weiblichen Aspekte der zwölf Energien zu beschreiben. So machte ich mich auf die Suche und wurde fündig.

Nun fehlte noch eine Malerin, die den Inhalt des Beschriebenen in entsprechende Bilder umsetzen konnte. Nach einigen Schwierigkeiten bei der Suche wurde ich zu einer Ausstellung von Cambra Skadé im Wiesbadener Frauenmuseum eingeladen. Als ich ihre Bilder sah, fühlte es sich an, wie Geburtstag - sie waren wie Geschenke an meine Seele - jedes Einzelne sprach mich auf einer tiefen Ebene an und bewirkte Glück. Wir trafen uns, und Cambra beschloss, das Göttinnenorakel zu bebildern, was einfach wunderbar ist.

Möge diese Darstellung des Rads der weisen Frauen allen interessierten Frauen ermöglichen, ihr Frausein wiederzuerkennen, anzuerkennen, aus diesem Bewusstsein heraus zu handeln und ihre Lebensräume zu gestalten.

Göttinnen

Die ersten zwölf Kapitel stellen die Göttinnen vor und berichten über ihr innerliches Ansinnen. Sie lassen sich als Ahninnen und Kräfte verstehen, die in ihrer reinen Form wirken und sich bei jedem Menschen zu unterschiedlichen Zeiten in verschiedener Stärke ausdrücken. Sie sind sowohl Archetypinnen als auch psychische Kräfte, die uns zur Verfügung stehen, wenn wir sie in ihrer Weisheit und Ausdruckskraft anerkennen und innerlich aufsuchen.

Nach wie vor sind insbesondere Frauen verwundbar, wenn sie sich in den durch männliche Werte dominierten hierarchischen Herrschafts- und Machtsystemen bewegen und behaupten müssen. In einer Welt, die vorwiegend an lebensfeindlichen, d.h. spirituell nicht-integrierten Lern-, Arbeits- und Freizeitritualen, an männlich-intellektuellen Interessen, Bedürfnissen und Werten ausgerichtet ist, gerät die Durchsetzung der vielfältigen zyklischen weiblich-gefühlten Interessen, Leidenschaftlichkeiten und des aus sozialer Verantwortung heraus geborenen Mitgefühls allzu oft ins Stocken, treffen weibliche Gestaltungsansprüche häufig auf massiven inneren und äußeren Widerstand.

Die Seelenenergie macht sich jedoch immer bemerkbar. Sie bedarf der spirituellen Nahrung und der Liebe, um durch den roten Faden fließen zu können, den das Leben webt. Die Rückbesinnung auf die ursprüngliche Kraft der Göttinnen vermag dazu beizutragen, dass sich unsere Lebensenergie wieder auflädt. Die Göttinnen sind unsere Quelle. Sie gebaren das Leben, um es wieder zu sich nehmen. Sie begleiteten Transformation und Wandel. Als Schwellenhüterinnen der Übergänge führten sie sicher auf die andere Seite oder in andere Ebenen und prüften die Seelen, ob sie reif waren, den Schritt zu tun. Sie waren schon immer da, seit Anbeginn der Zeit und atmen die Lebensenergie in die Vielfalt der seitdem entstandenen Formen. Sie sind Ausdruck der einen Energie, die alles Leben durchwirkt. Ihre Erscheinungen sind vielfältig, dem Zeitgeschehen des jeweiligen Kulturraums angepasst. Die aktive Energie der Göttinnen zeichnet sich durch Mitgefühl und Weisheit aus, die sich auf ganz verschiedene Weise ausdrücken kann.

...ihre Künste

Es folgen die den Tierkreis ersetzenden zwölf Künste, die von den Göttinnen ausgeübt werden. Ich habe einfache Tätigkeiten ausgesucht, um den Inhalt der Themen der Tierkreiszeichen zu illustrieren. Nachdem die Seele zu ihrer Weisheit gefunden hat, möchte sie diese auch aktiv ausdrücken. Eine Göttin handelt - so wie es die Situation und der Moment erfordern - aus ihrer inneren Weisheit heraus. Wenn wir uns an die unter den einfachen Handlungen verborgene Symbolik erinnern, fällt es leichter, dem Alltagsgeschehen einen Sinn zu geben. Jede Handlung zieht eine Konsequenz nach sich und diese führt wiederum zu einer Handlung... So gestaltet sich das Leben. Aktion und Reaktion weben ein Muster, das ein Bild im Lebensteppich entwirft. In seltenen lichten Momenten gelingt es, das Bild zu erkennen. Laufen die Muster nicht automatisch ab, sondern gewinnt man Raum durch Reflexion, Meditation oder einfach nur Innehalten, vergrößert sich der Handlungsspielraum ungemein und abwechslungsreiche Bilder schmücken den Teppich. Bewusstes Handeln mit der richtigen Motivation führt zu Glück. So sind die Künste der Göttinnen zwar einfach und unkompliziert, tragen jedoch die Motivation der Eingebundenheit in sich. Als Ausführende werden die Göttinnen zu Menschen des Alltags, die ihrer Berufung nachgehen. Göttinnen handeln nicht im Himmel, sondern auf der Erde in dem Bewusstsein der Ganzheitlichkeit. Die zwölf „Berufenen“ sind zeitlos. Sie leben mit dem Wissen der Vergangenheit im heutigen Geschehen. Ich habe die Künste der Göttinnen so ausgewählt, wie sie mir die Themen, die traditionell den Tierkreisenergien zugeordnet werden, passend umzusetzen und ins Leben zu tragen schienen. Sicherlich lassen sich hier, ebenso wie bei den Planetenenergien, andere finden und zuordnen. Im Spiel verweisen sie auf Aktivitäten, deren Ausübung hilfreich sein kann. Wichtig ist, sich die jeweilige Motivation, von der die Handlungen getragen sind, bewusst zu machen.

...ihre Wirkstätten

Den Themen der zwölf Häuser des Tierkreises entsprechend habe ich zwölf „heilige“ (englisch: holy - whole - ganz) Wirkstätten gesucht, an denen die Göttinnen aus ihrem Weisheitswissen heraus ihre Künste verwirklichen. Es sind Orte, an denen Göttinnen gehuldigt wurde, Rituale ausgeübt wurden und an denen sie angetroffen werden konnten.
Der Ort ist gleichzeitig Wirkstätte und Raum der rituellen Handlung - hier kann der befruchtende Kontakt stattfinden. Wirkstätten sind auch Außenräume. Der Kontakt mit der Außenwelt ermöglicht, dass die Persönlichkeit reifen kann. Wird eine weise Handlung am richtigen Ort ausgeführt, ist das Leben in Ordnung. So stellen die zwölf Häuser des Tierkreises die Wirkstätten der Göttinnen, den Raum für das Handeln zur Verfügung. Erfahrungen lassen sich dort sammeln und Aufgaben können erfüllt werden. Im Spiel sind die entsprechenden Karten als Aufgabengebiete in der Außenwelt zu verstehen. Man muss sich aktiv aufmachen, um sie aufzusuchen. Übertragen lassen sie sich auch als Aufbruchstimmung deuten - etwas „zieht in eine Richtung“, der man getrost folgen kann, um seine Aufgabe auf angemessene Weise zu erfüllen. Die Wirkstätten finden sich im Außen und im Innen. Sie können auch Innenräume sein, die sich erschließen, indem man

sich hineinbegibt. Außen und Innen unterscheiden sich weitaus weniger als man denkt. In Umbruchsphasen, wenn die Seele beschlossen hat, sich auf eine neue Reise einzulassen, wirken die Umstände, der Außenraum, eher bedrückend, zu eng oder einfach nicht mehr passend. Ein neuer Raum möchte erschlossen werden. Nach dem Prinzip des Spiegels erschafft die geistige Einstellung die Welt. Um sich selbst erkennen zu können, träumt die Seele die Erscheinungen. Räume kann man gestalten, aufsuchen, verändern - verlassen, besuchen und errichten. Man kann sie auch verkommen lassen und sich nicht um sie kümmern. Räume sind einfach da. Sie bewegen sich nicht von selbst, stellen sich aber zur Verfügung. In jedem Raum kann man etwas anderes tun - einer anderen Beschäftigung nachgehen. Räume haben ihre besondere Wirkung, tragen bestimmte Energien und haben Grenzen. Sie bieten Schutz und die Möglichkeit zur konzentrierten Handlung. Räume können aber auch zu Gefängnissen werden - wenn man sich scheut, sie hin und wieder zu verlassen. Die Wirkstätten der Göttinnen bieten die Möglichkeit, Erfahrungen durch Handlungen zu sammeln - wenn man sich in Bewegung setzt, um den entsprechenden Raum aufzusuchen. Manchmal muss man sich dazu überwinden.

Für das Spiel ist es unbedeutend, ob du dich bereits mit Astrologie beschäftigt hast oder nicht. Denn die Göttinnen, ihre Künste und Wirkstätten lassen sich auch so verstehen. Die von mir vorgeschlagenen Deutungen am Ende jedes Kapitels enthalten aus diesem Grund keine astrologischen Fachwörter. Trotzdem erläutert die folgende Tabelle die Zuordnungen, die von mir getroffen wurden:

Zuordnungen

I.	Haus/die Wildnis	♈	Widder/jagen - den Weg bereiten	♂	Mars/Amazonen
II.	Haus/die Niederlassung	♉	Stier/töpfern - das Gefäß bilden	⊕	Erde/Erdmutter
III.	Haus/der Wissensraum	♊	Zwillinge/Geschichten erzählen - überliefern	☿	Merkur/Mnemosyne
IV.	Haus/die Höhle	♋	Krebs/spinnen - das Schicksal gestalten	☽	Mond/Maya-Shakti
V.	Haus/der Tempel	♌	Löwe/tanzen - das Selbst ausdrücken	☉	Sonne/Shakti-Devi
VI.	Haus/das heilige Feuer	♍	Jungfrau/backen - die Ernte verwandeln	⚶	Vesta/Vestia
VII.	Haus/das Atelier	♎	Waage/malen - in Beziehung treten	♀	Venus/Ishtar
VIII.	Haus/der geheime Ort	♏	Skorpion/zaubern - klingen - sehen	♇	Pluto/Kali Ma
IX.	Haus/der Festsaal	♐	Schütze/den Thron besteigen - sich erheben	♃	Jupiter/Sofia
X.	Haus/die Einsiedelei	♑	Steinbock/das Gebäude errichten - bergen	♄	Saturn/Maat
XI.	Haus/das Luftschloss	♒	Wassermann/Geist beflügeln - sich vernetzen	♅	Uranus/Varuna
XII.	Haus/das Boot	♓	Fische/durchschauen - sich hingeben	♆	Neptun/Mari

Für AstrologInnen ergeben sich aus dem Spiel noch einmal neue Deutungsmöglichkeiten. Jede Energie wird auf drei verschiedenen Ebenen gedeutet, wobei diese nicht hierarchisch, sondern im Sinne des Kreises zu verstehen sind. Es gibt keine höhere oder niedrigere Entwicklung, eher geht ein Zustand in den nächsten über, um sich letztendlich wieder im Kreis zu schließen. Man kann sie als Reifeprozesse verstehen, aber auch als Abschnitte innerhalb eines Zeichens. So gehört eine „weiße" Amazone z.B. zu der Energie der ersten 10° des Widderzeichens, eine „rote" Erzählerin siedelt sich zwischen 10° und 20° Zwillinge an und eine „schwarze" Höhle ist zwischen 20° und 30° des vierten Hauses zu finden. Kennst du dich aus, kannst du dein Wissen in die Deutung mit einbeziehen.

Die Karten

Die Karten sind rund und damit eingebunden in das zyklische Geschehen. Ihre Neigungsgrade geben Auskunft über den Entwicklungsstand der beinhalteten Energie, der, wie schon gesagt, nicht im hierarchischen Sinn zu verstehen ist, sondern eher so, dass ein Zustand einfach unweigerlich in den nächsten führt. Man kann in einem Kreis gefangen sein, wobei sich dann der reife Zustand wieder in den jugendlichen verwandelt und sich die Lektion einfach wiederholt oder auch spiralförmig „weitergeht", d.h. in die Energie der Folgekarte übergeht. Bewertungen diesbezüglich sollte man bei der Deutung außen vor lassen. Innerhalb eines (gedachten) Dreiecks im großen Rund sind jeweils drei Symbole angeordnet, ein weißes, rotes und schwarzes. Diese Symbole entsprechen den Planeten, Tierkreiszeichen und zwölf astrologischen Häusern. Die drei Farben weiß, rot und schwarz bezeichnen die drei Aspekte der alten Mondgöttin(nen). Während eines Jahresumlaufs zeigte sie sich im Frühling als junges, initiiertes Mädchen - ihm ist die Farbe weiß zugeordnet, im Sommer als Geliebte, reife Frau und Mutter - ihr ist die Farbe rot zugeordnet, und im Herbst erschien sie als weise Alte mit Kenntnissen über die Unterwelt - als dunkle oder schwarze Göttin. Genauso erschien sie aber auch in ihrer Ganzheit, die Dreiheit in sich tragend. Zeigt ein weißes Symbol nach oben, dann ist der Jungmädchenaspekt angesprochen, die Energie befindet sich im Anfangsstadium, ist frisch initiiert, rein, spontan und unerfahren. Zeigt ein rotes Symbol nach oben, dann hat sich die Energie schon zentriert, ist gereift und befindet sich in der Blütezeit. Ein schwarzes Symbol deutet auf die Weisheit, die aus einer gereiften Erfahrung resultiert und kann darüber hinaus einen Übergangszustand anzeigen. Es ist eine Zeit der Verwandlung und auch des verantwortlichen Teilens. Liegen die Karten verdeckt auf dem Tisch, kannst du darauf achten, dass eine der angedeuteten Linien des Hintergrundmotivs nach oben zeigt. Auf der Vorderseite befindet sich an dieser Stelle eines der Symbole.

Zur Vervollständigung noch eine Tabelle mit den Zuordnungen der Symbole von Planeten zu Tierkreiszeichen zu Häusern:

♂	Mars	♈	Widder	I.	Haus
⊕	Erde	♉	Stier	II.	Haus
☿	Merkur	♊	Zwillinge	III.	Haus
☾	Mond	♋	Krebs	IV.	Haus
☉	Sonne	♌	Löwe	V.	Haus
⚶	Vesta	♍	Jungfrau	VI.	Haus
♀	Venus	♎	Waage	VII.	Haus
♇	Pluto	♏	Skorpion	VIII.	Haus
♃	Jupiter	♐	Schütze	IX.	Haus
♄	Saturn	♑	Steinbock	X.	Haus
♅	Uranus	♒	Wassermann	XI.	Haus
♆	Neptun	♓	Fische	XII.	Haus

Spielvorschläge, Handhabung und Verständnis der Karten habe ich am Ende des Buches erklärt. Ich wünsche allen einen bereichernden Tanz durch das Sternenrad, so dass dieser sich in Freude mit anderen (Göttinnen-) Begeisterten verbinden kann.

Ausdrucksformen der Göttin

Göttinnen

Göttinnen sind reine Energieformen. Sie haben charakteristische Eigenschaften, die nach einem bewussten Ausdruck drängen. Ihre Aspekte geben dem Leben von innen heraus eine Richtung. Sie leiten die Handlung und verleihen dieser ihre Besonderheit. Göttinnen sind mit außergewöhnlichen Fähigkeiten begabt, die sich als Talente verstehen lassen. Erscheinen sie im Spiel, drängt das Bewusstsein auf diese Weise nach Ausdruck. Eine Göttin wirkt durch ihr Sein. Sie ist. In ihrer Einzigartigkeit unterscheidet sie sich von allen anderen, und doch wohnt ihr aufgrund ihrer umfassenden Weisheit die Ganzheit inne. Sie ist zwar ein Aspekt der Ganzheit, aber auch gleichzeitig kann die Ganzheit über sie erfahren werden. Eine Göttin „muss" nicht so sein, wie sie erscheint, sie wählt eher den ihr am besten entsprechenden Weg für den Ausdruck ihrer Energie aufgrund ihres Mitgefühls. Jede reine seelische Qualität führt zurück zur Quelle des Ursprungs. Sie darf nicht als getrennt von den anderen betrachtet werden. Durch das völlige Ausleben einer Energie kann die Einheit erfahren werden, sagen die MeisterInnen. Von der Essenz her sind alle Eigenschaften leer, d.h. ohne Bestand und der Veränderung unterworfen. Trotzdem können sie auf unterschiedliche Weise erfahren und gelebt werden. Die zwölf ersten Kapitel beschäftigen sich damit.

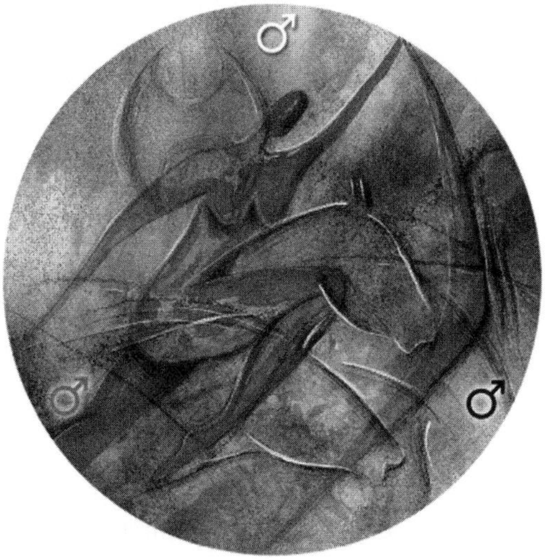

Amazone

...aufbrechen...

...Mars...

Hier auf der Karte ist eine Amazone abgebildet. Sie repräsentiert den wilden, ungebändigten Teilaspekt des Selbst. Dieser Teil unseres Selbst lässt uns stolz und ungestüm aufbrechen, um das Leben zu meistern und als Siegerin daraus hervor zu gehen. Die Amazonen zähmten die ersten Pferde und hatten dadurch einen großen Vorteil bei anstehenden Kämpfen: sie waren schneller und wendiger als das Fußvolk. Amazonen ritten meist rückwärts auf ihren Pferden und schwangen ihre unentbehrliche Doppelaxt. Sie verehrten ihre Göttin häufig in Form einer Stute. Die Kraft der Amazonen brauchen wir, wenn wir Ideen in die Tat umsetzen wollen, wenn einer gewissen Entschlossenheit ein Handlungsimpuls nachfolgen soll. Amazonen galten als unabhängig von Ort und Zeit. Viel eher aber erschufen sie Zeit und Raum und entfalteten darin ihre Macht. Diese Macht war nicht an das Ego gebunden, sondern bündelte die schöpferischen Kräfte der Seele, um sie sichtbar in der Außenwelt zu manifestieren. Amazonen waren stolz, frei, furchtlos und unüberwindbar. Sie verkörperten die wertvollen Eigenschaften, die Sieg versprechen und ermöglichen.

Die jedem Menschen innewohnende Amazonenkraft setzt genau diese Impulse. Sieg ergibt sich aus Risikobereitschaft und Mut, aus Spontaneität und dem kompromisslosen Verfolgen eines einmal eingeschlagenen Weges. Siege können auch innerlich errungen werden: wenn die Seele bereit ist, Altes abzuschließen und völlig unvoreingenommen Neuland zu betreten. Die Amazonenenergie ist eine sehr positive Kraft, wenn sie einem Ja zum Leben entspringt. Wegen ihrer unbändigen instinktiven Kraft ist es immer wieder notwendig, die eigenen Motivationen genau zu überprüfen und gegebenenfalls in Frage zu stellen.

Gefürchtet war das besondere magische Kriegsgeschrei der Amazonen, mit dem es ihnen gelang, ihre Gegner zu Tode zu erschrecken. Hatten diese das Amazonenkriegsgeschrei vernommen, so sagt man, verfielen sie in Hilflosigkeit und ließen sich so überwinden.

Amazonenenergie ist die erste ursprüngliche Ausdruckskraft des Selbst eines Menschen, der sich auf die Suche nach einer eigenen Identität begibt. Diese Energie äußert sich zunächst einmal sehr ursprünglich, als reiner „Energieschrei" oder „Urschrei", der die ungebremste reine Kraft eines neugeborenen Wesens hinausschleudert in die Welt. Dieser „Schrei" bewirkt, dass die Energie nach außen gelangt. Sie wird nicht zurückgehalten. Die Energie löst sich vom Körper und erzeugt eine erste Wirkung. Die Welt reagiert darauf bzw. wird dadurch in Schwingung, in Bewegung versetzt.

Zum Beispiel arbeitet man beim Taekwon-Do und anderen östlichen Kampfsportarten mit diesem Wissen. Jeder Tritt wird von einem Schrei begleitet, der bewirkt, dass die Bewegung einen besonderen Schwung erhält. Das Ausatmen geschieht dabei völlig ungehindert. Kein Atemrest und damit auch kein Kraftrest bleibt im Inneren gebunden. Jedes Kind, das geboren wird, stößt zuerst einmal einen Schrei aus, der bewirkt, dass sich die Lungen ganz mit Luft füllen können. Es ist vielleicht auch ein Erschrecken, dass nun ein eigenständiges Leben beginnt. Das kleine Wesen ist jetzt abgetrennt, abgenabelt und beginnt zu atmen, d.h. für sich selbst und sein Leben als selbstverantwortliches Wesen zu sorgen. Dieser „Urschrei" ist sowohl ein Akt des Schmerzes als auch der inneren Kraft. Er bedeutet: „Hier bin ich. Ich bin da. Ich kann mich jetzt bemerkbar machen und werde dadurch bemerkt. Ich drücke mich so aus, dass ich bemerkt werde."

Mütter erkennen die Stimme ihres Neugeborenen unter Hunderten. Auch Babys erkennen die Stimme der Mutter unter vielen anderen. Der Klang ist das erste Band, das die verlorene Verbindung wiederherzustellen vermag.

Klänge sind immer magisch, d.h., sie bewirken Schwingungsmuster, die man z.B. mit entsprechenden Apparaten so auffangen kann, dass sich die ergebenden Muster sehen und aufzeichnen lassen. Ein Klang erzeugt also ein Bild - der Klang wird in vielen Mythologien als Ursprung der Schöpfungsgeschichte beschrieben.

Die Amazonenenergie in uns treibt uns voran. Ohne sie würden wir vielleicht im Stillstand verweilen, uns nie trauen, etwas Neues auszuprobieren. Der tiefere Sinn dieses inneren Drängens liegt jedoch in einer Suche begründet. Ist erst einmal Leben entstanden, setzt damit verbunden eine Entwicklung ein: die Seele kann sich Dank ihrer Taten erkennen und sich an deren Auswirkungen orientieren, um die notwendigen Schritte einzuleiten, die zu wahrer Integrität und Individualität führen. Doch zunächst muss sich das Selbst erst einmal aufmachen und sich der Welt stellen. Dazu versorgt uns die Amazonenenergie mit Ungeduld und einer gehörigen Portion Neugier, ständig bereit, sich auf unbekannte Abenteuer und Entdeckungen einzulassen.

Fließt die Amazonenenergie frei, dann bleibt dir eine gewisse kindliche Naivität erhalten. Diese brauchst du, um dich vorurteilsfrei Neuem anzunähern, um unvoreingenommen und offen reagieren zu können. Du handelst spontan und impulsiv und bedenkst vielleicht erst hinterher die möglichen Konsequenzen. Nichts ist einer Amazone mehr zuwider, als starre Funktionalität, die das Leben auch töten kann.

Eine gesunde Amazone kann sich durchsetzen oder überzeugt durch ihre charismatische Ausstrahlung. Sie nimmt das Leben nicht allzu ernst, sondern spielt mit den Illusionen, die ihr eigener Geist erschaffen hat. Sie ist ständig damit beschäftigt, ihre Umgebung mit funkensprühenden Ideen zu übersäen. Ansteckend sind ihr positiver Witz und ihr spontanes Interesse, das sie für ihre Umwelt aufbringt.

Mars wird traditionell dem Kehlkopfchakra zugeordnet, der Farbe rot, dem Blut und dem Eisen. In der Chakrenlehre steht das Kehlkopfchakra für das Umsetzen von bestimmten Erfahrungen oder Einsichten, die wir gesammelt haben. Ist dieser Ausdruck gehemmt oder wird er zurückgehalten, äußert sich dies oft in Halsschmerzen oder Heiserkeit. Die Stimmbänder vibrieren mit der Amazonenkraft und tragen nach außen, was im Inneren entstand.

Auch die sexuelle Anziehungskraft ist in der Amazonen/Marsenergie enthalten, allerdings im Unterschied zur plutonischen Energie, repräsentiert sie eher das spielerische Element der Faszination an der eigenen Kraft. Die Amazonen/Marsenergie kann sich zwar an einem Partner entzünden, bleibt aber trotz allem frei, ohne sich zu tief zu binden oder gar zu vereinen.

Amazonenkraft ist bereit, sich zu streiten. Bei einem konstruktiven Streit treffen zwei oppositionelle Standpunkte aufeinander, die sich durch den Austausch aneinander messen können. Der jeweilige Standpunkt kann gegebenenfalls verändert werden. Streit beruht auf dem ursprünglichen Gefühl, Recht zu haben. Das Ich hat einen Standpunkt und möchte diesen auch vertreten oder verteidigen. Solange es dir gelingt, bei dir zu bleiben, dich zu erklären und du bereit bist, die oppositionelle Position verstehen zu lernen, ist der Streit konstruktiv. Schwierig wird es erst dann, wenn du den anderen angreifst, weil du dich nicht bewegen willst und dich dabei selbst verlässt. Dann können Verletzungen entstehen, die verhindern, dass dein Standpunkt weiter von dir vertreten wird und die „Katastrophe Krieg“ ist vorprogrammiert.

Amazonenkraft kann auch zerstören. Beim ungestümen Vorwärtsstreben kann es passieren, dass einige „Leichen“ auf der Strecke bleiben. Durch vorschnelles Rechthaben und ebensolche Handlungen werden dir vielleicht nicht die Konsequenzen deiner Bewegung klar. Da du nun nicht mehr im Einklang mit dem Ganzen handelst, sondern nur noch deinen Willen durchsetzen willst, der sich an deine Person und deren ausschließliche Interessen gebunden hat, verlierst du das taktvolle Gespür für Grenzen. Jetzt tobt die Amazonenenergie und läuft auf zornvollen Hochtouren. Aggressionen haben sich entwickelt, die sich gegen vermeintliche Hindernisse oder Feinde richten, aber eigentlich die „Gegner“ überrennen wollen. Amazonenenergie neigt schnell dazu, Feinde zu erschaffen, aber auch zu erfinden, was jedoch nicht immer die Wirklichkeit widerspiegelt, sondern eher einer Illusion gleicht, die in einer auf mangelndem Einfühlungsvermögen beruhenden Ungeduld begründet ist. Vielleicht ist es in solchen Situationen gut, sich an die Streitwaffe der Amazonen zu erinnern: die Doppelaxt. Sie leistete ihnen als Werkzeug wertvolle Dienste im Alltag, wurde aber auch im Kampf eingesetzt. Die Doppelaxt hat sich aus einem früheren Aspekt der Mondgöttin als Schmetterling entwickelt, der aus dem verpuppten Stadium der Totenwelt entschlüpfte und damit das neue Leben nach dem Tod beschrieb. Die beiden Seiten der Doppelaxt repräsentieren den zu- und abnehmenden Mond. Sie wurde auch von den Priesterinnen benutzt, um den Weltenbaum zu fällen. Sie ist also Werkzeug und heilige Kriegswaffe in einem. Allerdings ist die Kriegssymbolik der Doppelaxt nur im Zusammenhang mit dem „Kriegsziel" zu verstehen: die Doppelaxt wird benutzt, um die Seele von ihren Täuschungen zu befreien und ihr zu einer neuen Geburt zu verhelfen. Das Wissen um einen höheren Sinn wird so bereits in der Form der Waffe ausgedrückt. Der Kampf gilt eigentlich der Überwindung einer „zu kleinen, egogebundenen" Welt. Damit ist Sieg nicht auf persönlicher Ebene zu verstehen, sondern als Sieg der nicht-egogebundenen Seinsaspekte über die egogebundenen.

In jedem Menschen schlummern diese Amazonenkräfte, die sowohl Neues kreieren können als auch zu zerstören vermögen. Es kommt ganz auf die Motivation an.

Artemis

Artemis war die von den Amazonen verehrte Göttin. Ihr Aspekt umfasst sehr anschaulich die weiblichen archetypischen Amazonen/Marskräfte. Sie war die Mondgöttin als Jägerin. Ihr Territorium waren die Bäume und Berge. Artemis schützte die wilden Tiere und war Geburtshelferin von schwangeren Frauen, obwohl sie selbst niemals gebar oder sich in einer Partnerschaft verband.

Die Eiche war Artemis besonders heilig. Häufig wurde ihr Bild in Baumstämme eingeritzt gefunden, die sich in der Nähe ihrer Waldtempel befanden. Artemis zugeordnet ist auch der Beifuss (Artemesia vulgaris), die „Pflanze der Jungfrauen". Der Saft dieses Krautes erleichtert die Empfängnis, die Schmerzen bei der Geburt und unterstützt den Milchfluss der Mutter. Ein anderes ihrer Heilkräuter ist Artemesia absinthium, der Wermut, der auch für Abtreibungen eingesetzt wurde.

Artemis war die wilde Bergfrau, die alleine blieb. Sie war Kämpferin, Jägerin, Tänzerin, die wilden, ungezähmten Tiere liebend und alles neugeborene Leben schützend. Sie war Männern eine Schwester und Frauen eine Lehrerin.

Artemis zu Ehren wurden in den verschiedensten Kulturräumen schamanische Tänze aufgeführt. Die Tanzenden trugen Tierkostüme und bewegten sich zu den archaischen Rhythmen der Trommeln. Artemis Herz soll auch die erste Trommel der Welt gewesen sein.

Eine sehr frühe asiatische Abbildung zeigt Artemis umgeben von zwei Löwen, mit Schlangen und Blumen geschmückt und von barbrüstigen Frauen verehrt, die ihre Arme V-förmig nach oben strecken. Artemis ist hier die Energiequelle, die den Pflanzen Leben verleiht.

Die Tänze, die ihr zu Ehren aufgeführt werden, haben die Macht, die Schwelle zum Tod zu überschreiten und wieder zurückzuführen. Diese Schwelle wird von Artemis bewacht. So wie sie die Tänzerinnen bei ihrem Übergang beschützt und lehrt, ist sie auch Hebamme, neuem Leben in die Welt helfend. Ihre Weisheit äußert sich eher in instinktivem Gespür, da sie mit der wilden Welt in direktem Kontakt steht. Sie vermag mit den wilden ungezähmten Tieren zu kommunizieren und kennt die Geheimnisse der wilden Pflanzen.

Es gibt auch Darstellungen von Artemis, auf denen sie als die „Vielbrüstige" abgebildet ist. Ihr Unterkörper wird von allerlei wilden Tieren bewohnt und ihr Oberkörper ist von einer Unzahl von Brüsten bedeckt. Hier zeigt sie sich als Ernährerin der wilden Welt: der undomestizierten, freien Wesen.

Artemis inkarnierte sich darüber hinaus als große Bärin (dem Sternbild entsprechend) und war damit Herrscherin über die Sterne und Beschützerin der Weltachse, die als große Schlange oder der Weltenbaum (der von männlichen Aspekten besiedelt war) verbildlicht wurde.

Artemis als nächtliche Jägerin wurde entweder von ihrem dreiköpfigen Hund begleitet oder von Jagdhunden. Ihre Priesterinnen trugen oft Hundekostüme zu ihrer Verehrung.

- Deutung der Karte auf drei Ebenen -

Amazone weiß

Dein inneres Feuer ist entfacht. Du hast wahrscheinlich eine Entscheidung getroffen und brauchst nun etwas Mut, um deinen Weg auch einzuschlagen. Halte einen Moment inne und werde dir deiner Kräfte bewusst. Worin begründet sich dein Vorhaben? Was willst du wirklich erreichen? Formuliere dein Ziel so klar wie möglich. Schreibe es auf, entwirf ein klares Bild, oder teile es einem anderen Menschen deines Vertrauens mit. Wie viel Kraft braucht dein Projekt? Kannst du es alleine schaffen oder benötigst du noch von irgendwoher Unterstützung? Was wird der Gewinn deines Vorhabens sein? Was kann dir deine neue Entscheidung einbringen? Versuche, so ehrlich wie möglich mit dir selbst zu sein.

Falls du wütend auf jemanden oder eine Situation bist, versuche, dir deine Verletzung bewusst zu machen. Wie viel Macht gibst du anderen über dich? Lebst du dir selbst getreu oder gehst du vielleicht zu viele Kompromisse ein, die dir jetzt deine Kraft nehmen?

Stell dir vor, du bist auf einer Heldinnenreise und borge dir ein wenig Kraft von den Amazonen. Wen oder was kannst du besiegen? Was wird dir dein vermeintlicher Sieg einbringen?

Wagst du es, noch einmal ganz von vorne anzufangen? Male ein Bild, das für dich Kraft ausdrückt. Stell dir vor, du bist ein Kanal für reine Energie. Gib diesem Kanal ein inneres Bild.

Du kannst dich ruhig trauen, etwas draufgängerischer zu sein und die Initiative ergreifen. Deine Umgebung ist bereit, deine Nachricht zu empfangen. Sprich aus, was dich bewegt und halte nichts zurück. Jetzt ist der Zeitpunkt gekommen, einen weiteren Schritt zu wagen, etwas zu tun, was du bisher vielleicht zurückgehalten hast. Achte darauf, dass du andere nicht mit deinen Argumenten überrennst, sondern gib deiner Umgebung Zeit, sich an deine neuen Ideen zu gewöhnen. Dein Schritt wird allen größere Freiräume schenken.

Amazone rot

Eine Flamme hat sich in dir gebildet: du bist bereit. Du hast dich für etwas entschieden und mit konzentrierter Kraft einen mutigen Schritt nach vorne gewagt. Derzeit wartet dein Umfeld auf deine Impulse. Dir ist klar, was du erreichen willst, und du verfügst über die notwendige Entschlossenheit und Kompetenz, dein Ziel auch zu verwirklichen. Du hast dich zu einer Führungspersönlichkeit entwickelt, indem du ein Wagnis eingegangen bist und es verstanden hast, deine Kräfte zu bündeln. Du bist bereit, dich offen zu zeigen. Dein Freigeist ist ansteckend. Die Amazone in dir hat ihre individuelle Aufgabe entdeckt und ist bereit, dafür zu kämpfen. Dein Projekt ist vielversprechend, denn du kannst damit deine gewonnene Stärke auf andere übertragen. Achte darauf, dass du dich nicht vorzeitig verausgabst, sondern gründe die Basis deiner neuen Ebene in der Sicherheit der dich umgebenden Gemeinschaft. Kein Weg lässt sich alleine zu Ende gehen, wenn nicht für ausreichende Unterstützung gesorgt wird. Begib dich nur in Situationen, die dich derzeit stärken können. Wähle bewusst aus, was dir gut tut, Kraft gibt und vermeide energieraubende Situationen. Es ist nicht mehr nötig gegen etwas zu kämpfen - jetzt ist der Zeitpunkt gekommen für etwas einzutreten. Halte dich nicht mit Widersachern auf, sondern suche nach Gleichgesinnten, mit denen du deine Kräfte zu potenzieren vermagst. Je stärker du deine innere Wahrheit ausdrückst, desto reicher wirst du dich fühlen können.

Amazone schwarz

Dein inneres Feuer ist zu einer Glut geworden, in der sich nun verschiedenes einschmelzen und formen lässt. Auf irgendeine Weise bist du aufgewacht. Du kennst dich gerade sehr gut und erlaubst dir, du selbst zu sein. Du kannst dein Ich derzeit klar definieren und anderen gegenüber formulieren. Ein Kapitel der Suche ist abgeschlossen. Du hast etwas gefunden, mit dem es sich leben lässt. Nichts hindert derzeit deinen kreativen Ausdruck. Deine Energien fließen frei und ungehindert und du kannst damit andere anregen und begeistern. Vielleicht leistest du echte Pionierarbeit oder erfindest etwas ganz Neues. Egal, was in dir ist, drücke es aus! Die Marsenergie oder die Amazone ist zu deiner Freundin geworden und stellt dir ihre Energie ganz zur Verfügung. Auch wenn es eine Weile wahrscheinlich etwas einsam ist, gehe nicht zu früh Kompromisse ein. Dein ganz persönlicher Stil ist dabei, sich zu entwickeln. Jetzt ist die Zeit, ganz im Hier anzukommen. Du, der Raum und die gestaltgebende Kraft sind eins. Bleibe bei dem, was dich bewegt bis du das Gefühl hast, dieser Teil von dir ist so stark geworden, dass er nicht mehr von außen gebremst werden kann. An jener Stelle deines Lebens scheiden sich die Geister. Du wirst neue Freunde gewinnen und von denen, die sich dir entgegen stellen, Abschied nehmen, denn du bist über sie hinausgewachsen. Dennoch gibt es keinen Grund zur Trauer, denn das, was dich erwartet, ist um einiges größer und freier als alles bisher Bekannte. Als Individuum der Gemeinschaft zu dienen ist eines der höchsten Ziele des Menschseins. Nur ein Mensch, der sich seiner bewusst ist, kann bewusst reagieren. Jetzt kannst du die Fesseln sprengen und besitzt genug Energie, um etwas ganz Neues aufzubauen, was deinem Wesen eher entspricht. Achte auf die Fröhlichkeit und die Freude, die dein Vorhaben begleiten sollte.

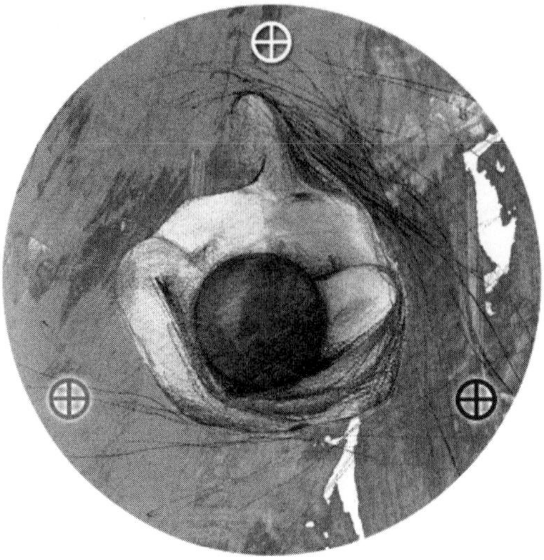

Erdmutter

...bewahren...

...Erde...

Die Erde, unser Planet, der uns trägt und ernährt, wird in der modernen Astrologie dem Stier zugeordnet. Genauso bekannt ist auch Venus in ihrem irdischen Aspekt als Venus Astarte, die Stierköpfige, die häufig von Mondsichelhörnern gekrönt war, ebenso als Venus-Kybele, die vor allem mit den elementaren Naturkräften in Verbindung steht. Rhea, Gaia, die Großbrüstige, He Era, die Erde, diese und alle weiteren weltweit verbreiteten Erdmuttermanifestationen konnten sowohl Leben schenken als es auch wieder verschlingen.

Hier in unserem Spiel findest du auf der Abbildung eine der unzähligen Mutter-Erde-Darstellungen, wie sie schon seit ungefähr 30 000 Jahren existieren. Mutter Erde wurde auf der ganzen Welt verehrt. Ihre Kontinente und Länder wurden nach Manifestationen der großen Göttin benannt, wobei der Name eines jeden Landes den jeweils verehrten Aspekt der dort vorherrschenden Kultur widerspiegelte.

Mutter Erde ist Bewahrerin und Ernährerin aller Wesen. Ihren Naturgesetzen und damit der auf der Erde vorherrschenden jahreszeitbedingten Zeiterfahrung sind alle gleichermaßen ausgesetzt. Mutter Erde brachte in ihrem endlosen Kreislauf der Zeit die Schicksale hervor und alle damit verknüpften Erfahrungen von Tod und Geburt und Leid und Freude, kurz die karmischen Muster des Einzelnen. Das gesamte irdische Leben entspringt der Erde und endet auch wieder in ihr. Mutter Erde wurden Opfergaben dargebracht, und ihr zu Ehren wurden die wichtigen Fruchtbarkeitsrituale abgehalten. Die Menschen der Frühgeschichte wussten um ihren Wert und waren ständig bemüht, ihre Mutter, die ihnen den Lebensraum zur Verfügung stellte, freundlich zu stimmen. Sie baten sie um ihren Beistand, wenn sie die ersten Samenkörner in ihren Körper säten und legten ihren Toten Hochzeitskleidung an, um sie mit Mutter Erde „zurückzuvermählen". Der Tod hatte in dem damaligen Weltbild nichts Schreckliches an sich, denn er bedeutete eine Rückkehr in den Schoß der Mutter.

Das Wort Materie leitet sich vom lateinischen Wort mater = Mutter ab. Europäische Namen der Erde, wie Urth, Hertha, Eortha, Erda, Hretha leiten sich vom Sanskrit Artha, mater-ieller Wohlstand ab. Erde bedeutet im Hinduismus auch Glück, Wohlstand und Geld. Bei den Tibetern entstehen die Elemente aus der Mutterenergie.

Die weiße gehörnte, milchgebende Mondkuh galt als Manifestation der Großen Mutter in ihrem Aspekt als Bewahrerin. Sie war die Himmelskuh, als Amme der Menschheit verehrt, aus deren Euter die Milchstraße floss und ernährte die lebenden Wesen mit ihrer unerschöpflichen Milch. In einigen Schöpfungsmythen entstand das Universum aus ihrer geronnenen Milch oder durch das „Buttern" des Weltenmeeres. Die Göttin als Gebärerin trug häufig einen Kuhkopf oder Hörner und bot mit beiden Händen ihre Brüste dar.

Die Kraft von Mutter Erde brauchen wir, um unsere innerlichen Wurzeln auszubilden, damit wir geerdet in uns selbst ruhen und Festigkeit und innere Stärke entwickeln können. Im tibetischen Buddhismus ist es noch heute Brauch, sich regelmäßig zu vergegenwärtigen, dass alle existierenden Wesen auch einmal im Laufe der unzähligen Inkarnationen die eigene Mutter waren. So ist es möglich, Dankbarkeit zu empfinden und auch vergeben zu können und sich darüber hinaus auf eine innere Eingebundenheit einzustimmen. Das Erdbewusstsein entwickelt sich langsam und geduldig, über den Körper und seine sinnlichen Wahrnehmungen und über die geistig-seelische und körperliche Ernährung. Erdenergie kennt die Gesetze des Karmas und ist bemüht, einen fruchtbaren Boden zu bestellen, damit das spätere Saatgut unter besten Bedingungen keimen kann. Erst, wenn ich weiß, was mich bindet und trägt, kann ich innere Ruhe und Gelassenheit entwickeln und innerhalb der mir gegebenen Strukturen wachsen. So analysiert die jedem Menschen innewohnende Erdenergie erst einmal die Umstände. Sind sie so, dass darin Wachstum und Entwicklung stattfinden kann? Wenn nicht, was kann ich tun, um diese so einzurichten, dass ich gut versorgt bin? Mit der Erdenergie können wir prüfen und organisieren, Sorge tragen und dann bedächtig handeln.

Erdenergie ist auch Körperlichkeit. Hüte den Körper wie den Tempel deiner Seele, raten die Weisen, und werde dir seiner Bedürfnisse bewusst. Dieser Körper ist zwar vergänglich, aber ohne ihn kann sich das Leben nicht auf der Erde manifestieren. Es gibt viele Möglichkeiten, die inneren Energien über Körperübungen zu lenken und zum Fließen zu bringen. Mittels Berührungen können wir unsere Erdenergie ausdrücken und stärken, heilen und durch Zuneigung und Zärtlichkeit anderen Kraft geben. Erde bewirkt, dass du die Welt mit deinen Sinnen erfahren und genießen kannst. Besonders der Tastsinn wird ihr zugeordnet.

Die Erdenergie ist das mütterlich-nährende Versorgungsprinzip innerhalb des Organismus. Jeder Baum ist so stark wie seine Wurzeln, denn diese nehmen die Nahrung aus der Erde auf und versorgen dann Stamm und Krone. Damit unsere Wurzeln uns auch wirklich mit der Nahrung versorgen können, die wir brauchen, sollten wir uns Klarheit über die Bedingungen verschaffen, unter denen sie sich am besten ausbilden können. Die Bodenbeschaffenheit und Nährstoffe unserer Umgebung wollen geprüft sein, auch die Nachbarpflanzen sind zu berücksichtigen und die allgemeinen klimatischen Verhältnisse.

Erdenergie sucht zunächst danach, die mater-ielle Existenz abzusichern. Solange keine innere Sicherheit entwickelt ist, sucht man diese normalerweise im Außen. Gründet sich die eigene Existenz in Angst und Unsicherheit, schaffen wir uns Lebensbedingungen, die uns nicht nähren, sondern unsere Kräfte verzehren. Dann müssen wir uns anstrengen, um uns der aus Angst gewählten äußeren Sicherheit anzupassen. Wir sitzen scheinbar in der Falle, denn die Umstände diktieren Gesetze und Regeln, nach denen wir zu leben haben. Wir landen vielleicht in Arbeitsverhältnissen, die eben nur die Existenzgrundlage absichern, uns aber nicht erfüllen. Entspringt der inneren Sicherheit der äußere Weg, dann formen sich die Umstände sozusagen organisch parallel zur inneren Entwicklung. Jetzt fügt man sich in kein künstliches Konstrukt, sondern findet den inneren Halt darin, dass man sich auf sich selbst verlässt, seinem inneren Wissen vertraut, sich von innen führen und leiten lässt. Mutter Erde liebt ihre Wesen bedingungslos, d.h. sie stellt die Bedingungen zur Verfügung, die ihre geliebten Wesen zum Wachstum brauchen. Auch ihre hervorgebrachte Formen- und Artenvielfalt entsteht aus einem Wechselspiel zwischen äußeren Bedingungen und innerer Anpassungsfähigkeit. Durch die Erdenergie werden Dinge sichtbar. Die Materie steht uns zur Verfügung, damit wir sie formen und unser Inneres in der Welt manifestieren können. Es gibt Lebensumstände, die uns die Kraft zum Atmen nehmen. Wenn solche Situationen auftreten, haben wir uns zu weit von der Weisheit der inneren Mutter Erde entfernt. Dann müssen wir den Weg zu Mutter Erde zurückfinden, denn ihre Naturgesetzlichkeit möchte beachtet werden. Ihr zugeordnete Heilpflanzen sind: alle Getreidearten, die Weide, der Granatapfel, Efeublätter, die beruhigend wirken, Schwarzwurz. Bei den Bachblüten ist es die Eiche mit ihrer stabilisierenden Wirkung. Mutter Erdes Farben sind alle Erdfarben, auch olivgrün und ockergelb.

Leben verläuft in einer organischen Ordnung. Genauso „ordnet" unsere innere Einstellung die Formationen der Erscheinungswelt mit ihren Situationen an. So können wir Situationen begegnen, um uns darüber selbst zu erfahren und unsere Entwicklung abzulesen. Von klein auf lernen wir zu bewerten und zu unterscheiden. Es bildet sich so eine in jedem Menschen anders formulierte Lebensmoral heraus, die Bedingungen sucht oder wünscht, in denen sie Rechtfertigung erlebt. Die Erdmütter unserer Vorzeit waren Künstlerinnen im Töpfern, Weben und Formen. Durch ihre Berührung und Kreativität wurde die Materie geformt und bekam dann Leben verliehen. Genauso formen auch unsere Handlungen das Erleben. Sie wirken andererseits wieder zurück auf die Einprägungen im Bewusstseinsstrom, der sich allmählich mit den Handlungen zu identifizieren lernt.

Die Erdenergie verleiht uns Schwerkraft und hält uns solange in unserer Umgebung fest, bis wir die Situation ganz erkannt und mit unserem Bewusstsein durchdrungen haben. Sie „weiß", dass man manchmal einfach warten muss, bis die Zeit reif ist. Erdenergie versorgt uns mit der notwendigen Geduld und der Fähigkeit der Beharrlichkeit. Eigentlich gibt es hier keine dynamische Entwicklung, sondern nur eine stetig zunehmende Bewusstheit, ein wachsendes Verständnis der ursprünglichen Zusammenhänge.

Erdenergie ist einfach. Sie kann in jedem Moment erkennen: kleinste Handlungsausschnitte verraten viel über die jeweilige Befindlichkeit des Gesamtorganismus. Deshalb reicht es manchmal aus, im Kleinen winzige Details zu verändern, um die Gesamtharmonie wieder herzustellen. Mit der Erdenergie bekommen wir die Gabe verliehen, zu „sinnieren“, zu betrachten und zu beobachten, zu ordnen und dann zu handeln.

- Deutung der Karte auf drei Ebenen -

Erdmutter weiß

In deinem jetzigen Leben spielen Sicherheiten eine größere Rolle als normalerweise. Vielleicht bist du dir eines Mangels bewusst und suchst jetzt nach Möglichkeiten, ein inneres „Loch" zu füllen. In welchem Lebensbereich brauchst du größere Sicherheit und Aufmerksamkeit? Ernährst du deinen Körper und Geist mit der für dich passenden Nahrung? Was verunsichert dich? Möglicherweise benötigst du jetzt viel Zeit für dich, damit du die Basis deiner Person, die Säulen, die dich tragen, stärken kannst. Versuche für eine Weile, ein wenig Raum zwischen dir und deinen Pflichten entstehen zu lassen. Ein Teil von dir braucht im Moment viel Zuwendung. Suche nach Unterstützung und versuche, dein Leben so zu ordnen, dass du dich darin wohl fühlst. Welche Wertigkeit sprichst du deinen einzelnen Lebensbereichen zu? Stimmt die Reihenfolge und Rangordnung noch? Stell dir eine der vielen Erdmütter vor. Lass dich von ihr tragen und dir ihre mütterliche Fürsorge angedeihen. Was wünschst du dir von ihr im Augenblick? Formuliere deinen Wunsch so klar wie möglich und lass ihn dann los...

Erdmutter rot

Ein wichtiger Schritt steht für dich an. Du bist im Begriff, dich in dir zu festigen. Du besitzt Vertrauen in deine eigene Kraft und du hast dir eine Position geschaffen, von der aus es sich leben lässt. Deine Beziehungen zur Außenwelt sind stabil und zuverlässig. Du kennst deinen Platz und fühlst dich sicher. Du kannst von hier aus anderen eine Stütze sein oder sie mit deiner mütterlichen Energie und deiner gewachsenen Erfahrung versorgen. Wahrscheinlich ist dir klar, was du gerade brauchst. Du kennst deine Bedürfnisse. Bedenke auch, dass es keine Schande ist, hin und wieder bedürftig zu sein. Je mehr Bewusstheit du im Moment über deine jetzige Lebenssituation gewinnst, desto mehr Sicherheit in deinen Weg kannst du gewinnen. Bleib dir selbst treu und sorge dafür, dass du dich vom Leben getragen fühlst. Organisiere deinen Alltag so, dass dir genug Zeit für deine derzeitige innere Entwicklung bleibt. Innen und Außen wollen sich tiefer verbinden. Vielleicht bist du dabei, dein Leben umzustrukturieren, damit du deine inneren Werte stärker nach außen tragen kannst. Löse dich von allem, was dich zu stark einschränkt. Du kannst jetzt mehr Verantwortung tragen als bisher.

Erdmutter schwarz

Du kannst die Stimme der Erdmutter klar in dir vernehmen. Du bist dir deiner selbst bewusst und andere können sich auf dich verlassen. So, wie du dich selbst schützt, vermagst du auch andere zu schützen. Du bist zu einer tragenden Säule innerhalb der dich umgebenden Gemeinschaft geworden. Deine Wahrnehmung ist so, dass es dir leicht fällt, zu erkennen. Widme deinem Körper größere Aufmerksamkeit als zuvor. Vielleicht ist es eine gute Idee, eine Form der Körperarbeit zu erlernen oder weiterzugeben, denn dir sind die Zusammenhänge zwischen Körper und Geist kein Rätsel mehr. Im Moment sind die Dinge dabei, sich zu vereinfachen, denn du bist in Berührung mit dem, was dich nährt. Du kannst das, was du als richtig erkannt hast, klar benennen. Deine Sicherheit kommt von Innen und muss sich nicht mehr über das Außen definieren. Nimm dir ein wenig Zeit, um deine sinnlichen Erfahrungen zu vertiefen.

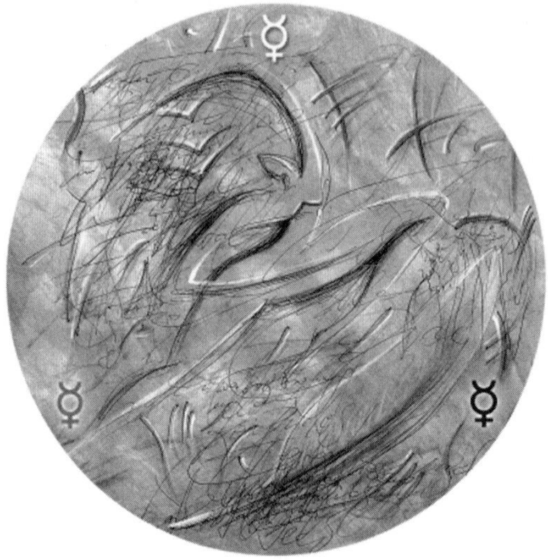

Musen

...bestäuben...

...Merkur...

Mnemosyne, they named her, the
Mother with the whispering
Feathered wings. Memory,
The great speckled bird who broods over the
Nests of souls, and her egg,
The dream in which all things are living,
I return to, leaving my self.

I am beside myself with this
Thought of the One in the World-Egg,
Enclosed, in a shell of murmurings,
Rimed round
Sound-chambered child.

(Robert Duncan, Tribal Memories: Passages 1)

Merkur lässt sich Mnemosyne (= memory) zuordnen, die Mutter der 9 Musen oder vielleicht auch alle neun in ihrem Gesamtaspekt. Die Töchter Mnemosynes sind Klio, die Muse der Geschichtsschreibung, Euterpe, die Muse des Flötenspiels und des Gesanges, Kalliope, die Muse der epischen Dichtung und der Wissenschaft, Erato, die Muse der Lyrik und der Liebesdichtung, Melpomene, die Muse der Tragödie, Terpsichore, die Muse des Tanzes, Thalia, die Muse der Komödie, Urania, die Muse der Astronomie, Polyhymnia, die Muse der Musik. Mnemosyne ist damit in ihrer Gesamtheit neunfache Göttin der **Inspiration**, was wörtlich einatmen von Ideen oder des Geistes der Göttin heißt. Sie hilft bei der Dichtkunst und erweitert das Gedächtnis der Geschichtenerzähler/innen so, dass sie die mündlichen Überlieferungen auch behalten können. Die indische Sarasvati, Begleiterin des Boddhisattva Manjushri, ist ihre asiatische Entsprechung. Die Musen und Sarasvati erfanden die himmlische Leier, die Lyra und die Sieben-Ton-Skala, mit der die sieben Sphären klanglich ausgedrückt werden konnten. Jeder der sieben Sphären ist ein Ton zugeordnet, auf denen sich in ihrer Gesamtheit alles Bestehende gründet.

Das Gedächtnis von Mnemosyne unterscheidet sich von unserer Vorstellung über die Speicherung von historischen Daten insofern, als sie die Fähigkeit besitzt, die Inspirationen ihrer inneren und äußeren Reisen zu einem Körper zusammenzusetzen. Ihre Erinnerungen äußern sich in Träumen, Mythen und Geschichten, welche die Künste gebären. Ihr Gedächtnis beinhaltet Zukunft und Vergangenheit zugleich und ist darüber hinaus von der Zeit unabhängig. Von Mnemosyne inspirierte Originalität, Musikalität, Poesie und Dichtung vermag in Bilder- und Klangwelten einzutauchen, die den freien immerwährenden Zeitgeist einfangen können, denn sie sind aus einem Bereich hinter der Zeit geboren und deshalb häufig „ewig“ modern. Diese Bilder und Klänge drücken Wirkkräfte aus, die so tief sind, dass sie zu jeder Zeit gelten können und immer verstanden werden. Mnemosyne wird zu dem Zeitpunkt in der Weltenschöpfung wichtig, da sich das Weltenei, aus dem alles geboren wird, in zwei Teile teilt und das Neugeborene seine erste Freiheit mit einem herzlichen Lachen beginnt. Es ist jetzt bereit, befreit von der Mutter zu reifen.

Wein wird mit poetischer Inspiration und Dichtung assoziiert, so wird auch Mnemosyne aus brustähnlichen Gefäßen (Weingläsern) zugetrunken, um sich von ihr küssen zu lassen.

Die Kraft Mnemosynes ist verbindend. Sie versteht es, sich zwischen den Welten zu bewegen und die Todes- wie auch Lebensreiche zu bereisen. Für sie gibt es keine Grenze zwischen den einzelnen Bereichen, denn sie besitzt alle Schlüssel des Wissens. Auch die Dakinis und Feen haben diese Fähigkeit. Sie sind Geheimnisträgerinnen, die an den Orakelplätzen Rätsel aufgeben, die erst gelöst werden müssen, bevor die Suchende ihre Reise fortsetzen kann. Ihre Weisheit besteht darin, die Reife der Menschen zu prüfen, um ihnen nicht Tore zu einem Wissen zu öffnen, das der oder diejenige noch nicht verkraften kann. Diese Wesen helfen der Seele auch beim Sterben, damit sie sich nicht verirrt, sondern sicher auf die andere Seite gelangt. Für Mnemosyne, die Dakinis und Feen gibt es, wie schon gesagt, keine klaren Grenzen zwischen den Welten. Sie sind wirkliche Vermittlerinnen, übertragen Wissen und besuchen als Himmelswanderinnen die anderen göttlichen Aspekte und Bereiche ohne Schwierigkeiten, um sie übereinander zu informieren. Im Gedächtnis der Weltgeschichte ist alles enthalten. Nur die dualistische Weltauffassung verhindert, dass wir Zugang zu diesen Erinnerungen erhalten. Diese zu überwinden ist eine der Aufgaben von Mnemosyne in ihrem neunfältigen Erscheinen.

Als Muse der Geschichtsschreibung sorgt sie dafür, dass nichts von Bedeutung verloren geht. Als Muse des Flötenspiels und des Gesanges vermag sie die Luft in Schwingung zu versetzen, damit diese durch die Klänge in Bewegung gerät und Veränderungen und Wandel einleiten kann. Als Muse der Dichtung verrät sie Geheimnisse des Herzens und der Gefühle, die sie in Wortbilder zu kleiden versteht und bewegt damit die verborgeneren Empfindungen. Als Muse der Tragödie hält sie Schicksale fest, die auch die dunklen Bereiche des Lebens beinhalten und als Muse des Tanzes feiert sie leichtfüßig ihr inneres Wissen um den Ursprung. Sie vermag humorvoll als Thalia auf die menschlichen Irrtümer zu blicken und versteht die Sprache der Sterne als Muse der Astronomie.

Mnemosyne berührt und vermittelt zwischen allen Bereichen, welche die Erinnerungen der Weltenseele kommunizieren können und nach außen in die Welt tragen. Ihr Gebiet ist die Luft als Überträgerin dieser Kommunikation. Sensible Aufmerksamkeit wird benötigt, um Mnemosynes Kraft wahrzunehmen. Die Feen und Dakinis sind leichtfüßige, schwebende Wesen, die sich nicht halten lassen. Sie passieren die Lebenden flüchtig, da sie ständig (nicht allzu stofflich) auf der Reise sind. Ohne sie käme keine Verbindung zustande. Man merkt also direkt, wenn sie fehlen, aber nicht unbedingt, dass sie da sind. Ein Leben ohne Mnemosynes Energie ist tot, erstarrt und bewegungslos, isoliert und eigentlich nicht möglich. Ihr Weg wird vom Atem beschritten, durch den wir in ständigen Austausch mit der Umwelt treten. Der Atem geschieht ganz von selbst. Er beschreibt den Prozess des ständigen Gebens und Nehmens und ist eine der Voraussetzungen des Daseins. Atemübungen helfen dabei, das Geben und Nehmen einander anzugleichen. Nicht immer atmet man regelmäßig und tief. Daher bedarf es einiger Praxis, ein ausgewogenes Verhältnis herzustellen. Den Musen lässt sich die Farbe türkis und frühlingsgrün bis schlangengrün zuordnen, auch himmelblau. Ihre Aufgabe ist es, der Materie Witz und Inspiration einzuhauchen, damit sich die Seele spielerisch mit der Vielfalt ihrer Begegnungen auseinandersetzen kann. Um ihren Geist zu empfangen bedarf es innerer Gelöstheit. Ebenso gilt vorsichtiges Wünschen, ohne zu wollen oder etwas festzuhalten als „richtiger" Kanal.

Mnemosyne begreift alles Geschehen auf mehreren Ebenen und verleiht prophetische Träume und Zukunftsahnungen. Weil sie aber meist ihrer Zeit voraus ist, inspiriert sie uns häufig, indem sie uns gute Ideen schenkt, die aber zum gegebenen Zeitpunkt vielleicht noch keiner versteht. Um diesen Ideen die Kraft der Umsetzung zu verleihen, braucht man unerschütterliches Vertrauen in ihr Wirken. Erfinder/innen, Innovator/innen, Künstler/innen oder andere geistig arbeitende Frauen und Männer kennen dieses Problem. Sie müssen möglicherweise ihr ganzes Leben darum ringen, dass ihre Ideen ernst genommen werden. Unter Umständen ist die Welt auch erst nach dem Tod bereit, ihre von Mnemosyne inspirierte Botschaft zu verstehen. Andererseits schützt die so erhalten gebliebene Unbekanntheit auch die Reinheit der Vermittlung. Das Ego kann sich nicht so stark einschalten, um die Botschaft der Musen zu verfälschen.

Mnemosynes „Kuss" ist wie ein sanfter Wind, der unmerklich aufkommt. Das Herz wird leichter, im Bauch entfalten Schmetterlinge ihre Flügel: es ist wie ein leichtes Verliebtsein, das sich auf nichts Konkretes richtet. Und doch möchte sie das von ihr übertragene Gefühl über das Medium Mensch ausdrücken und wählt dafür einen ihrer Musenwege aus. Der Geist ist nun beflügelt und das führt zu raschen, geschwinden Bewegungen. Es ist, als ob die Füße kaum den Boden berühren, während der oder die Inspirierte sich jetzt beinahe mühelos vorwärts bewegt. Die sonst so schwere undurchdringliche Materie scheint transparenter zu werden, denn der ihr innewohnende Geist kann nun mit den feiner eingestimmten Wahrnehmungsfühlern berührt werden. Alles erscheint als Spiel des großen kosmischen Atems.

Die Merkur-Mnemosyne-Energie baut Brücken. Geschwind erfasst sie Zusammenhänge und ist für Eingebungen jederzeit offen. Mit ihren Ideen bestäubt sie dann, sozusagen im Flug, die anderen Blüten. Sie verweilt jedoch nicht allzu lange: wenn sie aktiv ist, dann sprudelt man über vor witzigen Einfällen und vermag es, humorvoll aufs Leben zu schauen. Besonders in freundschaftlichen Verhältnissen wird sie geweckt, unter unkomplizierten Umständen, in denen die Geistenergie frei fließt. Merkur-Mnemosyne hasst das Formelle, denn sie hat wenig Respekt vor geistigen Hierarchien. Sie bereist ständig alle Welten und weiß deshalb, dass alle Wesen die gleiche Luft atmen. Diese Energie benötigt ständig ein Gegenüber, den Austausch, damit sie sich entfalten kann. Durch den Austausch können Sichtweisen relativiert werden und Beweglichkeit ist gewährleistet. Aus der Bewegung heraus kann Neues entstehen, sich wandeln und anpassen, je nachdem, was erforderlich ist. Im Gedächtnis sind alle Erinnerungen gespeichert. Ohne diese Erinnerungen wäre keine Erfahrung möglich. Auch lassen sich die Erinnerungen verknüpfen und neu zusammensetzen und so entsteht eine Vielzahl von Möglichkeiten, Erfahrungen zu sammeln. Merkur-Mnemosyne sammelt und zerstreut gleichzeitig. Sie hält niemals fest. Daraus ergibt sich ihre beschwingte Leichtigkeit. Ist diese Energie stark ausgeprägt, bleibt der Geist ewig jung. So wohnen z.B. die irischen Feen im Land Shir na Noog, indem es kein Alter gibt. Die Buddhisten kennen Shambala: ein reines Land, das ebenfalls vom Alterungsprozess nicht berührt wird.

- Deutung der Karte auf drei Ebenen -

Mnemosyne weiß

Möglicherweise fehlt dir momentan ein wenig die Richtung. Vielleicht verzettelst du dich oder hast das Gefühl, nicht so alles zu verstehen, was dir widerfährt. Es gibt einige Eindrücke, die nicht im Zusammenhang zu stehen scheinen und du bist bemüht, diesen zu finden. Dein derzeitiges Leben ist voller Bewegung und du kommst kaum zur Ruhe. In dir melden sich vielleicht verschiedene widerstreitende Anteile und du fühlst dich verwirrt, weil du noch keine Position bezogen hast. Suche die Begegnung mit verschiedenen Menschen, die dir dabei helfen können, deine Klarheit wieder zu finden. Es kann sein, dass du etwas Neues lernen möchtest oder bemerkt hast, dass dir in einem bestimmten Gebiet noch Wissen fehlt. Versuche, diese Lücken zu füllen. Jetzt ist eine gute Zeit, Wissen zu sammeln, erneut in die „Schule“ zu gehen oder deine Interessen zu vertiefen. Wage es, Zusammenhänge, die du normalerweise nicht mitteilst, auszusprechen.

Mnemosyne rot

Du bist in Bewegung. Alles verändert sich, einschließlich dir selbst. Insbesondere deine Sichtweise ändert sich, aufgrund der auf dich einströmenden Informationsfülle. Jeder Moment birgt eine Vielzahl von Möglichkeiten. Du hast dir Wissen auf einem Gebiet angeeignet, das du jetzt mit anderen teilen kannst. Etwas in dir „weiß Bescheid“. Mnemosyne hat dich geküsst. Du fühlst dich inspiriert und eilst leichtfüßig durchs Leben. Versuche, andere nicht mit deinen neugewonnen Einsichten zu überfordern. Entwickle, auch wenn es gerade jetzt schwer fällt, ein wenig Geduld. Du bist deiner Zeit wahrscheinlich einfach ein wenig voraus und dein Umfeld braucht noch eine Weile, um dich zu verstehen. Im Moment hast du einen guten Überblick und kannst intellektuell die Situationen und Zusammenhänge richtig einordnen. Vielleicht verstehst du auch zum ersten Mal etwas Neues. Deine Begegnungen sind inspirierend und du vermagst andere zu amüsieren oder ihnen dabei zu helfen, ihr Verständnis zu erweitern. Solange du deine Energien verteilst und für ausreichende Ruhepausen sorgst, kann dich die momentan erlebte Zeit unglaublich bereichern.

Mnemosyne schwarz

Du hast wahrscheinlich eine innerliche oder äußerliche Lehrzeit erfolgreich abgeschlossen und bist zu einer kompetenten Wissenshalterin geworden. Deine Gefühlswelt ist im Fluss, und ständig rieseln neue Eindrücke auf dich herein. Dein Geist ist klar und vermag mit sehr viel Flexibilität auf die verschiedensten Anforderungen zu reagieren. Halte dich weiterhin in Bewegung: es gibt noch sehr viel Neues zu erkunden. Du kannst dir aus Mnemosynes Erinnerungsmeer herausfischen, was du möchtest. Die Antworten kommen fast schon wie von selbst zu dir, denn du hast es gewagt, einen neuen, ungewissen Weg einzuschlagen. Vorsicht, die Inspirationskraft ist flüchtig. Versuche, dir neue Einsichten zu bewahren, indem du sie aufschreibst oder künstlerisch in Bilder kleidest. Je freier du dich bewegst, desto beweglicher wird dein Geist. Lasse alles los, was dich begrenzt oder einschränkt. Es bietet sich die Möglichkeit für einen „Quantensprung". Dein inneres Wissen findet Anerkennung und andere hören dir zu, wenn du das aussprichst, was dich bewegt. Halte nichts davon zurück...

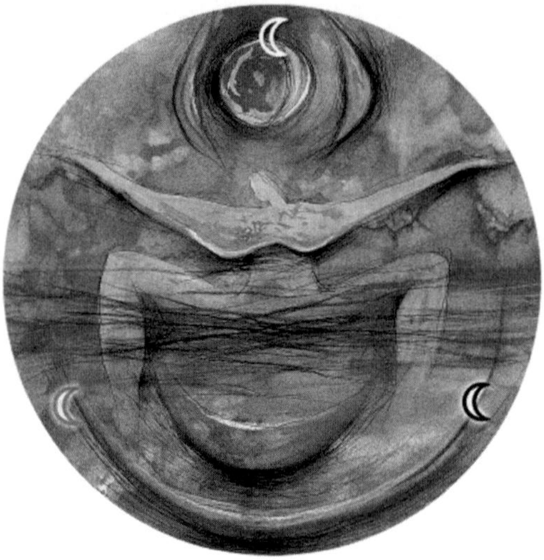

Maya-Shakti

...träumen...

...Mond...

Der Archetyp der Mondmutter wird auf unzählige Weise dargestellt, je nach Kulturraum und Zeitepoche. Eines ist allen Darstellungen gemeinsam. Sie erscheinen als dreifältiger Aspekt: als Tochter, als Mutter und Geliebte und als alte Weise. Während die weiße Tochter die Unschuld und Reinheit des weiblichen Aspekts symbolisiert, verkörpert die rote Mutter und Geliebte das reife Erleben. Die schwarze Alte hält das Wissen um die unsichtbare Welt und den Tod. Alle Mondmütter sind damit der Ursprung und der Kreislauf, in dem Leben stattfindet. Sie sind die Verbindung, die Rückbindung, die wirkende Kraft innerhalb einer Entwicklung. In der Astrologie ist mit der Mondenergie das Thema Wünsche, Träume, Spiegel, nonverbale Übereinstimmung, Gefühle, die Bindungen eingehen, das Zuhause und die Mütterlichkeit verbunden.

Deshalb findest du auf der Karte Maya-Shakti, die weltbeschützende weibliche, mütterliche Seite des höchsten Seins. Sie ist die spontane, liebende Annahme der greifbaren Realität des Lebens. Sie erduldet das Leid, den Tod und jede Erfahrung des Wandelbaren und ist gleichzeitig Quelle der Freude. Sie ist auch Wunder und Verführung der lebendigen Welt. Sie ist das große Lebensrätsel, denn ihre Form wandelt sich mit den Anforderungen. Gleich einem Spiegel, erfüllt sie jedes erleuchtete und unerleuchtete Wesen mit ihrer Kraft.

Sie gebiert alle Manifestationen des Göttlichen und bläst ihnen Bewusstsein in die Hüllen ihrer vergänglichen Erscheinung. Häufig gibt es die Vorstellung eines Spinnennetzes, in dem das Ich eingeschlossen ist. Bis zu seiner Befreiung bleibt es aufgrund seiner unbewussten Leidenschaften verstrickt, da ihm die Fähigkeit, den Ursprung zu erkennen, fehlt. Shakti ist die aktive Kraft einer (göttlichen) Persönlichkeit. Sie ist Bildkraft, dichterische Kraft, das was hinter den Worten liegt, die Wirkung der Klänge, die Worten Magie und Kraft verleihen. Maya ist auch die Kraft der Geburt, der Hervorbringung, des zur Erscheinung Bringens. Sie kann etwas entstehen lassen und sich an diese Form anbinden. Gleichzeitig ist Maya aber Täuschung und Illusion. Denn sie vermag die im Inneren liegende göttliche Substanz umzuwandeln, um daraus Aspekte ihrer selbst zu formen. Ihr subtiles Wesen drückt sie so auf unterschiedlichste Weise aus. Maya ist schlichtweg das Dasein: der dynamisch-wandelbare Aspekt der universellen Substanz.

Als Buddha unter dem Schutz des Feigenbaums saß, konnte er erleuchtet werden, weil er einsah, dass seine männlichen asketischen Grundsätze ihn nicht zur Erfüllung gelangen ließen. Erst als er bereit war, die Milchspeise, die ihm der Kali-Ma-Aspekt anbot, anzunehmen, geschah „es". Er hatte sich von der hinter allem liegenden und alles durchwirkenden weiblichen Mutterkraft bewusst ernährt, d.h. eine Entscheidung getroffen, mit der er nicht mehr dem Leben entkommen wollte, aber auch nicht mehr verstrickt war. Buddha hatte das lebendige Spiel der Erscheinungen integriert, ohne jedoch davon abhängig zu sein.

Ohne die Maya-Shakti-Kraft gäbe es nichts. Maya-Shakti ist also auf der höchsten Ebene die Energie, die uns immer wieder aufs Neue verstrickt, weil wir sie nicht erkennen. Statt zu erkennen, identifizieren wir uns mit dem, was geschieht, aus einer falschen Sichtweise heraus. Trotzdem ist Maya-Shakti die Kraft, die uns ermöglicht, uns selbst überhaupt durch den Spiegel der lebendigen Welt zu begreifen. Ihre Erscheinung ist flüchtig, wandelbar und grenzenlos vielfältig. Ihr Wesen ist alldurchdringend, unwandelbar, ewig gleichbleibend präsent.

Der Maya-Shakti-Energie kann man begegnen, indem man sich seiner Innenwelt öffnet und empfänglich wird. Sich dem Leben hingeben bedeutet, die ganze dargebotene Kraft in sich hineinzulassen, ohne Teile davon zurückzuweisen: eine schwierige Übung.

Maya-Shakti (oder andere diesem Prinzip zugeordnete Mutteraspekte) wird oftmals beim Spinnen und Weben des Schicksalsfadens oder des Lebensfadens dargestellt. Mondmütter sind die großen Wirker- und Spinnerinnen. Je stärker die patriarchalen Züge einer Religion, desto negativer wird diese Tätigkeit beschrieben. So wollen sich viele „dem Spinnennetz" entziehen. Das kann aber nicht funktionieren, weil eben dieses Netz die hervorbringende, gebärende Magie allen Seins in sich trägt. Da jede/r und alles einzig durch die mütterliche Energie geboren werden und wieder in ihren Schoß zurückkehren kann, trägt das ehrgeizige Bemühen, sich von dieser Energie abtrennen zu wollen, keine Früchte. Bis zum heutigen Tag hat dieses Bemühen, welches aus einer inneren Abspaltung resultiert, lebensfeindliche und hierarchische Lebens- und Glaubensformen hervorgebracht, die den Anschluss zur Quelle allen Daseins verleugnen. Viele Krankheiten, Kämpfe, Kriege und Verzweiflung spiegeln uns jenen Irrtum.

Maya-Shakti und der Traum

Träume entstehen aus den dem Bewusstsein zunächst verborgenen Bereichen der tieferen Wahrnehmung. Sie erscheinen in Bildern, die den Zustand dieser verborgenen Bereiche ausdrücken. Wir können erkennen und wahrnehmen, wie die in uns herrschenden Kräfteverhältnisse verteilt sind, und ob wir in Verbindung mit unserer ureigenen Magie stehen. Die Quelle der Träume ist die erkennende Weisheit, die wirkt, bzw. bewirkt, dass wir Bilder wahrnehmen. Diesen Bildern vermögen wir dann zu begegnen. Indem wir bewusst in die Bilderwelten eintauchen, können wir ihnen ihre Macht über uns nehmen. Ein Traumbild spiegelt immer einen atmosphärischen Zustand wider, der wiederum bewirkt, dass wir uns so oder so fühlen. Mit manchen Atmosphären können wir leicht umgehen, sie beflügeln geradezu, andere bewirken, dass wir vielleicht stecken bleiben, fliehen oder zum Opfer werden. Doch sind sie alle aus dem gleichen Wirkstoff gewebt, nämlich dem Lebensfaden der Maya-Shakti, die möchte, dass wir sie in allem erkennen. Je nach innerlicher Bereitschaft und Hingabefähigkeit vertiefen sich die Bilder und Farben im Traumgeschehen und verschiedene Ebenen lassen sich betreten, wenn man bereit ist, auch mal ein Opfer zu bringen oder im Traum zu sterben. Der Traumtod bringt meistens mit sich, dass danach alles viel heller und klarer erscheint, denn das Ego hat aufgegeben und sich im Zustand der Gelöstheit der feineren Wahrnehmung geöffnet. Jetzt können die reineren Bewusstseinsbilder wahrgenommen werden und damit auf subtile Weise das subjektive Erleben auf eine weitere Ebene transzendieren. Die „persönliche“ Magie wirkt nicht mehr, sondern hat sich in die kosmische eingebunden. Man fühlt sich häufig befreit, freudig und glücklich - irgendwie gereinigt.

Maya-Shakti und die Wünsche

Wünschen unterscheidet sich vom Wollen dadurch, dass es die Möglichkeit einräumt, dass das Gewünschte auch nicht in Erfüllung geht. Mit einem Wunsch ist meist ein inneres Einverständnis verbunden, zum Wohle des Ganzen auch verzichten zu können. „Ich wünsche mir“ drückt eine gewisse Bescheidenheit aus, eine sensible Vorsicht, die Maya-Shakti, der Hervorbringerin, das Recht einräumt, weise zu entscheiden, ob dieser Wunsch angemessen ist oder nicht, sprich der Gesamtheit dienlich oder nicht. Das Wünschen hat meist eine positive Richtung und eine enorme Kraft, denn es arbeitet mit der Maya-Shakti innewohnenden Energie zusammen. Zum Wünschen braucht man Verschiedenes: Klarheit, denn das Wunschbild möchte detailliert visualisiert werden. Ausdauer, denn Wünsche sollten über längere Zeiträume durch Erinnern an die Vision stabilisiert werden. Zweifellosigkeit, denn diese könnten die Vision verfälschen. Bewusstheit, denn vermag ich der erkennenden Weisheit in mir zu vertrauen, löse ich mich von der Vorstellung, selbst auf die Erfüllung meines Wunsches Einfluss zu nehmen. Ich überlasse alles der gestalterischen Magie Maya-Shaktis. Geschehenlassen, denn vergesse ich meinen Wunsch, gebe ich ihn damit frei. Unerschütterliches Vertrauen, denn ich bin mir gewiss, dass ich vom Kosmos getragen und unterstützt werde. Reinheit, denn ich muss mir sicher sein, dass die Motivation eines Wunsches frei von ausschließlich persönlicher Gewinnsucht ist.

Wünschen entspricht ein wenig dem Weben des Lebensgewandes. Leichter geht's, wenn man das Muster und die Farben schon ein wenig im Herzen trägt. Wünschen ist auch ein bisschen wie der Zeitpunkt kurz vor der Geburt. Eine Gebärende ist bereit, für die Neugeburt unglaubliche Schmerzen auf sich zu nehmen, sogar zu sterben, denn das Neugeborene ist mit der Ursprungskraft noch viel stärker verbunden. Sie gibt sich dieser Anforderung ganz hin, bedingungslos und hat keinerlei Sicherheit oder Kontrolle über den Verlauf. Trotz allem wünscht sie natürlich, dass alles gut verläuft... Die Erfüllung dieses Wunsches folgt dann meist auf dem Fuße. Ein neues Leben ist geboren, durch den Schicksalsfaden mit seiner Quelle verbunden und durch das Vertrauen und die Bereitschaft der Mutter hervorgebracht. Ein Wunder ist geschehen.

Maya-Shakti und Wunder

Im Märchen geschehen Wunder dann, wenn der Held oder die Heldin alle Aufgaben vollbracht haben und auf dem richtigen Weg sind, ohne von diesem abzuweichen. Meist haben sie sich schon für die Liebe und gegen die Ziele des Egos entschieden, sich über die geläufige Moral ihres Umfelds hinweg gesetzt und außergewöhnliche Schritte eingeleitet, um zum Ziel zu kommen. Sie haben die Ungewissheit mutig betreten und kommen dann in Situationen, in denen ihr „normales" Handlungswissen nicht ausreicht. Weil sie aber unerschütterliches Vertrauen in ihren Weg ausgebildet haben, bleiben sie offen, egal, was passiert. Fast sind sie angstfrei geworden. In diesem sehr sensiblen und empfänglichen Zustand geben sie dann Maya-Shakti die Möglichkeit, einzugreifen, weil sie selbst begriffen haben, dass sie den weiteren Weg nicht mehr kontrollieren können. Der Lebensfaden kann sich also nun wie von selbst weiterspinnen und an diesem Punkt geschehen eben häufig Wunder. Wunder sind unerwartet, nicht gewünscht, denn sie gehen über das Vorstellungsvermögen hinaus und können es eben deshalb erweitern. Wunder geschehen ständig, nur können wir sie nicht wahrnehmen, solange wir nicht zulassen, dass der Lebensfaden von selbst gesponnen wird. Gleichzeitig gestalten, aber auch gestalten lassen, aufmerksam im Moment sein, mit allem, was mir zur Verfügung steht, das scheint mir ein Weg, der sich durchaus von Wundern bereichern lassen kann.

In der Mondmutterenergie liegt das Vertrauen. Vertrauen entsteht aus der Hingabe an den Lebensfluss. Damit verbunden ist ein gewisses Risiko, denn ich gebe auf, einzugreifen. Ich habe mich in die Ungewissheit des Labyrinths gewagt und verfolge mein innerliches Ziel, ohne den Weg zu kennen. Ich bin bereit, auch mal etwas zu wagen, was eine gewisse Unsicherheit mit sich bringt, mich jedoch stärker einzubinden vermag. Vertrauen stellt die verlorene Einheit wieder her, denn ich lerne, meinen Gefühlen zu trauen und bin mir innerlich sicher, dass die Wahrheit in der Verbindung liegt, nicht in der Abgrenzung. Vertrauen bringt mit sich, dass ich auf meine Unabhängigkeit verzichte, dass ich verletzlich werde und damit auch nachgiebig, stets bereit, mich mit den Anforderungen zu wandeln. Ich gebe den Kampf auf und öffne mich der inneren Weisheit. Diese ist wie ein gleichbleibender Strom unaussprechlicher Freude, denn sie trägt die Gewissheit in sich, dass Ziel und Weg eins sind. Hat man sich erst einmal auf den Weg gemacht und bedingungslos ja gesagt, kann man auch empfangen, denn nun ist die ganze Person beteiligt am Lernprozess, der eine Richtung hat. Auf diesem Weg ist alles möglich. Alle Gefühle finden hier ihren Raum, denn nur, wenn ich sie akzeptiere und annehme, sind sie bereit, sich zu entwickeln und zu wandeln. Ablehnung führt zu Stagnation und zur Verfestigung, zu Konzepten und damit zu starren Verhaltensmustern, denen die Angebundenheit fehlt. Die Maya-Shakti-Energie bringt hervor und spiegelt all das, was wir unerkannt in uns tragen. Sie gibt uns damit die unglaubliche Möglichkeit, uns zu verändern, so dass ein freier Fluss möglich wird. Wenn ich nichts in mir zurückhalte oder unterdrücke, bin ich mir meiner selbst bewusst, kann ich erfahren, was mich bewegt und deshalb auch tief empfinden, denn alle meine Wesensanteile gehen eine Verbindung ein. Aus der Verbindung heraus entsteht Neues, Unvorhergesehenes, Freiheit.

- Deutung der Karte auf drei Ebenen -

Maya-Shakti weiß

Vielleicht fühlst du dich gerade verunsichert, verletzlicher als sonst. Alles scheint deiner bewussten Kontrolle zu entweichen, und dir fällt es schwer, Einfluss zu nehmen. Deine Gefühle sind aufgerührt. Etwas hat dich stark berührt und es fällt dir schwer, darauf zu reagieren. Trau dich! Wag dich hinein, in die Ungewissheit und beobachte deine Gefühle. Dein inneres Kind sucht deine Aufmerksamkeit. Werde dir über deine gefühlsmäßigen Bedürfnisse klar. Was macht für dich Geborgenheit aus? Unter welchen Bedingungen kannst du dich in dir selbst zuhause fühlen? Nutze die Kraft der Wünsche und gehe das Wagnis ein, dir vielleicht etwas zu wünschen, was du dich bisher nicht getraut hast, weil es einen Teil deiner Unabhängigkeit kostet. Sei gut zu dir selbst und lerne, dich so zu versorgen, dass du dich wohlfühlst. Welche Nahrung braucht deine Seele gerade? Welche Erfahrungen können dich innerlich bereichern? Trägst du innere Verbote in dir, die dich an einem ganzheitlichen Erleben hindern? Etwas in dir möchte geboren werden, aus seiner Totenstarre erwachen und in den Lebensfluss hineinfließen. Lass dir Zeit, um nach innen zu spüren, achte auf deine Träume und gib auch Tagträumen Raum, damit dir das noch sehr zarte neue Gefühl bewusst werden kann. Hege und pflege es so, wie ein neugeborenes Kind, auch wenn sich um etwas scheinbar Trauriges oder Unerlöstes handelt. Suche nach Musik, Bildern oder Büchern, die dich in deiner jetzigen Situation unterstützen und dein Vertrauen verstärken.

Maya-Shakti rot

Du bist zurzeit in gutem Kontakt mit deiner inneren Quelle und hast das Gefühl, dazu zu gehören. Deine Familie spielt im Moment eine größere Rolle und auch dein Heim benötigt deine Aufmerksamkeit. Maya-Shakti webt in dir einen Teppich der Geborgenheit, in dem du dich sicher fühlen kannst. Leicht und tief fließt die Verbindung zwischen dir und anderen. Du bist vielleicht empfänglicher als sonst. Träume und Visionen halten dich in ihrem Bann und suchen sich dir mitzuteilen, um dich noch weiter deiner inneren Wirklichkeit zu öffnen. Genieße den freien Fluss deiner reichen Gefühlswelt. Jetzt können innere Bilder ausgekleidet werden und Gestalt annehmen. Vertraue dich dem ungewordenen Raum an und schöpfe aus seiner Fülle. Musik und Tanz sind wichtiger als sonst. Auch Meditation und Wunschgebete können dir derzeit weiterhelfen, da sie jetzt eine stärkere Wirkung besitzen. Beschäftige dich mit deiner inneren Mutter oder auch mit deiner wirklichen. Wie unterscheidet sich deine Weiblichkeit von der deiner Mutter? Was habt ihr gemeinsam? Falls du Kinder hast, sei bereit, von ihnen zu lernen. Sie sind ein Spiegel deines inneren Kindes. Beobachte ihre Bedürfnisse. Alles, was du ihnen derzeit geben kannst, gibst du auf irgendeine Weise auch dir selbst. In dir hat sich ein neues Gefühl geboren. Du fühlst dich wahrscheinlich erfrischt, sprudelnd und versorgt. Nutze deine Zeit, indem du deine Aufmerksamkeit darauf richtest, in wie weit du in deine Umgebung eingebunden bist. Gib dem Leben Raum, auf dich zuzukommen, damit du spüren kannst, wie es dich trägt.

Maya-Shakti schwarz

Du bist in der Lage, Verantwortung für deine gefühlsmäßigen Reaktionen zu übernehmen. Du hast begriffen, dass du die Zauberin, Maya-Shakti, bist, die den Lebensfaden spinnt, als auch von ihm gesponnen wird. Es ist dir ein wirkliches Bedürfnis, für andere zu sorgen. Du bist dir und anderen eine gute Zuhörerin. Die Bedürfnisse deiner Umgebung nimmst du feinfühlig wahr und auch deiner eigenen bist du dir bewusst. Es fällt dir leicht, diese zu benennen und umzusetzen. „Das Kind ist geboren", was bedeutet, dass ein Abschnitt deines Lebens zur Reife gelangt ist, bereit, sich dem Leben hinzugeben. Du hast auf deine innere Stimme gehört und bist deinem Gefühl gefolgt, was sich jetzt als richtig erweist. Bewahre dein Vertrauen in diesen Prozess wie einen Schatz. Andere suchen deine Nähe, denn sie fühlen sich bei dir gut aufgehoben. Achte darauf, dass du empfänglich bleibst, um die dich unterstützende Nahrung aufnehmen zu können. Vermeide es, deine vertraute Rolle zu spielen oder werde dir ihrer zumindest bewusst. Du musst nicht „gut" sein, um zu helfen, sondern wahrhaftig. Wenn es dir gelingt, deinen Gefühlen treu zu bleiben und zu ihnen zu stehen, kannst du Verbindungen eingehen, die dich wirklich bereichern. Geben und Empfangen stehen dann im Einklang, weil du, während du dich nährst, gleich wieder verteilst. Wie ein beständiger Strom fließt die Maya-Shakti-Energie durch dich hindurch. Identifiziere dich nicht damit, sonst bindest du sie an deine bekannte Rolle und dieser Zustand stagniert.

Shakti-Devi

...sein ... erhellen...

...Sonne...

Auch die Sonnengöttinnen waren in vielen alten Kulturen vertreten. Die Kelten kannten diesen Aspekt der Muttergöttin als Sulis (suil = Auge/Sonne), die Germanen als Sunna, die Norweger als Sol, die Araber als Attha, Fackel der Götter. Im buddhistischen Raum finden wir sie ursprünglich als die Marici, (die später in Japan zu einem männlichen Gott, der in Frauenkleidern auftritt, umgewandelt wurde), als Strahl des göttlichen Lichts, dem Heiligkeit und Hingabe innewohnt. Hindus ist sie als Aditi bekannt.

Aditi war in Gestalt der Sonne die Mutter der zwölf Adyitas des Tierkreises, Mutter allen Lichts im Himmel. Aditi bedeutet im Sanskrit sowohl unendliches Bewusstsein als auch Mutter der Sonnengötter. Im Mahanirvanatantra wird die Sonne als das „Gewand der großen Göttin" beschrieben. Die Göttin ist diejenige, „die mit der Sonne bekleidet" ist. Die Skandinavier nannten sie „Ruhm der Elfen". Sie gebar am Ende aller Tage die Sonne der kommenden Schöpfung in Gestalt einer Tochter.

Die Sonne spielte schon immer eine große Rolle in matriarchalen Kulturen. Wichtigster Festtag war die Wintersonnenwende: der Tag, an dem die Nacht am längsten ist. Gefeiert wurde der erste einfallende Lichtstrahl der Sonne, die damit einen neuen Lichtzyklus gebar. Um diesen Moment nicht zu verpassen und genau ablesen zu können, gab es die Steinkreise und aus Steinen errichtete Mondkalender, wie z.B. New Grange in Irland und viele weitere Stätten, in denen die Festlichkeiten stattfanden.

Die Göttin in Gestalt der Sonne birgt das Bewusstsein um den Ursprung in sich. Sie ist unglaubliche Freude und Tanz und vermag zu erhellen, was in der Verborgenheit ruhte.

Hier auf der Karte findest du die dem hinduistischen Schöpfungsaspekt des Göttlichen Shiva zugeordnete weibliche schöpferische Ausdruckskraft Shakti-Devi. In Kambotscha gibt es ihr zu Ehren einen errichteten Lingam, der sich nach vier Seiten öffnet und damit die Göttin Shakti freigibt als schöpferische Energie, die dem phallischen Pfeiler innewohnt.

Shiva und Shakti (er)tanzen in ewiger Umarmung das Universum, erfüllen es mit ihrer Bewegung. Ihr Tanz birgt einen Trancezustand in sich: Ekstase, das Erleben des Göttlichen, unbändige Freude, die zur kreativen Verschmelzung führt. Ihre Weisheit begründet sich im Wissen darum, dass man, um andere zu verzaubern, erst sich selbst verzaubern muss. Erst dann erlangt man magische Wirkung. Der Tanz ist wichtiges Element in allen alten Kulturen. So wurde die Fruchtbarkeit, die Jagd, der Krieg, der Sieg, die Bitte, das Wetter usw. betanzt, um ein Gelingen zu bewirken. Tanzen ist ein schöpferischer Akt. Es weckt schlummernde Energien, welche die Welt in Bewegung zu versetzen vermögen. Beim Tanzen sammelt Shakti-Devi ihre ewige Energie in sich und drückt sie gleichzeitig wieder aus. In ihrer rasenden, unaufhörlichen Kreisbewegung wirbelt sie ihre Kraft ins Universum. Sie entfaltet, erhält und zerstört so die Welt. Flammenstrahlen umgeben ihre Gestalt. Ihr Tanz transzendiert und führt zur Erkenntnis. (Shriyantra, S. 164, H. Zimmer). Ihre Erkenntnis versetzt in Entzücken und Ekstase. Durch ihren immerwährenden Tanz bleibt sie in Kontakt mit dem Zentrum, dem Ursprung. Sie drückt die Kraft des Ursprungs durch ihre ewige Bewegung aus, spiralförmig angeordnete Welten erschaffend, diese Bewegung fortsetzend und von ihrer Freude erfüllt.

Außerdem tanzen Shiva und Shakti auf Leichen und Dämonen zum Zeichen, die Unwissenheit und Abhängigkeit besiegt und überwunden zu haben. Damit einher geht ihre Unsterblichkeit. In der Sonnenenergie ist immer die gestalterische Kraft enthalten. Deshalb kann es auch keine einzelne Shakti geben, sondern sie erscheint in Verbindung mit ihrem Partner. Aus dieser befruchtenden Begegnung entsteht dann jene schöpferische Energie, die alleine nicht zustande gekommen wäre und sich der Kontrolle des Einzelnen entzieht. Shiva und Shakti sind somit göttliches Paar der konzentrierten Bewegung des Universums, dessen Herzschlag, der pulsierend das Leben mit unbändiger Energie versorgt. Aus dieser Einsicht heraus manifestiert sich die freudvolle Weisheit, die ekstatisches Entzücken mit sich bringt.

Übertragen wir dieses kosmische Prinzip in den Alltag, so erfahren wir, dass die Freude wichtige Voraussetzung für den schöpferischen Akt ist. Freude entsteht im Herzen, im Herzchakra, das wiederum der Sonnenenergie zugeordnet ist. Sie manifestiert sich aus einer glücklichen Verbundenheit, aus der Herzensverbindung, die sich in der Liebe ausdrückt. Strahlendes Bewusstsein ist die Folge davon. Aus dem Herzen heraus zu handeln bedeutet, aus der Mitte heraus zu wirken. Alles, was so geschieht, bewirkt, dass sich die Freude vermehrt und einen hellen Weg beleuchtet. So kann man eigentlich allem begegnen, denn eine gewisse Angstfreiheit ist damit auch verbunden. Sich selbst, d.h. seiner innersten Weisheit treu zu sein, zu sich zu stehen, auch wenn damit Risiken verbunden sein mögen, bezeichnet den Weg des Helden oder der Heldin.

Im Märchen ist es der Moment, da der oder die Suchende etwas begegnet, das es zu besiegen gilt. Es sind die spannenden Situationen, in denen es um Leben und Tod zu gehen scheint. Mut, Loyalität mit dem Erreichen des Ziels und ganzer Einsatz als spontane Reaktion in der drohenden Gefahr versprechen Erfolg. Heldin oder Held müssen ihre gesamte Kraft aufbieten, um zu gewinnen. Nicht den persönlichen Gewinn suchen sie, sondern eine Gewinner-Gewinnersituation, in der alle Beteiligten eine Erfahrung machen können, um zu einer höheren Bewusstseinstufe aufzusteigen. Häufig ändert sich nach dem Sieg auch die Umgebung, Verzaubertes wird wieder befreit, ein Bann gelöst, Unerlöstes transformiert. Weil der Held, die Heldin sich der Befreiung widmeten, kann auch das Außen befreit werden und wird dadurch schöner, farbiger, belebter.

Zur Sonnengöttin zu werden, bedeutet ehrliche Auseinandersetzung mit den Herzensthemen und ganzen Einsatz. Erst wenn ich alle meine dunklen Bereiche kenne, sie annehme und akzeptiere, ist es mir möglich, wirklich befreit zu handeln. Es nutzt wenig, sich zu wünschen, dass man ein besserer Mensch wird, ohne davon überzeugt zu sein, dass es gelingt. Ebenso wenig nutzt es, sich eine ideale Welt vorzustellen, ohne die innere Gewissheit, dass man selbst daran einen schöpferischen Anteil hat. Leiden entsteht aus dem engen Handlungsspielraum des Vermeidens, der sich aus der Illusion der Unabhängigkeit und der damit einhergehenden Teilnahmslosigkeit ergibt. Jeder Moment birgt ein kreatives Potential in sich, das man auch mit aktiver Herzenswärme übersetzen kann. Wenn ich mich kenne und zu dem stehe, was ich bin, habe ich eine Position, die es mir ermöglicht, mich ganz einzubringen. Ich brauche dann nichts zu verstecken, keine Rolle zu spielen oder etwas zu unterdrücken. Ich kann mich der Welt stellen als das, was ich bin - mit meiner gesamten Erfahrung, mit meinen Fehlern und mit meinem individuellen Ausdruck der mir innewohnenden Shakti-Energie. Daraus resultiert Freude: Freude am Dasein und an verantwortlichen Begegnungen. So vermag ich mich dem Leben als reife Frau zu zeigen. Ich besitze etwas, an das ich glaube und vermag es, diese Gewissheit in die Welt zu tragen. Sicherheit und Stärke schließen sich an. Zum Leben „ja“ sagen, setzt voraus, dass ich zu mir selbst „ja“ sage. Ich biete sonst nur kleine Ausschnitte meiner ganzen mir innewohnenden Kraft an. Diese wenige Kraft geht sogleich verloren, falls ich vom Außen keinen Zuspruch bekomme.

Kanalisieren

Jede liebevolle Begegnung ist eine Chance, denn das Herz erweitert sich. Gleichzeitig steigt die Kundalini, die Lebenskraft entlang der Wirbelsäule, höher, und mehr Energie steht zur Verfügung. Diese Kraft erfährt man meistens als Freude oder Glück, das sich besonders in der Herzgegend bemerkbar macht und sich vielleicht auf den ganzen Körper ausdehnt. Wir gewinnen an Ausstrahlung, denn ein inneres Leuchten erfüllt uns und berührt das Umfeld, ob wir wollen oder nicht. Man braucht dafür nichts zu tun. Doch bringt das erfahrene Glück auch einige Gefahren mit sich. Sobald wir es an bestimmte Situationen oder den Menschen binden, durch die oder den wir es erfahren haben. Wenn wir uns ausschließlich darauf konzentrieren, dass eine neue Begegnung stattfindet, jedoch die gleichen Erwartungen hegen, wird das Glück verletzbar. Es kann sich nicht als Erfahrung des Selbst stabilisieren und weiterentwickeln. Deshalb ist es wichtig, im Glück offen zu bleiben, den erweiterten Zustand zu nutzen, um erfolgreich zu wirken. Tiefes Glück entsteht immer dann, wenn wir so handeln, dass es anderen nützt, nicht, indem wir uns darauf fixieren, etwas Bestimmtes zu erreichen. Ich kann mein Glück in den Dienst stellen als eine Kraft, die den unbefreiten Bereichen zur Befreiung verhilft. Dann strömt es durch mich hindurch, aber: nicht ich binde die Energie, sondern diese sucht sich durch mich ihren Wirkungsraum. Ich werde somit zu einem Kanal, der einfach diese gute Energie hindurchströmen lässt, ohne sie mit Erwartungen zu belasten. Wer daran teilnehmen möchte, ist herzlich eingeladen.

Den Kanal finden

In jedem Menschen schlummert das kreative Potential oder ein Talent. Etwas, das sie oder er besonders gut kann. Dieses Können hat sich im Laufe der Inkarnationen aus dem Erfahrungsschatz des Herzensgeistes herausgebildet. Können wird durch konzentrierte Aufmerksamkeit ins Leben getragen und schafft damit einen Wert, der wiederum das Gesamtgefüge bereichert. Indem wir lernen, uns auf das, was wir können, zu konzentrieren und dieses Können in den Dienst stellen, bildet sich der Kanal aus, durch den die Shakti-Energie ihren Tanz entfalten kann. Dieser Kanal braucht Pflege, Unterstützung und Aufmerksamkeit, auch Sammlung, sonst bildet er sich zurück, und Energiestaus blockieren den Ausdruck. Talente stehen in direktem Zusammenhang mit der Herzensenergie, denn sie tragen die Erfahrungen des Herzensgeistes in die Welt, bzw. drücken diesen aus. Wenn wir unseren Talenten folgen, dann haben wir das Gefühl, nicht zu arbeiten, sondern schöpferisch tätig zu sein. Scheinbar mühelos reiht sich ein Schritt an den nächsten, denn es ist ein spannender Prozess des Werdens, an dem das Herz immer beteiligt ist. Hierbei ist Misserfolg ausgeschlossen: denn wenn ich das tue, was ich tun „muss", weil es meinem inneren Wunsch entspricht, ist auch keine Mühe umsonst. Herzensprojekte werden immer vom Umfeld mitgetragen. Nur für die Kompromisse, die wir eingehen, weil wir uns nicht trauen, das zu tun, was wirklich wichtig ist, zahlen wir manchmal einen Preis. Sie sind anstrengend, erschöpfend und wenig bereichernd, führen häufig zur Stagnation - weil die herzliche Anteilnahme und Beteiligung fehlt.

Gestalten

Ist der Kanal freigelegt, hat sich das Herz an ein Herzensprojekt gebunden, ergeben sich plötzlich viele unbekannte oder unvorhersehbare Möglichkeiten und Erfahrungen, da sie über das persönliche Vorstellungsvermögen hinausgehen. Andere Menschen, deren Herzen ebenso tief bewegt sind, kommen hinzu. Die Begegnung mit diesen Menschen verläuft häufig befreit, bereichernd, freudig, getragen von einer wunderbaren schöpferischen Energie, die unerschöpflich scheint. Ideen kommen auf, die alleine nicht zustande gekommen wären, denn ein gemeinsamer vom Herzen getragener Idealismus manifestiert sich aufgrund des Herzensprojekts. Nun ist es wichtig, sich zwar selbst ganz einzubringen, aber die persönliche Kontrolle, die über die Eigenverantwortung hinausgeht, aufzugeben.

Denn nicht ich vollbringe etwas, sondern das Projekt möchte den besten Weg finden, um gestaltet zu werden. Persönliche Krisen sind hierbei nicht ausgeschlossen, denn jeder wächst im Gestaltungsprozess über seine Grenzen hinaus. Gestaltung hat viel mit Achtung, Aufmerksamkeit und Anerkennung zu tun, die Voraussetzung für einen kreativen Verlauf sind.

- Deutung der Karte auf drei Ebenen -

Shakti-Devi weiß

Du hast vielleicht im Moment deine Mitte verloren oder sehnst dich danach, dich wieder ganz zu spüren. Versuche, in dein Zentrum zu kommen, zu dir selbst zurückzukehren. Konzentriere deine Energien und finde heraus, was du kannst. Vergegenwärtige dir deine momentane Position. Welche Rolle spielst du, statt deiner Herzensweisheit zu folgen? Hast du mit persönlichen Erwartungen zu kämpfen, die nicht dem entsprechen, was dir begegnet? Oder wird von dir mehr erwartet, als du im Moment geben kannst? Wie steht es um deine Selbstsicherheit? Wie kannst du deine Freude am Leben wieder finden? Was sagt dein Herz zu deiner Lebenssituation? Gibt es etwas, das du gerne ausdrücken würdest und gestalten würdest? Du kannst ruhig mehr aus dir herausgehen und einen Standpunkt einnehmen. Erinnere dich an die Energie Shakti-Devis, die dann zur freien Entfaltung kommt, wenn du dir Raum zur Freude gibst. Was kannst du tun, um dich selbst und deine kreative Kraft zu befreien? Suche nach Unterstützung, nach Menschen, die dich stärken und aufbauen und an dich glauben. Berufe dich auf deine innere Weisheit, das Strahlen hinter den Wolken, das du finden kannst, indem du das anwendest, was du kannst.

Shakti-Devi rot

Du bist zu einem Zentrum geworden. Dein Herz und dein Lebensweg stimmen im Moment überein. Du fühlst dich stark und kompetent und meisterst die an dich gestellten Anforderungen. Von dir geht eine charismatische Ausstrahlung aus, die andere begeistern und mitzureißen vermag. Sicher hast du deine Wahl getroffen. Es ist gut so, denn auf dieser Basis kann gesundes Wachstum stattfinden. Du verfügst über eine Menge Energie, die du konzentriert einsetzen kannst. Achte darauf, dass du dich nicht erschöpfst, sondern auch ab und zu die Führung anderen überlässt. Du lebst autonom und autark und bist in der Lage, gut für dich selbst zu sorgen. Du achtest auf deine Bedürfnisse und es fällt dir leicht, diese auszudrücken. Jetzt kannst du einen Schritt nach vorne wagen, vielleicht mehr Verantwortung übernehmen oder auf der Lebensleiter eine Stufe höher klettern. Feiere deinen Übergang zu einer reiferen Persönlichkeit mit einem kleinen Ritual oder mit deinen Freundinnen und Freunden. Du bist dabei, das Kind in dir hinter dir zu lassen, weil du gelernt hast, für dich Verantwortung zu übernehmen. Deine Herzlichkeit ist echt. Du bist in Kontakt.

Shakti-Devi schwarz

Etwas ist passiert, was sich ganz zum Guten gewendet hat. Dein Herz sprudelt über und du möchtest dein Glück mit anderen teilen. Prüfe geduldig die Umstände, damit du deine Energien nicht verschleuderst. Achte darauf, wer deine wirklichen Interessen teilt und stabilisiere diese Beziehungen durch deine Großzügigkeit. Freude schenken bedeutet, Freude zu empfangen. Du wirst gebraucht und auch dein Temperament ist gefragt. Lebe aus dem Vollen und halte nichts zurück. Je mehr du dich offenbarst, desto direkter wird dein Kontakt werden. In dir drängt alles nach kreativem Ausdruck. Finde ein geeignetes Medium für deine überfließende Herzensenergie. Gehe hinaus, um dich im kosmischen Tanz zu erfrischen. Du kannst etwas bewegen, denn dir steht die notwendige Energie zur Verfügung. Auch deine Herzenswünsche sind dabei, sich zu erfüllen. Bewahre dir dein Glück und das damit verbundene hohe Energielevel, indem du abgibst, was du empfängst und dadurch dafür sorgst, dass sich dein Shakti-Devi-Kanal erweitert.

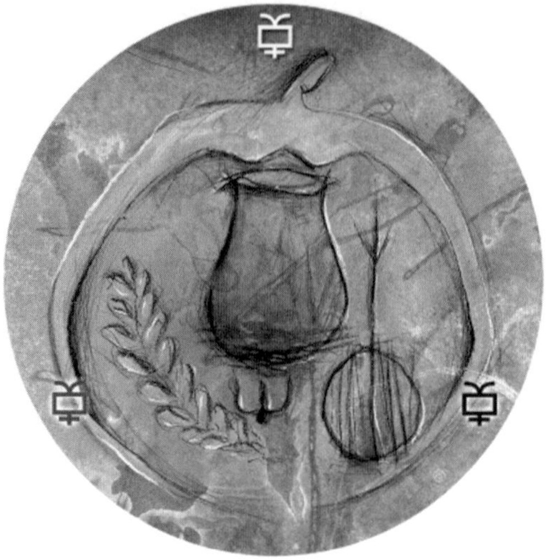

Vestalinnen

...reifen...

...Vesta...

Hestia (griechisch Herd) ist der matriarchale Göttinnenaspekt, der das heilige, reine, unantastbare Zentrum eines Menschen verkörpert. Ihr lateinischer Name ist Vestia. Hestia oder Vestia hatte keinen Gemahl. Kein männlicher Gott durfte ihren Bereich, den göttlichen Herd, der auch als reale Kultstätte das mystische Herz des Reiches war, mit ihr teilen. Sie saß in der Mitte dieses Ortes und empfing dort die Opfer, die bei ihr begannen und bei ihr wieder endeten. Die Vestalinnen, ihre Priesterinnen hatten zur Aufgabe, das göttliche Herdfeuer zu bewahren, zu behüten und dafür zu sorgen, dass es niemals erlosch.

Die Vestalinnen waren göttliche Jungfrauen, himmlische Konkubinen, die zwar Sexualsakramente durchführten, sich aber niemals in einer irdischen Beziehung banden. Sie verfügten über Heilkräfte und das Heilwissen der Kräuter, Pflanzen und Tiere. Sie sammelten medizinische Zutaten, mischten diese und verwandelten sie durch unterschiedliche Zubereitung, so dass sie einen Heilungs- und Umwandlungsprozess begleiteten. Sie waren unabhängige Frauen, die sich mit vierzig Jahren entscheiden konnten, ob sie weiter Priesterinnen bleiben oder ein gewöhnliches Leben in einer irdischen Beziehung beginnen wollten. Der Bereich, den sie hüteten, das heilige Herdfeuer, gilt auch als ursprünglicher Altar. Der Herd stand in den alten Rundhäusern an zentraler Stelle. Er erwärmte das Haus und auf ihm wurden die Opfergaben, die Nahrung, zubereitet. Gleichzeitig entstanden Gefäße, mit denen gekocht und gebraten, gebacken und geröstet werden konnte - in denen Umwandlungsprozesse stattfanden, Speisen zubereitet wurden. Kuchen als geformte Symbole dienten der Fruchtbarkeit. Im Mittelalter waren Bäckereien nicht selten an Bordelle angeschlossen. So wie der Herd die Nahrung verwandeln konnte, wandelte auch das Feuer der weiblichen Göttinnenkraft im alchimistischen Prozess den Menschen um. Der Wandlungsaspekt des Ofens als sakrales Wandlungsgefäß des Lebens ist auch Mysterium des Uterus. Der Ofen hatte des Weiteren prophetische Gaben: er konnte befragt werden und das Schicksal verkünden. Viele alte Göttinnen (nicht nur die „Jungfrau“) halten Ähren in der Hand als Symbol des natürlichen Wachstums, der domestizierten Natur und des nahrungsspendenden Prinzips. Die Ähre verdeutlicht auch, dass die damalige Kultur sich nun über den Verlauf der Jahreszeiten bewusst war und die Kräfte der Natur nutzen konnte. Sie wussten um Säen, Ernten und Bestellung des Bodens und konnten auch die Zeit beobachten, so dass sie wussten, wann dies zu geschehen hatte. Es gibt eine deutliche Verbindung von Wandlung, Geburt des Brotes, Ernährung und dem weiblichen Göttinnenprinzip.

Der Hetärenaspekt der Vestalinnen

Hetären waren Kurtisanen, die sich die Gleichstellung mit der männlichen Welt bewahrt hatten, da sie keine Ehe eingingen und sich somit ihr Erbrecht erhalten konnten. Hetäre bedeutet aber auch Freundin, Gefährtin, Kameradin. Es war der doppeldeutige umgewandelte Hetärenaspekt der Vestalinnen, der sich zum Dienst an der Göttin Vestia manifestierte, die sich wiederum als Zentrum, als göttliches Feuer darstellte. Diesen Aspekt brauchen wir dann, wenn wir das männliche Prinzip in unser Leben integrieren wollen, uns vom Vaterprinzip lossagen oder wenn das männliche spirituelle Licht in unser Leben tritt und sich mit uns verbindet. Frauen werden als Töchter von Vätern geboren. Später im Leben definiert sich jede Beziehung zunächst über den Vater, d.h. die Frau erlebt sich u.a. auch als Tochter ihres Vaters. Das erste Verliebtsein hat einen emotionalen und gleichzeitig einen spirituellen Aspekt. Durch die Öffnung für das männliche Prinzip kann sich der Tochteraspekt wandeln: ein spirituelles Bewusstsein erwacht, das durch die Berührung mit dem inneren männlichen göttlichen Aspekt zustande gekommen ist. Verweilt eine Frau unreflektiert in dieser Begegnung oder fixiert sich darauf zu früh, kann sie nicht reifen. Wenn sie vergisst, die ihr innewohnende Vestalinnenenergie auszubilden, bleibt sie damit „unerlöste“ Tochter, ohne sich als Frau kennen zu lernen.

Im Märchen wird diese Entwicklung durch den Punkt bezeichnet, an dem die Heldinnen z.B. ihre Hände verlieren, d.h. handlungsunfähig werden oder, wie Psyche, zu viel gesehen haben und deshalb alleine aufbrechen müssen, um sich weiter entwickeln zu können. Hier beginnt dann die wirkliche Suche nach dem innersten Zentrum der Göttinnenkraft. Ohne diese Suche würde die weibliche Kraft stagnieren. Die Geliebten haben sich in Unschuld und Reinheit getroffen, sich als zueinander gehörig erkannt, aber sind noch nicht reif für eine gemeinsame Reise. Würde die Heldin sich jetzt, ohne eigene Schritte zu unternehmen, ihrem Geliebten anvertrauen und bei ihm bleiben, wäre sie in großer Gefahr, sich selbst zu verlieren. Ihr Schicksal als ewige Tochter wäre besiegelt und damit drohte ihre Entwicklung zu stagnieren. Sie würde verpassen, zu reifen. Denn das Licht, das durch die Begegnung erwacht ist oder ins Bewusstsein getreten ist, gilt es, zu bewahren, in ihr Leben zu integrieren und einen Ausdruck dafür zu finden. Der Vestalinnenaspekt in uns schickt uns immer wieder auf die einsame Suche, damit wir unsere Talente ausbilden, die für uns wichtige (weiblich-kreative) Arbeit verrichten und nicht stehen bleiben. Als junges Mädchen möchte eine Tochter vom Vater gerettet werden und bleibt ihm deshalb ergeben, aber abhängig. Eine reife Frau hingegen hat ihren männlichen Anteil selbst geduldig ausgebildet. Sie zeigt keine Angst vor dem Hetärenaspekt und ist daher fähig, in Beziehung zu treten als die Reifende, die sich unabhängig vom Vater ausreichendes Wissen und Kompetenz angeeignet hat. Im Zweifel vermag sie auch alleine zu bestehen. Nur dann kann sie sich selbst, eine Beziehung, eine Familie oder das jeweilige soziale Umfeld mit ihrer reinen Lebendigkeit nähren. Daher ist in gewissen Lebensabschnitten, besonders nach dem ersten Verlieben einfach Rückzug und Selbstintegration gefragt. Manchmal sind diese einsameren Lebensabschnitte mit Schmerzen verbunden oder man hat für eine Weile das Gefühl, zu stagnieren, weil sich scheinbar nichts bewegt. Im Märchen wartet hier die ganz persönliche Aufgabe, die Geduld, Konzentration und das Erlernen spezieller Fertigkeiten verlangt, wie das Knüpfen, Weben, Sticken eines komplizierten Musters. Das Erledigen der Aufgabe kann manchmal mehrere Jahre dauern. Die Heldin ist dabei so stark von der Erfüllung der Aufgabe beansprucht, dass sie fast ihren Geliebten vergisst. Sie lernt also, loszulassen, während sie sich selbst weiterentwickelt, um dann als Gereifte wieder zurück zu kehren.

Die vestalischen Priesterinnen lehren keine leichte Lektion. Denn wer begibt sich schon gerne freiwillig in die Einsamkeit, wenn man sie gleichzeitig fürchtet, bzw. froh ist, dieser gerade entkommen zu sein. Und doch ist eine solche Abgeschiedenheit notwendig, um zu reifen, d.h. den Funken der bei der Begegnung übergesprungen ist, in ein ewiges Feuer zu verwandeln. Das ewige Feuer kann das innerste Heiligtum erhellen und vermag aus sich selbst heraus weiter zu bestehen.

Die Vestalinnenenergie beinhaltet alle Selbstheilungsprozesse, die aus einer inneren Erkenntnis um die Unantastbarkeit der Reinheit des göttlichen Herdfeuers oder der Essenz des Geistes entspringen. Sie fordert gerade Frauen dazu auf, sich diese Reinheit zu erhalten, bzw. immer wieder neu herzustellen und diesen Zustand bewusst aufzusuchen. Es ist sozusagen Vorbedingung einer fruchtbaren Partnerschaft, denn das Wissen um die Reinheit und Unschuld ihrer wahren Natur verhindert entstehende Abhängigkeiten oder aufkommende Erwartungshaltungen, die aus ungelösten Elternbeziehungen entstehen. Solche Erwartungen, die man automatisch dem Partner anträgt, gründen sich häufig in Kindheitsbedürfnissen, die nicht erfüllt wurden und übertragen sich dann auf den Partner. Dieser kann Erwartungen des unerlösten Mädchenaspekts in uns allerdings selten erfüllen, weil er eben Partner ist und nicht Vater. Besser ist es, die Energie der Vestia in dir aufzusuchen, um mit ihrer Energie das Geschehen immer wieder zu klären, zu überprüfen und neu einzuordnen und das Opfer darzubringen: sich der inneren Aufgabe zu widmen, wie auch immer diese aussehen mag.

Der phasenweise Rückzug dient dazu, herauszufinden, ob ich im Inneren wirklich lebendig bin. Ich kehre zu meiner wahren Natur und der Reinheit meiner Kraft zurück. Dies ist häufig ein von Schmerzen begleiteter Prozess, denn er beinhaltet das Warten Können. Warten auf die rechte Zeit, warten auf das, was kommen wird, warten, bis sich die innere Stille einstellt, die erkennen kann. Warten, ohne dass sich etwas zu bewegen scheint, können nur wenige, und es wird in unserem Kulturraum eher abgelehnt. Es gilt, eine innere Lähmung zu durchdringen, die verhindert, dass ich mein Innerstes wahrnehmen kann, weil ich mich normalerweise über das Außen definiere. Doch spinnt sich in der Phase der Innenschau gleichzeitig eine Art Kokon, der das Erlebte mit dem notwendigen Schutz versieht und dafür sorgt, dass das neue zarte Gefühl in Ruhe reifen kann und zum rechten Zeitpunkt in der durch die Aufgabe organisch gewachsenen Form zum Vorschein kommt.

Es ist nicht einfach, die Vestalin zu leben, wenn es gefragt ist. Denn Sehnsüchte und Ungeduld, alle möglichen „Unreinheiten“ verzerren den Prozess. Ängste tauchen auf und die verschiedensten Formen der Leidenschaften lenken vom innersten Herdfeuer ab. Warum sollte ich alleine in mir etwas kultivieren, wenn ich doch glücklich bin, dass ich eben einen Menschen getroffen habe, der mir alles zu spiegeln scheint, was ich zu brauchen glaube?

Und gerade hier liegt das Geheimnis: indem ich mir und der Empfindung Raum gebe, in Ruhe zu reifen, damit sie ein Teil von mir und meiner Lebenserfahrung wird, d.h. sich in mein Wesen integrieren kann, brauche ich Zeit. Zeit, um das Gefühl zu betrachten, um es zu stärken. So ermögliche ich mir auch weitere Schritte in der Beziehung und einen eigenen Weg, aus dem etwas Kreatives wachsen kann.

Wenn das Mädchen zur Frau wird, braucht sie andere Frauen, vestalische Priesterinnen, die den Übergang bereits bewältigt haben und eine Aufgabe, die sie sich stellen und erfüllen kann. Denn dadurch, dass das Mädchen in uns diese Aufgabe meistert, wird sie zur Frau. Sie weiß um ihren Wert, vermag sich selbst und das Leben um sich herum mit ihrem inneren Feuer zu erwärmen. Das innere Herdfeuer wiederum kann gefunden werden durch die konzentrierte Auseinandersetzung mit der Erfüllung der Aufgabe und indem man sich der einsamen Suche vertrauensvoll überlässt. Ist diese Aufgabe erfüllt, ist der Dienst an Vestia abgeschlossen und die Einweihung zur Reife gelungen. In Zukunft entscheidet nicht mehr der Partner oder Vater über das Glück des Mädchens, sondern dieses ist zu einer wahren Partnerin, einem Gegenüber, gereift. Als eine solche Partnerin hat sie den Impuls, sich vom Vater retten zu lassen, umgewandelt und sich dem ihr innewohnenden Genius anvertraut. Sie hat herausgefunden, dass sie aus sich selbst heraus liebesfähig ist und damit schöpferisch wirken kann. Diese Erkenntnis setzt sie um, in der sich selbst gestellten Aufgabe, was auch immer diese sein mag. Ihre Arbeit entspringt dem Kontakt mit dem inneren Heiligtum, dem Herdfeuer der Vestia, das sie weise und geduldig aufgesucht und gefunden hat. So geläutert kann sie zu dem männlichen Prinzip, der Quelle ihrer Inspiration zurückkehren, Partnerin, Vertraute und Freundin sein - aber nie mehr Tochter.

Reinheit

Jungfräulichkeit bedeutet also in diesem Sinne nicht sexuelle Enthaltsamkeit, sondern die unschuldige Erfahrung der Sexualität umzuwandeln durch die Kraft der Reinheit. Dies geschieht, indem man alleine den Ort der inneren Unantastbarkeit aufsucht, das göttliche Herdfeuer der Vestia, um die Erfahrung in den Gefäßen zu kochen, braten, rösten, bis eine nahrhafte Speise daraus entstanden ist. Man ist im Zustand des Selbstnährens angekommen. Der Dienst an Vestia ist dann gleichzeitig das Opfer, das man ihr darbringt und dass einen davor bewahrt, zu frühe und auf die falsche Weise verpflichtende Verbindung einzugehen, ohne reif für diese geworden zu sein. Die innere Reinheit entsteht aus einer Erkenntnisfähigkeit, aus der Geduld, warten zu können und aus der Hingabe an die Aufgabe, die der Göttin dient. So kann die Liebe wachsen, ohne sich gleich zu binden und führt paradoxerweise in eine nachfolgende echte Begegnung, die von Achtung und Respekt getragen ist. Man vermag sich selbst zu retten und hat den Selbstheilungskräften Zeit zur Wirkung gegeben.

Heilung

Heilung findet statt, wenn die Seele ihrer wahren Natur begegnet ist und schauen konnte, wie das göttliche Herdfeuer alles verbrennt, was außerhalb der zentrierten Erfahrung liegt. In diesem Zustand werden Zweifel, Unsicherheiten, Wertlosigkeitsgefühle usw. gereinigt, weil man zu seiner reinen, unantastbaren Quelle zurückgekehrt ist. „Frei dem Dienst an der Göttin verpflichtet die Flamme schauen“ bedeutet, die allem zugrundeliegende Lebendigkeit und Reinheit zu erfahren. Sie ist nun losgelöst von persönlicher Verhaftung und kann vielleicht als kleine reine Bewusstseinsperle wahrgenommen werden, die in sich unzerstörbar ist. Hat man so erfahren, dass es die Liebe ist, die allem zugrunde liegt und alles bewegt, und dass diese Liebe aus sich selbst heraus existiert, hat man die Verbindung von männlicher und weiblicher Kraft erfahren und ist bereit, diese Einheit in der Welt als übertragbare Erfahrung zu manifestieren. Alle Handlungen sind dann von Heil begleitet und bewirken, dass Heilung stattfinden kann: durch die Schau des Innersten fand Reinigung statt.

Das individuelle Potential in den Dienst stellen

Indem ich erkenne und vor mir selbst anerkenne, was ich kann und dafür sorge, dieses Können auszubilden, habe ich eine Grundlage gefunden, die zur Basis meiner Arbeit werden kann. Meine Arbeit stelle ich dann wiederum in den Dienst der Göttin, d.h. ich mache mir bewusst, dass ich nicht nur für mich selbst handle, sondern meine Handlung darauf hinzielt, die Einheit herzustellen. Jetzt gibt es keine Zeitverschwendung mehr, keine überflüssigen Arbeiten, nichts, was ich mit wichtig oder unwichtig zu bewerten brauche: denn alles, was ich tue, dient der Göttin, die sich ja wiederum in allem, was mich umgibt, ausdrückt. Ich lebe jetzt nicht mehr, um die Welt zu manipulieren, sondern stelle mich ihr zur Verfügung. Möge sich die Göttin meiner bedienen und mich zu ihrem Kanal machen. Jetzt ist es gut, die eigene Empfänglichkeit zu prüfen. Je mehr gute Energie ich empfangen kann, desto mehr vermag ich auch abzugeben. Was kann ich tun, um empfänglich zu werden? Ein wichtiger Schritt ist sicherlich, sich über die im Laufe der Zeit entstandenen Hindernisse bewusst zu werden. Zweifel und Bedenken lassen sich aufspüren und auflösen, wenn wir lernen, zu unterscheiden. Die Wahrheit, das Zentrum ist licht und warm, eben das göttliche Herdfeuer, das niemals erlischt, wenn ich es zu hüten gelernt habe. Indem wir lernen, uns den Raum zu geben, uns immer wieder alleine in diesen reinen Zustand zu versetzen, stärken wir die Flamme und üben gleichzeitig, sie zu erhalten. Das ganze Leben wird dann zum Dienst, denn es gibt nichts anderes zu tun. Gelingen ist damit vorprogrammiert, denn Erfolg definiert sich aus dieser Sicht heraus über die hergestellte Einheit.

- Deutung der Karte auf drei Ebenen -

Vestia weiß

Überprüfe deine sozialen Bezugspunkte. Etwas in dir möchte geheilt werden. Du bist verletzt worden, und kennst wahrscheinlich schon das darunter liegende Muster. Jetzt ist es wichtig, dass du dich dir selbst zuwendest und nicht mehr länger die Augen verschließt. Gehe soweit wie möglich in den Schmerz hinein und versuche, zu spüren, was du zur Heilung brauchst. Wie alt ist dein Schmerz? Wie alt warst du, als du ihn zum ersten Mal fühltest? Versuche, Lösungen zu finden, die „altersgemäß" sind, d.h. gib deinem inneren Kind, deinem jungen Mädchen, deinem Teenager mehr Raum, sich auszudrücken. Nutze die Gegenwart deiner Freundinnen zur Klärung deiner Lebenssituation und deiner damit verbundenen Rolle. Nimm dir so viel Zeit wie möglich, um dein inneres Zentrum aufzuspüren, deine Lebendigkeit zu erfahren. Erfinde ein kleines Ritual, mit dem du deinen Heilungsprozess initialisierst. Gib dir selbst das Versprechen, für dich zu sorgen, solange, bis du das Gefühl hast, mit deinem Thema gereift zu sein. Bewahre Geduld, während du dich in deinen schützenden Kokon einspinnst.

Vestia rot

In dir hat ein Klärungsprozess stattgefunden. Du hast verbunden und unterschieden und etwas gefunden, mit dem du arbeiten kannst. Visualisiere dir dein „Werk" und arbeite dann daran, es zu vervollkommnen. Stelle es in den Dienst der Göttin. Dein soziales Wesen ist im Moment gefragt. Organisiere dein Leben so, dass es für alle Beteiligten Nutzen bringen kann. Suche nach deiner Motivation und kläre diese, falls notwendig. Jetzt ist ein guter Zeitpunkt, dich zu reinigen, die Vergangenheit hinter dir zu lassen und zukünftigen Handlungen Erfolg zu garantieren. Du kannst in dein Zentrum hineinspüren und von ihm aus wirken. Vergegenwärtige dir deine Heilkräfte. Mit welcher deiner Eigenschaften vermagst du andere zu heilen? Du bist eine gute Ratgebende, denn du vermagst auch komplizierte Zusammenhänge zu erfassen. Versuche deine sozialen Beziehungen zu festigen und mit Menschen zusammen zu arbeiten, die deine Interessen teilen.

Vestia schwarz

Dein derzeit klares Bewusstsein vermag alles zu erhellen. Wahrscheinlich spürst du eine ruhige Kraft in dir und bist von Liebe erfüllt. Du hast die Nacht erfolgreich durchwandert und mutig dein innerstes Heiligtum betreten. Das, was du dort gefunden hast, kann dir keiner mehr nehmen. In dir ist etwas zur Reife gelangt. Du kannst jetzt den Erfolg ernten und daran arbeiten, noch empfänglicher zu werden. Dir ist längst klar, dass du im Zusammenwirken mit den kosmischen Kräften Dienste leistest. Dein Sinn für die „kleinen" Dinge ist ausgeprägt. Dir ist es möglich, ein sicheres Gefüge für erfolgreiches Gelingen zu bauen. Du kannst verschiedene Positionen wertfrei einnehmen, bist gleichzeitig Lehrerin und Lernende, vom Geist des Teams getragen und eigenverantwortliche Solistin. Versuche, dir alle diese Positionen zu erhalten, damit sich nicht eine bestimmte Rolle ausbildet, die dich aus deinem ganzheitlichen Erleben herausdrängen könnte. Bewahre dir dein dienendes Bewusstsein und erarbeite dir ein tägliches Ritual, das deine ganzheitliche Sichtweise unterstützen und schützen kann. Du bist bescheidene kompetente Meisterin deiner derzeitigen Lebenssituation. Bewahre dir deine innere Freiheit!

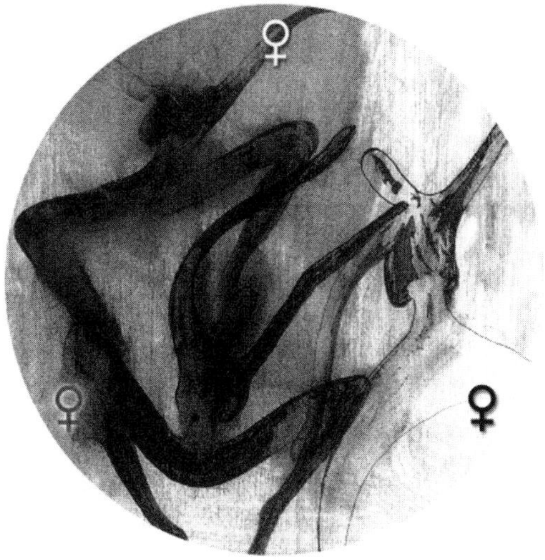

Ishtar

...verbinden ... begegnen...

...Venus...

Die bekannte griechische Liebesgöttin Venus Aphrodite ist ein später, verkürzter Aspekt der Göttin. Umfassendere Qualitäten besitzt sie als Ishtar, Astarte, Isis usw. Ihr alter Name war Moira, die als dreigestaltige Schicksalsgöttin auftrat, wobei die erste, als junge Göttin, den Schicksalsfaden spann, die zweite ihn als Mutter ausmaß und die dritte ihn als Greisin abschnitt. Schicksalsgöttinnen sind in allen Kulturen zu finden unter den verschiedensten Namen, wie z.B. auch die bekannte Fortuna. Sie kamen zur Geburt eines Kindes, standen Patin und wurden mit geopferten Geschenken und Speisen in gute Laune versetzt.

Aphrodite herrschte über die Geburt, das Leben, die Liebe und den Tod, die Zeit und das Schicksal. Zu ihrer Verehrung wurden die Sinne und die Sexualität eingesetzt. Sie wurde auch als Patronin der Künste, der Wissenschaften, des Handwerks und der Bildung verehrt.

Astarte wiederum regierte auch über die verstorbenen Seelen, die sich als Lichtkörper in Sternenform am Himmelszelt inkarniert hatten, und war damit Königin des Himmels.

Im Laufe der sich entwickelnden menschlichen Kultur durchlebte auch die praktizierte Magie eine Veränderung: sie wandelte sich von der Nahrungs- über die Fruchtbarkeits-

zur Sexualmagie. Die Göttin beinhaltete damit einen sexuellen Liebesaspekt. Sie war auch Herrin der Tiere, was nicht selten durch die sexuelle Vereinigung mit einem Tier abgebildet wurde. Durch diese Vereinigung konnte sie die dem Tier innewohnende Kraft nutzen und verband gleichzeitig höheres und instinktgebundenes Erleben. Sie befriedete die wilden Tiere und versammelte sie durch Konzentration. Gegensätze zu überwinden war ihr weiteres Anliegen. In ihr kam Profanes und Heiliges, Niederes und Hohes zusammen, denn sie machte keinen Unterschied aufgrund ihrer von der dualistischen Sichtweise befreiten Schau.

Als Moira wurde sie angerufen, um Streitfälle zu schlichten und Gerechtigkeit walten zu lassen, damit das persönliche Schicksal durch ihre Gnade gelenkt wurde.

Als Venus Aphrodite zeigt sie sich als Meisterin des Liebeszaubers und drückt diesen durch manifestierte Schönheit, Ästhetik und künstlerische Projekte aus. Auch kannte man die verschiedensten Rezepturen, die als Aphrodisiakum wirkten und die erotischen Anziehungskräfte zu erwecken und zu vermehren vermochten.

Die alten Völker wussten, dass mit einem bewussten Orgasmus ein Tod verbunden ist: das Sterben des Egos, Voraussetzung für das Einswerden. Venus Aphrodite wirkt nicht als das alles verschlingende weibliche Prinzip, das gebiert und zerstört, sondern eher als Gespielin, die sich auf die verschiedensten Verführungskünste versteht, bezaubern und entzücken kann. Sie ist auch Vogelgöttin, ihr Element ist die Luft und der (frei)geistige Raum. Im Unterschied zu den Vestalinnen ist ihr Dienst nicht mit Arbeit verknüpft, sondern eher mit dem künstlerisch-ästhetischen Ausdruck der Hingabe, die sich aus der erwachten erotischen Kraft entwickelt: einer Kreativität, die aus der Freude über die eingegangene Verbindung entsteht.

Venus Aphrodite bezaubert durch ihren Charme und weiß sich mit jedem Teil ihrer Schöpfung ausnahmslos zu verbinden. Sie beflügelt die Welt mit ihrem ewigen Kuss und bewirkt, dass Freundlichkeit und liebevolle Anziehung die Basis jeder Beziehung ist. Ihre Liebe ist wie ein leichter Flirt, ihre Berührung bewirkt, dass wir die Welt durch neue Augen sehen. Venus Aphrodite, einmal erwacht, gestaltet den Erlebensraum anmutig und haucht ihm Lebendigkeit ein. Sie ist die Kraft, die erotische Verbindungen einzugehen versteht und doch so frei ist, dass ihr Kontakt auf spielerische Weise immer wieder Raum für Neues gibt. Sie ist damit das Prinzip, das erst anfängt zu wirken, wenn wir unsere einzelkämpferische Position verabschiedet haben, uns von der Egokontrolle und Steuerung über unser Leben gelöst haben. Wir haben nun genug Vertrauen in das gemeinschaftliche Entstehen gefasst, wir haben uns bewusst eingelassen und ja gesagt zu einer eingegangenen Verbindung. Aus einem WIR können ganz andere Dinge erwachsen als aus dem Ich-Erleben, denn zwei Menschen ergeben nun mal ein „Energiegemisch“ mit einer Eigendynamik, die keiner von beiden kontrollieren kann oder in seiner Gesamtheit überschaut. Diesem Vermischtwerden kann man sich in einer guten Partnerschaft überlassen, wenn man bereit ist, sich auch da und dort zu verändern. Einige Mechanismen, die man zwar braucht, um alleine überleben zu können, werden unnötig, sobald man zu zweit ist. Mit Feingefühl und viel Geduld können wir abwägen, was uns persönlich wichtig ist, zu erhalten und von was wir uns getrost lösen können, da es die Entfaltung der Beziehung eher behindert.

Damit kreative Verbindungen entstehen können, stellt uns Venus Aphrodite ihren Zauber zur Verfügung, die prickelnde Chemie, die sich zwischen zwei Menschen entwickelt, damit sie zusammen kommen und auch über einen längeren Zeitraum zusammen bleiben: solange, bis vielleicht ein Projekt ins Leben gerufen und abgeschlossen ist oder eine bestimmte Erfahrung gemacht wurde, oder solange, wie damit eine bestimmte kosmische Absicht erfüllt wird. Jede Beziehung lebt auch von ihrer geistigen Ebene. Teilen sich die Partner ein oder mehrere Interessen, beflügeln sie sich gegenseitig in ihrer Kreativität, bereichern sich und haben damit gemeinsam mehr Energie zur Verfügung als alleine. Diese von Venus Aphrodite erfüllte Energie kann sich dann auf andere übertragen, überspringen und diese wie in ein Netzwerk mit einbinden. Die Basis hierfür bilden zwei Menschen, die sich in Liebe zugeneigt sind und auf ihr Alleinsein bewusst verzichteten, damit sie gemeinsam mehr erreichen können. An diesem Punkt beginnt Venus Aphrodite wie von selbst auszustrahlen und ein größeres Umfeld zu berühren.

Venus Aphrodite heilt auch die Schmerzen, die in Beziehungen entstanden sind. Ihr zugeordnet sind die Aphrodisiaka und u.a. der Apfel. Ihre Verehrung gewährleistet Schutz in der Liebe und öffnet, falls man sich aufgrund von zu großen Enttäuschungen zurückgezogen hat, für neue Begegnungen. Sie ist die treibende Kraft in jedem kreativen Projekt, denn ohne einen gewissen Charme und die damit verbundene Erotik wirkt alles dargestellte Wissen oder die Kunst unlebendig. Mit der Venus-Aphrodite-Energie allerdings bekommt ein Projekt Faszinationskraft. Ein Austausch findet statt, der bereichert und erfüllt.

Im Märchen findet sich Venus-Aphrodite-Energie in Situationen, die der Begegnung geweiht sind. Held oder Heldin haben ihre andere Hälfte gefunden und sind sicher, dass sie für die entstehende Verbindung alles Mögliche auf sich nehmen werden. Sie haben ihre Einzelprüfungen schon jede/r für sich abgelegt und begegnen sich als verantwortlich handelnde Menschen, die aufgrund ihrer persönlichen Erfahrung gereift sind. Jetzt können sie sich ein Versprechen geben, das kommende Krisen überdauern wird, denn sie haben beide ihr persönliches Ego überwunden. Durch die Begegnung wird häufig etwas entzaubert, auf eine höhere Ebene transformiert oder ein Bann gebrochen. Der weitere Verlauf kann nur glücklich sein, denn sie „brauchen" den anderen nicht mehr, um innere Löcher oder Defizite zu füllen, sondern sind zu Partnern gereift, die aus sich selbst heraus schöpfen können. Nur so ist auch Empfangen möglich, Voraussetzung für einen bereichernden Austausch.

Venus Aphrodite belebt auch das Liebesspiel. Erfinderisch und spielerisch ist ihre Kraft im Umgang mit der Sexualität, unerschöpflich ihr Erfahrungsreichtum im Land der Sinne. Sie weiß um das Geheimnis, das mit der Erweckung der Sinne einhergeht. Sind diese weit geöffnet und empfänglich, steigt die Lebensenergie und das Leben kann umfassender erfahren werden. Die Seele fühlt sich reich und kann mehr Eindrücke aufnehmen und verarbeiten und so weitreichendere Erfahrungen sammeln. Venus Aphrodite ist schaumgeboren, aus dem feinen sprühenden Saum der Wellen, ihr Charakter ist flüchtig. Kommt man in Versuchung, sie festzuhalten, entzieht sie sich sofort, denn ihr Wesen ist die Bewegung. Sie kann wahrgenommen werden im gelösten Zustand, in der offenen Weite ist sie immer enthalten. Sobald sich das Bewusstsein zu sehr verdichtet, zu schwerfällig wird und zu eng, geht sie verloren. Von Venus inspirierte Zeiten scheinen dem Himmel auf Erden zu gleichen. Glücklich und freudig begegnen wir dem Leben, weil wir die Verbindung spüren und liebesfähig sind. Hässliches übersehen wir oder tritt uns nicht ins Bewusstsein, da wir verzaubert sind. Verweilen wir zu lange, geht die Freude wieder verloren, denn wirkliche Verbindung geht eben noch tiefer oder entsteht aus der gemeinsamen Meisterung von Schwierigkeiten. Will man sich das Paradies durch Kompromisse, die einen Teil des Selbst verleugnen, erhalten, verliert man es bestimmt, denn paradiesische Zustände entstehen immer wieder durch neue Beziehungsebenen, die man gemeinsam durchwandert.

Die Welt der Sinne ist eine aufregende, niemals ermüdende oder langweilige Welt. Sinnliche Erfahrungen schließen den Körper mit ein und gerade in diesem sind ja die Erfahrungen der unzähligen Inkarnationen gespeichert. Tiefe sinnliche Erfahrungen vermögen gespeicherte Muster aufzulösen, da sie sich tief einprägen und zu öffnen vermögen. Es ist wichtig, dafür zu sorgen, dass Venus Aphrodite genügend Raum im Leben bekommt, um zu wirken, da uns sonst unsere Liebesfähigkeit verloren geht und damit häufig der Sinn des Lebens.

- Deutung der Karte auf drei Ebenen -

Venus Aphrodite weiß

Du scheinst im Moment von deiner Liebesfähigkeit wie abgeschnitten zu sein. Deine Erwartungen haben sich nicht erfüllt und jetzt nagt vielleicht eine Enttäuschung in dir. Suche dir den Raum, um dich anzuregen, der deine Sinnlichkeit wieder erwecken kann, so dass du zu deiner Lebendigkeit zurück findest. Mobilisiere deine Kreativität, du brauchst nichts Großes zu vollbringen, aber tu etwas, was dir Freude bereitet. Versuche, deine Beziehungen zu beleben. Denke dir etwas Schönes aus, womit du deinen Freundinnen und Freunden eine Freude bereiten kannst, oder tu für dich selbst etwas Nettes. Lass dich von etwas Künstlerischem inspirieren oder meditiere über etwas, das du schön findest. Es ist wichtig, dass du wieder in Beziehung trittst und nicht länger vor dich hindümpelst.

Venus Aphrodite rot

Du bist im Begriff, ganz ja zu sagen, dich einzulassen. Versuche, dir darüber klar zu werden, was du dir von deiner Beziehung wünschst und formuliere deine Wünsche, indem du sie aussprichst, zu Papier bringst oder malst. Jetzt kannst du ganz neue Schritte wagen, die dich in eine neue Erlebnisebene führen können, in der du dich ganz einbringen kannst, mit all deinen Sinnen. Weil du dich selbst gut kennst, bist du auch nicht in Versuchung, voreilige Kompromisse zu schließen. Du kannst im Moment gut unterscheiden, wer zu dir passt, und wen du besser auf Abstand hältst. Dein Partner liebt dich, überlasse dich getrost seiner Führung und übernimm selbst die Führung, wenn du spürst, dass es ansteht. Du kannst dich jetzt von alten Rollen verabschieden und im freien Spiel gemeinsame Erfahrungen sammeln. Du bist eine gleichberechtigte Partnerin, kompetent und inspirierend. Vielleicht ist deine Beziehung dabei, über die Zweisamkeit hinauszuwachsen.

Venus Aphrodite schwarz

Glücklich genießt du dein Leben, und die Freude über dein Glück sprudelt in allerlei kreativen Projekten aus dir heraus. Du hast die persönliche Beziehungsebene hinter dir gelassen und bist dabei, eine kosmische Erfahrung zu machen, denn einige Gegensätze haben sich in dir vereint und du bist über sie hinaus gewachsen. Die Welt ist nicht mehr Kampf und Behauptung, sondern gemeinsames Spiel, das sich daraus ergibt, dass du dich tief einzulassen verstehst. Dein harmonisches Wesen wird von anderen geschätzt. Sie suchen den Kontakt zu dir, weil von dir eine gewisse Faszination ausgeht. Du kannst andere inspirieren und ihnen ihre guten Seiten deutlich machen. Venus Aphrodite ist dir derzeit eine treue Begleiterin. Konzentriere dich und führe deine angefangenen Projekte zu Ende, du bist im Moment besonders „begnadet" und kannst viel Gutes durch deine Einstellung bewirken. Wirkst du an einem künstlerischen Projekt, ist dies vielversprechend. Überlasse dich einfach der Führung von Venus Aphrodite, ohne dich persönlich an ihre Energie zu binden. Erhalte dir deine spielerische Einstellung und erforsche deine Sinneswelt mit allen dir bekannten Mitteln, damit sie sich verfeinern und für subtilere Energien empfänglich werden.

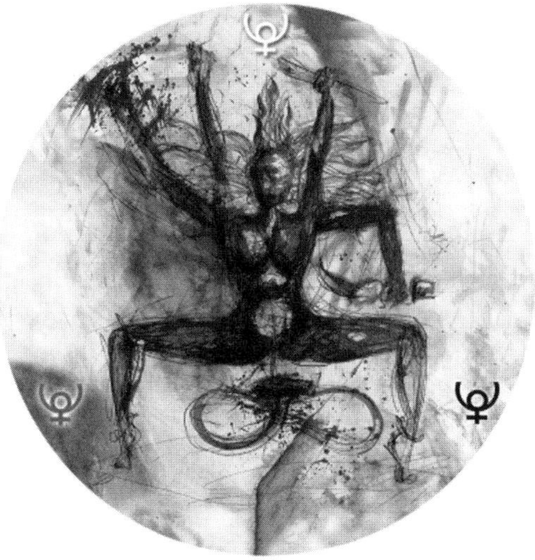

Kali Ma

...zerstören...

...Pluto...

Die schwarze hinduistische Göttin der Schöpfung oder auch die „dunkle Mutter“ wird häufig abgebildet, wie sie auf ihrem toten Gemahl Shiva sitzt und seine Eingeweide verspeist, während ihre Yoni seinen Lingam „verschlingt“. Sie ist die große Mutter, die das Leben hervorbringt und wieder zu sich nimmt, denn Leben und Geburt sind immer mit Tod und Zerstörung verbunden. Kali Ma werden im asiatischen Raum heute noch Blutopfer dargebracht, und ihre Verehrung findet an unheimlichen Plätzen, wie Friedhöfen oder Leichenhäusern statt. Sie ist die alte Weise, der Aspekt des großen Kreislaufs, der nur über das Todesbewusstsein integriert werden kann. Sie ist das Nichts, der „fruchtbare Allschoß“, „Anfang und Ende des Seins“. Sie verschlingt die Zeit und nimmt dann ihre dunkle Gestaltlosigkeit an, wird zum elementaren Chaos, dem Raum, aus dem alles geboren wird, der Lücke zwischen den Schöpfungen, dem ursprüngliche Sein. Kalis Erfahrung bringt eine psychische Rückkehr in den Mutterschoß mit sich, d.h. es ist notwendig, zum Sterben bereit zu sein, den Mut aufzubringen, durch die Schleier des Todes in die Formlosigkeit einzutauchen, sich selbst zu vergessen und zu verlieren, um auf die andere Seite zu gelangen - das strahlend helle Bewusstsein zu erreichen und eine reale Erleuchtungserfahrung zu machen.

Kein Wesen existiert, ohne den Bereich von Kali Ma jemals zu betreten, denn niemand ist todlos und nichts von Dauer - alles was entsteht, wird auch wieder zerstört.

Kali Mas Altar wird von drei weiblichen Gruppen verehrt: Yoginis oder Shaktis, den Jungfrauen, Matri, den Müttern und Dakinis, den Himmelswanderinnen, welche die Sterbenden durch die Bereiche des Bardos (der Nachtodbereiche) führen.

Sie schuf auch die Sanskritbuchstaben und schrieb sie auf Schädel, die ihr wie ein Gebetskranz um den Hals hingen. Diese Buchstaben waren magisch, denn sie verknüpften und enthielten die Mysterien des Kosmos, brachten seine Schöpfungen hervor.

Kali Ma sitzt auch häufig in einem Nachen und rudert durch ein Blutmeer, während sie genussvoll aus einer Schädelschale das Blut trinkt. Ihre Verehrer werden oft ohne Köpfe dargestellt und aus ihrem Rumpf schießt ein Strahl Blut wie eine Fontäne nach oben, d.h. sie haben ihre persönliche Bewusstheit zugunsten der Erkenntnis geopfert. Sie sind nun durch das Lebensopfer, ihr Blutopfer mit der Quelle verbunden, haben sich freiwillig in das Unvermeidbare ergeben und verzichten weiterhin auf die Führung des Egos. Ganz der Urquelle hingegeben, sind sie in den „bewusstlosen Raum" eingetaucht, das Risiko eingegangen, zu sterben und haben sich auch der Tatsache gestellt, dass es vielleicht für das Ego nichts mehr zu erlangen gibt. Alle Machtkämpfe werden somit müßig.

Wenn wir Kali Ma aus unserem Leben vertreiben, leben wir in Lügen. Wir wollen dann bewahren, erhalten und sichern, aber vergessen, woher alles kommt, bzw. wohin es auch wieder geht.

Kali Ma tritt zum Beispiel in eine Beziehung, nachdem sich das Paar getroffen, ja gesagt, sich einander versprochen hat und plötzlich desillusioniert merkt, dass nichts richtig läuft. Denn die beiden Egos treffen jetzt aufeinander, verteidigen ihre alten Positionen und Sicherheiten und messen ihre Kräfte. Häufig bricht ein blutiger Kampf aus, Verhaltensmuster, Gewohnheiten und Glaubensmuster stoßen zusammen, Stellungen werden verteidigt, Machtkämpfe und Rechthaberei beginnen. Verletzungen treten zum Vorschein, Ansprüche werden erhoben, Erwartungen ausgesprochen und Enttäuschung macht sich breit - weil der andere nicht „richtig" reagiert, weil er so ist, wie alle, weil sich die Einsamkeit wieder einstellt, obwohl der Partner nebendran sitzt. Diese Einsamkeit oder das Erleben der Abgetrenntheit, das in der Erfahrung der weisen Alten enthalten ist, ist viel schlimmer, als die unerfüllte Sehnsucht des Mädchens, denn die birgt Hoffnung in sich, das sich noch einmal etwas ändern könnte. Die Erfahrung der weisen Alten verlangt, DAS ANZUNEHMEN, WAS IST. Die Wahrheit kann sehr grausam sein. Der geliebte Mensch mag sich als Monster entpuppen, das nach Zerstörung trachtet, als Grobian erscheinen, der einen platt macht, als gefühlloser Stein, der unnahbar ist... Er verkörpert immer einen Aspekt von mir, den ich einfach nicht wahrhaben will und wird so zur Projektion meines Schattens, des Wesensanteils in mir, den ich nicht sehen kann, weil ich ihn mit einer Rolle verkleidet habe. Diese Rolle will verhindern, dass die Zerstörung ihren Lauf nimmt - diese Rolle lässt mich eine Lüge leben und bewirkt, dass ich immer wieder in den gleichen Situationen Energie verliere. Ich bin abhängig und schaffe Abhängigkeiten mit daran geknüpften Bedingungen. In der Rolle gefangen kann ich mich der Wahrheit nicht stellen: um neu zu gebären, muss etwas Altes sterben. Ob nun aber die Beziehung stirbt oder aber das Ego, ist ein großer Unterschied. Stirbt die Beziehung, begebe ich mich wahrscheinlich immer wieder in die gleichen Kreisläufe hinein, d.h. an diesem Punkt werde ich alle kommenden Beziehungen abbrechen. Dann hat das Ego gewonnen.

Oder aber „ich" sterbe, d.h. ich überlasse mich der Zerstörung, gebe mich ihr hin, ohne einzugreifen, umarme sie mit einem Willkommensgruß. Ich lasse los, ohne weiter einzugreifen, bleibe aber dennoch dabei.

Ich ergebe mich dem leeren Raum, dem Chaos, ich nehme die damit verbundene Verwirrung, den Kontrollverlust und die Verzweiflung in Kauf und öffne mich dem Ungestalteten, ohne Hoffnung, dass sich etwas Neues gebärt.

Ich kann dies nur alleine tun. Jeder Mensch ist an diesem Punkt ganz alleine. Alle Versuche, etwas zu retten, sind fehlgeschlagen. Der Wunsch des Egos wird einfach nicht erfüllt. Die Lage verbessert sich nicht. Es gibt keine Rettung. Es gibt einen Scherbenhaufen und ein Ich, das diesen ablehnt, weil es Angst davor hat. Angst vor Verlust, Angst vor der Zerstörung, Angst vor der Trennung, Angst vor dem Dunklen, dem Unergründlichen, dem Nichts, dem Zustand, in dem es keine Antworten mehr findet. Alles Wissen nützt nichts mehr, die Weisheiten sind aufgebraucht, man ist mit seinem Latein am Ende. Kali Ma zeigt sich in ihrer schrecklichsten Form: der unerbittlichen Wahrheit. Sie lautet: ergib dich in das, was ist. Zeige mir deinen Schmerz, deine Verzweiflung, deine Verletzungen, deine Krankheiten und vertraue sie mir an. Ich bin die heilende Quelle in dir, die mit deinem Opfer, deinem Blut in den Raum führt, da nichts mehr ist und doch alles werden kann. Ich bin die Kraft, die dich von der Angst befreit, von den Mechanismen, die du immer wieder anwendest, um zu erhalten, was sich nicht erhalten lässt. Jede neue Ebene kann nur mit einem Verzicht, einem Tod betreten werden. Altes stirbt, damit Neues entsteht.

Ist der Kampf vorüber, dann leuchtet die Welt erneut. Ich habe Kontakt zur Wurzel, ich wurzele in meinem Vertrauen und in meiner Hingabe in das Unvermeidliche. Ich bin frei und doch ganz eingebunden. Ich kann meinen Partner sehen, seinen Schmerz ertragen, den Schmerz der Welt ertragen, ich kenne den Schmerz, und ich habe ihn überwunden. Denn im Zentrum des Schmerzes bin ich Kali Ma begegnet, dem ungeborenen Raum, habe mich ihm überlassen und bin darin verwandelt worden. Ich laufe keinem Phantom mehr hinterher, das ich einfangen will. Ich will keine Beziehung mehr retten, um mich abzusichern. Ich möchte dem Leben begegnen - mit dem Wissen, dass Kali Ma dazu beitragen wird, dass immer wieder Zerstörung stattfindet, solange, bis das Ego nicht mehr kämpft, sondern bereit ist, sich tanzend zu verbinden.

Loslassen

Loslassen heißt aus dieser Sichtweise heraus annehmen, nicht mehr die Augen verschließen, erkennen und gutheißen, was auch immer sich zeigt. Den Schatten integrieren, nicht loswerden wollen. Erkennen, dass das Ego eben so funktioniert, dass damit unglaublicher Schmerz einhergeht, diesen Schmerz fühlen und nicht verdrängen. Es ist schmerzhaft, zu kontrollieren, Recht zu haben, sich zu isolieren, die Verbindung zu verlieren, zu kämpfen. Es ist schmerzhaft, ganz alleine zu sein. Es ist schmerzhaft, da zu sein. „Ich ergebe mich meinem Schmerz" bedeutet, ihn als eine Wahrheit des Lebens zu akzeptieren. Im schmerzenden Blutmeer allerdings ist auch sehr viel Weisheit verborgen: eine enorme Kraft ist in dem Schmerz gebunden, die ich zurückerhalte, indem ich mich ihm öffne. Es ist die

Weisheit Kali Mas, die sogleich wieder zur Schöpfung beiträgt. Nur dass ich mich diesmal ihrer Führung überlasse, weil es gar keinen anderen Weg gibt. An diesem Punkt wird alles ganz ruhig. Der Kampf ist vorbei. Das Sein kommt wieder in den Fluss. Der Fluss kennt jetzt seine Quelle, seinen Ursprung. Gelassenheit stellt sich ein. Die Verlustangst ist besiegt. Die männlichen Persönlichkeitsanteile sind geopfert. Shiva ist gestorben und bekommt durch die Vereinigung, die nach der Selbstaufgabe stattfindet, neues Leben eingehaucht. Sein Bewusstsein ist jetzt mit der Mutterenergie verbunden. Die Mutter wirkt durch ihn.

Abhängigkeiten

Abhängigkeiten entstehen durch Erwartungen und unerfüllte Bedürfnisse aus der Kindheit. Die Tochter-Vater-Beziehung bestimmt das erste sexuelle Muster, das wir in späteren Beziehungen eingehen. Es gibt ganz verschiedene Arten von Töchtern, die ihre erste Liebe auf den Vater projizieren und ihn häufig im Alter von sieben bis neun heiraten wollen, weil er der wichtigste Mann in ihrem Leben ist. Mache dir bewusst, wie dein Vater in diesem Alter auf dich reagiert hat. Welche Anstrengungen hast du unternommen, um ihm nahe zu kommen? Welche deiner Strategien haben zu Erfolg geführt? Suche die Verbindung zu deinem heutigen Verhalten als Geliebte.

Annehmen

Nachdem du vielleicht eine kleine Geschichte aufgeschrieben hast und dir klarer geworden bist, wie deine sexuellen Mechanismen funktionieren, wie deine Verlustängste aussehen und wie du Liebe aus der Tochtersicht heraus definierst, bleibt zunächst nichts anderes zu tun, als das, was du in dir angetroffen hast, anzunehmen. Versuche, dich mit deiner Kindheitserinnerung zu verbinden, in Kontakt zu treten. Finde heraus, was du zu der Zeit, als du deinen Vater heiraten wolltest, gebraucht hättest, dir von ihm gewünscht hast. Nimm dir Zeit, dein inneres Kind zu betrauern, falls dir deine Wünsche nicht erfüllt worden sind. Sprich dir selbst gegenüber aus, dass du in Zukunft Sorge tragen wirst, deine Bedürfnisse klar zu formulieren, damit sich das Muster verändern kann. Nimm dich so an, wie du dich vorgefunden hast. Nichts an dir muss verändert werden. Wenn du das Gefühl hast, mit dir sein zu können, warte darauf, ob sich eine Erkenntnis formuliert. Was möchtest du gerne in Zukunft loslassen, was willst du nicht mehr tun, um der Liebe willen? Nimm dir ausreichend Zeit, um die Erleichterung zu spüren, die sich einstellt, wenn du loslässt - wenn du dich ergibst und dich damit neuen Wegen öffnest.

Am Ende des Tunnels

In der Hingabe und Annahme des Unvermeidlichen, von Situationen, die sich einfach nicht ändern lassen, liegt eine große Chance. Denn das Ego hat jetzt keine Möglichkeit mehr, den weiteren Verlauf zu kontrollieren. Indem die innere Tochter getroffen, verstanden und angenommen wurde, sie ihre Bedürfnisse klar formulieren konnte und eine Verbindung mit der Person in der Jetztzeit aufnimmt, ist die Aufgabe erst mal erfüllt. Nun braucht es Zeit und Raum, um diese Erfahrung in sich zu verankern, zu schützen und zu kultivieren. Wie fühlt sich mein Leben ohne die Bürde an, die mir meine unerfüllten Bedürfnisse aufluden? Es ist wichtig, ganz aufmerksam zu bleiben in der unsicheren Phase danach. Die dunkle Mutter Kali Ma ist unberechenbar. Sie ist der zeitlose Raum, die Lücke zwischen allen Erscheinungswelten. Sie ist das kreative Chaos des Ungestalteten. Ihr huldigt die tiefste Vertrauensschicht, die unser Selbst zu bieten hat. Es ist furchteinflößend, diesen Raum zu betreten, denn hier werden alle Projektionen geboren und man begegnet ihnen direkt, schutzlos und nackt. Im Schmerz ohne Abwehr und ohne offensichtliche Unterstützung zu verweilen, ist eine der schwierigsten Aufgaben. Und doch löst er sich, sobald sein Zentrum erfahren wurde. Sobald ich der Schmerz bin, löst sich dieser paradoxerweise auf. Denn das, was wehtut, ist der Kampf gegen den Schmerz, gegen die dualistische Erfahrung von Subjekt und Objekt, gegen das Gefühl des Abgetrenntseins. Mittendrin gibt es keine Angst. Auch hier wirkt die Liebe, die alles durchdringt. Ich merke, dass es meine falsche Sichtweise mit ihren Hoffnungen war, die Schmerzen hervorrufen konnte. Sobald ich diese aufgebe, mich ergebe, aufhöre, weiter bewusst Einfluss zu nehmen, findet Bewegung statt. Ich kann erkennen, wie mich meine Motivation vorantreibt und Gestalt annimmt.

Sterben

Kali Ma lehrt unerbittlich, dass es den Tod gibt. Beim Sterben findet Verwandlung statt, Transformation - aber nur dann. Es gibt große und kleine Tode, Übergänge, immer sind sie mit Schmerzen verbunden, und immer zwingen sie einen dazu, sich von Illusionen zu trennen, die Kontrolle aufzugeben, falsche Träume zu desillusionieren und sich zu ergeben. Ist man bereit, die Angst zu überwinden und durch die bedrohlichen Situationen hindurch zu gehen, auszuhalten, dass es nichts mehr gibt, an das man sich halten könnte, den Halt ganz zu verlieren und in diesem Zustand bewusst zu bleiben, angeschlossen, voller Vertrauen in die „dunkle" Quelle, dann kommt man verwandelt auf der anderen Seite an. Strahlend dort das Bewusstsein, glückselig vereint mit seinem Ursprung, erweitert und weitaus liebesfähiger als zuvor. Diese Vereinigung stellt Kali Ma her.

- Deutung der Karte auf drei Ebenen -

Kali Ma weiß

Du bist enttäuscht und verletzt, nichts funktioniert so richtig. Vielleicht hast du das Gefühl, gegen Mauern anzukämpfen und nicht weiter zu kommen. Wahrscheinlich bist du verzweifelt, weil du dir etwas anderes wünschst, als das, was du erlebt hast und du die Hoffnung aufgeben willst, dass sich dein Wunsch jemals erfüllt. Unerfüllte Sehnsüchte und Traurigkeiten vernebeln dir die Sicht. Auch sexuell bist du gerade in einer schwierigen Phase. Jetzt ist der Zeitpunkt gekommen, innezuhalten, nicht weiter im Außen mit den Schatten zu boxen, sondern dich mit der Taschenlampe auf Innenreise zu begeben. Finde den unerlösten Teil in dir, der schmerzt. Setze dich mit dir auf der Kindebene auseinander und werde dir über deine Bedürftigkeit klar. Was richtet dieses Unzulänglichkeitsgefühl alles in der Außenwelt an? Wie formiert sich dein Erleben so, dass es diese Bedürftigkeit immer wieder herzustellen vermag? Wie oft in deinem Leben warst du schon in „aussichtslosen" Situationen, in denen es kein Vor und Zurück zu geben schien?

Gib dir Zeit und Raum, ganz tief in dich hineinzuspüren. Finde deine verletzten Gefühle, benenne sie, damit sie nicht mehr als Phantom in dir wirken. Vertraue dich deiner „dunklen" Seite an, dem Teil, den du einfach nicht wahrhaben willst, und deshalb auf andere projizierst. Jeder Mensch ist irgendwo gemein und böse, voller Hass, enttäuscht, verletzt oder hilflos... Sobald der Kontakt hergestellt ist, kannst du entspannen. Kali Mas Weisheit wird sich entfalten, sobald du aufhörst, gegen sie anzukämpfen.

Kali Ma rot

Du bist dir selbst näher gekommen, d.h. du hast die Mühe unternommen, dich mit einer deiner unangenehmen Seiten auseinander zu setzen. Du hast damit aufgehört, ein Engel sein zu wollen. Du bist dir über deine zerstörerischen Elemente bewusster geworden und ihnen begegnet. Wie Schuppen fällt es dir von den Augen, dass andere ja auch Verletzungen in sich tragen und dadurch genauso an der wahren Sicht gehindert werden wie du. Damit hast du die Aussichtslosigkeit und Hoffnungslosigkeit überwunden und Kraft gewonnen. Diese Kraft steht dir nun zur Verfügung, sie strahlt ganz tief aus deinem Zentrum und vermag andere ebenso tief zu berühren. Achte darauf, dass du deine Macht nicht missbrauchst, sondern wirklich für deine spirituelle Entwicklung und Wahrheitsfindung einsetzt. Du kannst andere anregen, denn du bist selbst ziemlich furchtlos geworden durch deinen erfolgreichen Verwandlungsprozess. Du weißt jetzt, dass der Tod nur ein Übergang zu einer weiteren Ebene ist. Bewahre dir dieses Wissen wie einen kostbaren Schatz.

Kali Ma schwarz

Du hast nachgegeben, innegehalten, reflektiert und den einsamen Weg der Alten beschritten. Dich in deine tiefste Ungewissheit begeben, losgelassen und dich Kali Ma anvertraut. Du hast etwas für dich sehr wichtiges geopfert, d.h. bewusst die Kontrolle darüber aufgegeben. Du hast dich überlassen und damit eingelassen, auf das, was ist. Du hast auf schmerzhafte Weise erfahren, dass sich manches von dir einfach nicht ändern lässt und dir trotzdem das Wissen erhalten, dass Isolation Illusion ist. Du bist dir über Machtkämpfe und deren Verlauf bewusst und hast es geschafft, nicht mehr zu kämpfen. Dadurch konntest du dich öffnen und eine tiefere Einsicht gewinnen. Du hast erfahren, dass im ungestalteten Raum alles möglich ist, Gutes wie Schlechtes, und es keinen Unterschied macht, denn nur durch Abtrennung bewertet man. Du bist jetzt bereit, Verbindungen jeglicher Art einzugehen, denn du weißt, dass du nicht mehr abhängig bist, sondern bereit, dich ganz einzulassen. Du weißt, dass man die Verbindung gar nicht verlieren kann, es sei denn, man bricht sie von sich aus ab. Dies ist eines der größten Siege im Leben, denn Kali Ma ist jetzt ein bewusster Teil von dir geworden und wird dir Einsichten und Visionen schenken, die richtigen Verbindungen herstellen, wenn es dir gelingt, ihrer Stimme zu vertrauen und weiterhin deine Abhängigkeiten zu überwinden. Lerne, zu unterscheiden zwischen dem, was deine spirituelle Entwicklung fördert und dem, was einfach bloß Suchtverhalten deines Egos ist.

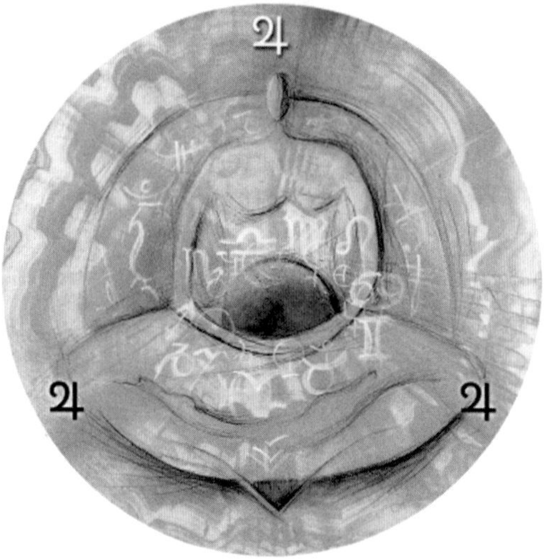

Sophia

...erwachen...

...Jupiter...

Sophia, sowie die weiße Tara, ihre buddhistische Entsprechung, oder Prajnaparamita, sind Ausdruck des weiblichen, erwachten Weisheitsgeistes. In der kulturellen Entwicklungsgeschichte hat die Göttin eine neue Fähigkeit gewonnen: sie ist fähig, einen (geistigen) Lichtsohn zu gebären. Von diesem lässt sie sich, indem sie ihn später zu ihrem Geliebten macht, inspirieren und befruchten. So wird sie sich selbst über die im Unbewussten verborgenen Geistkräfte klar. Sie stellt diese nach außen in die Welt, um ihnen zu begegnen. Jenen Sohn behandelt sie als ihr ebenbürtig. Er anerkennt sie stets als seine Mutter, vermag aber, unabhängig von ihr zu handeln. Sophia gilt auch als Gebärerin der Planeten. Sie bringt deren Kräfte hervor und beseelt ihre Charakteristika. Es gibt Abbildungen, auf denen Sophias Leib von einem Tierkreis erfüllt ist. Ihr Symbol, die Taube, erscheint immer dann, wenn einer Seele Weisheit verliehen wird.

Aus der Reise in den dunklen Schoß der Mutter (Kali-Aspekt) hat sich eine unzerstörbare Weisheit geboren. Als Ursprung von Vision und Symbol, Ritual und Gesetz, Dichtung und Wahrheit wirkt diese Weisheit erlösend und richtungsgebend, das Leben gestaltend. Das geborene „Geistkind" kennt seinen Ursprung, bleibt mit diesem verbunden und entwickelt dadurch die Weisheit liebevoller Bezogenheit. Diese Weisheit unterscheidet sich deutlich vom intellektuellen Wissen: mit ihrer Hilfe kann man sich in der Erscheinungswelt immer wieder selbst erkennen und hat das dualistische Erleben überwunden.

Sophia ist die Göttinnenkraft, die im Leben nah und gegenwärtig wirkt. Greifbar und sichtbar ist sie als Retterin und Erlöserin dem höheren Sinn des Daseins verpflichtet. Ihr Herzensgeist strömt über, alle Wesen mit geistiger Nahrung versorgend und damit die Verhaftung lösend. Sophia begegnet man, wenn man schon „erwachsen" geworden ist und gelernt hat, Verantwortung für das eigene Erleben zu übernehmen: wenn sich aus der Kali-Erfahrung eine innere Unabhängigkeit und zugleich Eingebundenheit entwickelt hat, in welcher es keine Opferhaltung mehr gibt. Nur dann ist das geistige Potential bereit, sich zu wandeln. Es kann sich als Schöpfungskraft aller geistigen und irdischen Manifestationen begreifen und das Wechselspiel seiner gespiegelten Wirkungen erkennen.

Sophia schützt auch die Weisen und Philosophen. Diese sind ebenfalls von ihr geboren, um das Zusammenspiel ihrer verborgenen Kräfte der Welt zu erklären. Sophia, als östliche weise Tara, hat die Verstrickungen überwunden. Strahlendes klares Bewusstsein ist ihr Wesen, das beim Quirlen des Meeres der Erkenntnis als dessen Quintessenz entstand. Sie ist die Kraft der Mitte, die das Lebensrad in sich trägt. Als westliche Entsprechung von Tara trägt Sophia den Tierkreis in sich.

Die Sophia-Energie ist damit die aus dem Dunklen geborene, sichtbare, greifbare, fühlbare geistige Weisheitsenergie, die sich in der Welt manifestiert. Sie verleiht Zuversicht, denn sie gilt auch als Mutter der drei Töchter Glaube, Hoffnung und Liebe. Wer in der Dunkelheit Zuhause sein kann, die Zerstörung zuließ und trotzdem Bewusstheit behielt, dem folgt ganz organisch anschließend ein unvermeidlicher geistiger Prozess. Die gebärende Kraft des Urschoßes formiert sich beinahe natürlich neu und verhilft dem geistigen Kind zum Leben, dem männlichen Anteil der Göttin, der sich jedoch um seinen Ursprung bewusst ist und ihn lobpreisend anerkennt. Dieses geistige Kind kennt damit auch die Gesetze und teilt die Moral der Göttin, da es von Anhaftungen befreit ist. Es weiß, dass es von der Göttin losgelassen, freigegeben wird, um eigenständig wirken zu können.

Sophia und ihre Taube verleihen dem Geist Flügel - jedoch keine Adlerschwingen, die sich in den Himmel erheben. Es handelt sich eher um Flügel, um sich in der bekannten Welt fortzubewegen. In ihrer Weisheit ist Mitgefühl enthalten, das sich an der Verbundenheit mit der eigenen Schöpfung orientiert und davon getragen wird. Sophia kennt die Wahrheit und verkündet sie auch in einer Sprache, die verstanden werden kann, da sie vom Herzensgeist der Prajnaparamita* erfüllt ist. Jene Energie in uns sorgt dafür, dass wir immer wieder in eine globale Mitte zurückfinden und positiv von dort aus agieren können. Sie erinnert uns an unseren Geistkörper, der mit kreativer Schöpferkraft Ziele anzusteuern vermag, die letztendlich der Göttin in ihrer Gesamtheit dienen. Sie fängt uns auf, wenn wir uns zu weit von uns entfernt haben, indem sie unseren Horizont erweitert und öffnet. Sie versorgt uns mit der notwendigen Zuversicht, die Schritte lenkt, wenn der Weg verloren scheint und stellt durch ihr nährendes geistiges Prinzip Gewinner-Gewinner-Situationen her, in denen alle Beteiligten auf ihre Kosten kommen.

---

* Prajnaparamita (sanskrit): die das andere Ufer erreichende Weisheit. Prajna: der Bewusstseinszustand des Tiefschlafs, in dem es kein Denken gibt. Paramita: die sechs Paramitas sind Vollkommenheiten oder Tugenden, die ein Boddhisattva verwirklicht, darunter Großzügigkeit, Geduld, Energie, Meditation, Weisheit.

Sophias Dienst lässt sich nur in der Gemeinschaft erfüllen, denn ihre kreative Kraft vermag es, zu sammeln und den gemeinschaftlichen Geist auf ein gemeinschaftliches Ziel auszurichten, das durch den individuellen Einsatz jedes Gruppenmitglieds erreicht wird. Sie verleiht jedem Teilnehmer eines solchen Projekts charismatische Ausstrahlung, Führungseigenschaften und versorgt die Gruppe mit ihrer mitfühlenden Liebe, dem Gefühl, in einem Boot zu sitzen und zusammen zu rudern. Alle von Sophia unterstützten Projekte richten sich auf Ziele, die z.B. Ungerechtigkeiten ausgleichen, Hilfe für unterdrückte Minderheiten leisten, geistige Horizonte erweitern und befreien. An diese Energie schließt man sich automatisch an, sobald man ein solches Boot besteigt. Ihr Leitspruch könnte sein: hilf anderen, denn damit hilfst du dir selbst. Das, was du großzügig abgibst, kommt auf dich selbst zurück. Über die weise Tara gibt es viele Geschichten. Eine erzählt davon, dass sie einst einen Schwur ablegte, immer als Frau auf die Welt zu kommen, um als solche zu wirken und den Erleuchtungsgeist zu bewahren. Sie ist damit das ewig weibliche Prinzip, das sich zwar wandelt, aber in seiner Essenz unveränderlich bleibt. Denn das, was allem Leben zugrunde liegt, ist eben diese strahlende, alles verbindende Weisheitsenergie, die sich in Mitgefühl äußert. Eine Frau, die gelernt hat, über den persönlichen Beziehungsbereich hinaus zu lieben, wird tatsächlich unsterblich, denn sie ist damit das nährende Prinzip, das durch seine positive Ausrichtung immer wieder neues Leben gebiert. Durch ihre schöpferische Kraft vermag sie, es zu sammeln und in Gruppen zu verbinden, die sich für eine gemeinsame Sache organisieren. Sophia ist damit Lichtbringerin, zur Blüte ihres Seins erwacht.

Wenn wir in uns selbst ihre Eigenschaften wachrufen wollen, dann brauchen wir dazu einen inneren Raum, der frei von Zweifeln ist. Der entsteht unter anderem, wenn die Motivation geklärt ist und sich unser Geist dadurch auf ein positives Ziel richten kann. Dann bestimmt das Ziel die Anziehung, d.h. plötzlich treten Menschen in unser Leben, die auch von einer solchen Zielvorstellung geleitet sind. Häufig hat man das Gefühl, Seelenverwandte zu treffen: Menschen, die einem sofort vertraut sind, obwohl man sie gar nicht kennt. Von ihnen fühlt man sich bereichert, wenn man sie trifft. Die gemeinsame Energie reibt sich nicht aneinander, sondern potenziert sich. Es entsteht so etwas, wie ein euphorisches Hoch, denn in der Begegnung ist ja auch das Potential zum Gelingen enthalten. Eine tiefe Freude begleitet solche Begegnungen. Schafft man es, auf der übergeordneten, überpersönlichen Ebene miteinander zu handeln, ohne dass sich die kleinen Hindernisse und Missverständnisse manifestieren, die „normale“ Beziehungen mitgestalten, dann kann man das gemeinsame Größere durchsetzen. Sophia strahlt durch uns und die anderen, sich selbst erkennend und bildet einen gemeinsamen Lichtkörper aus, der sich als fertiges Projekt gestalten kann. Dass sie wirkt, erkennt man daran, dass die Freude zunimmt, während der Arbeit, dass man sich voller fühlt und sogar Energie dazu gewinnt. (Im Unterschied zu den vom Ego angesteuerten Projekten, die häufig Energie rauben, erschöpfen und leeren). Um Sophia zu treffen, braucht es drei Grundvoraussetzungen: ein durch Liebe motiviertes Ziel, die Bereitschaft, über sich selbst hinauszuwachsen und eine auf Erfolg ausgerichtete positive Einstellung, die stärker ist als die gewöhnlichen Selbstzweifel. Sofia ist die verwirklichte Geisteskraft, die völlig rein kreativ wirkt und in sozial orientierten Zielen ihre Umsetzung findet.

Positiv

Unser Geist erfährt eine positive Ausrichtung, sobald wir erkennen, dass unsere Zweifel Hindernisse anziehen und wir an diesem Punkt beginnen, Verantwortung zu übernehmen. Ich selbst bin die Schöpferin meiner Welt, meiner Erfahrungen: es sind die Wirkungen meines Geistes, die mir im Außen begegnen. Sobald ich das erkenne, vermag ich meine Reaktionen zu steuern, anstatt automatisch zu reagieren. Ich habe dann Raum gewonnen und kann innehalten, um mich an die Energie Sophias zu erinnern. Sobald das geschehen ist, werde ich andere Verbindungen eingehen, als die von meinem persönlichen karmischen Muster geprägten. Denn jetzt erkenne ich, dass in mir auch eine tiefere Kraft wirkt. Eine der buddhistischen Übungen ist, sich abends vor dem Einschlafen und morgens nach dem Aufwachen, die persönliche Motivation in Erinnerung zu rufen. Was will ich mit meinem Leben bewirken? Das bewirkt, dass sich die positiven Kräfte über einen großen Zeitraum konzentrieren können und Fehler und Abweichungen vom „Weg" schneller erkannt werden. Wenn ich mir darüber bewusst geworden bin, dass es die Liebe ist, die als Wahrheit hinter der Erscheinungswelt wirkt, kann ich mich auch an diese anschließen und mich sozusagen als Kanal zur Verfügung stellen, anstatt mich weiter in den bekannten Kämpfen aufzuhalten.

Über sich selbst hinauswachsen

Solange man Einzelkämpferin ist, trifft man immer wieder auf die gleichen Rückschläge, denn das Ego kennt nur einen begrenzten Reaktionsmechanismus. Ab und zu stellt sich der Erfolg ein, dann wieder gibt es Rückschläge, aber eigentlich passiert wenig. Sobald man es schafft, sich selbst in den Dienst der Gemeinschaft zu stellen und sie durch die eigenen Führungskräfte zu beleben, dabei aber die Kompetenz der anderen stets anerkennt, ist man bereit, zu wachsen. Jetzt kann die Befruchtung stattfinden, können sich die Geister gegenseitig beleben und Funken überspringen. Dadurch entsteht ein sehr viel größeres Ganzes, als man alleine kreieren könnte, und das Größere wiederum wirkt zurück auf jede Einzelne, indem es sie durch die Kraft der gemeinsamen Motivation nährt. Aus diesem Grunde fanden schon zu allen Zeiten Festlichkeiten und Feiern statt, welche die Menschen in Freude miteinander verbanden. Durch das gemeinschaftliche Erleben gestärkt, erreichten sie eine größere Wirkung, vermochten mehr kosmische Kraft zu erden, indem der Geist aller auf ein gemeinsames Ziel ausgerichtet wurde. Über sich selbst hinauswachsen heißt damit, magische Helfer zu finden und die Beziehungen so zu festigen, dass man auch etwas erreichen kann. Jede/r Beteiligte wächst in einer solchen Verbindung.

Erfolg

Erfolgreichsein bedeutet unter anderem, glückliche Umstände zu schaffen, in denen ein organisches Wachstum stattfinden kann. Gutes zieht Gutes an, und Trauriges zieht Trauriges an, usw. Übe ich mich also darin, möglichst glückliche Umstände zu schaffen, dann bereite ich den Boden zum Erfolg. Wenn ich mich einmal dafür entschieden habe, dann kann ich nur dabeibleiben und solange arbeiten, bis ich mit anderen mein Ziel erreicht habe. Dabei ist es wichtig, aufmerksam zu bleiben und einen Sinn dafür zu entwickeln, was jetzt im Moment wichtig ist. Große Pläne verführen manchmal dazu, Kleinigkeiten zu übersehen oder stimmen nicht unbedingt mit der Zielsetzung des Egos überein. Dabeibleiben ist dann eine wirksame Formel, in jedem Moment mit Sophias mitfühlender Weisheitsenergie teilzunehmen und das Ziel nicht aus den Augen zu verlieren, auch wenn es manchmal einen Umweg beinhaltet. In dem Moment, in welchem man es aufgibt, nur für sich selbst da zu sein und andere bewusst in seinen Werdegang mit einschließt, findet automatisch eine Veränderung statt, und der Erfolg ist garantiert.

- Deutung der Karte auf drei Ebenen -

Sophia weiß

Du bist im Begriff, einen wichtigen Schritt in deinem Leben zu machen. Dir ist klar geworden, dass du alleine weniger Erfolg haben wirst und suchst jetzt nach Gleichgesinnten. Werde dir klar darüber, was du gut kannst und zu geben hast. Spüre in dich, solange, bis du dich mit einem positiven Gefühl annehmen kannst. Falls das schwer fällt, besprich dieses Thema mit deinen Freundinnen und Freunden. Finde etwas, von dem du sagen kannst: „Hier bin ich kompetent." Erkenne dich selbst dafür an. Stelle deine Kompetenz in den Dienst, das bedeutet, den Entschluss zu fassen, sie zu teilen. Sei offen für Begegnungen, in denen du etwas lernen kannst. Es ist auch wichtig, dass du andere anerkennst. Möglicherweise bist du bereit für einen Neuanfang. Du könntest noch einmal etwas ganz Neues dazu lernen. Wenn dir ein Mensch in den Sinn kommt, der vielleicht auf dem Gebiet, in dem du dich gerade unsicher fühlst, mehr weiß, dann suche seinen oder ihren Kontakt. Denn etwas in dir möchte wachsen, größer werden, sich zeigen oder kreativ umsetzen. Überwinde deinen Stolz und übergib dich einem guten Projekt, das dein Wachstum fördern kann.

Sophia rot

Du hast im Moment deine wahre Familie gefunden. Um dich herum formieren sich alle möglichen Menschen, die dich unterstützen und bereichern. Du selbst fühlst dich stärker als sonst und hast eine Menge Energie zur Verfügung. Arbeite weiterhin an deinen Führungsqualitäten. Mache anderen Mut. Du kannst gerade Hoffnung wecken, andere begeistern und zur Mitarbeit motivieren. Nutze dein schöpferisches Potential und suche die richtigen Orte auf, um gestalterisch zu wirken. Im Moment ist dein Thema die Gemeinschaft, die Versammlung und die kreative Verbindung. Vielleicht kannst du ein Bild malen, das alle deine guten Ideen zeigt. Male oder trage die Menschen dazu ein, die deine guten Ideen unterstützen und pflege dann diese Kontakte. Zurzeit ist es wichtig, mit deiner Kraft in die Öffentlichkeit zu treten und dir deiner Wirkung über deinen aktiven Ausdruck bewusst zu werden. Je offener und großzügiger du dich zeigst, desto stärker wirst du dich fühlen. Dein „Liebeskanal" ist dabei, sich zu erweitern. Bewahre dir deinen Humor, damit du nicht fanatisch wirst.

Sophia schwarz

♃

Du bist zurzeit im Einklang mit Sophias Weisheit. Dein Herz ist berührt worden und du möchtest dich für etwas einsetzen, was über deine persönlichen Erfahrungen hinausgeht. Du fühlst dich sehr lebendig und voller Kraft und hast gelernt, deiner innersten Stimme zu folgen. Im Moment interessiert dich die Expansion. Da du aber anscheinend beschlossen hast, deinen Weg nicht alleine zu gehen und zu unterscheiden gelernt hast, wer dir auf diesem förderlich oder eher hinderlich ist, steht deinem Erfolg eigentlich nichts mehr im Wege. Mutig bist du dabei, weiter zu gehen, während du deinen Sinn auf das Ganze ausrichtest. Die anderen Menschen schließen sich dir gerne an, denn deine Führungskraft kommt von Innen. Versuche dich weiterhin an die Weisheit von Sophia zu erinnern und lasse dich von deren übergeordneter Kraft leiten. Bleibe wach in der Freude und der Begeisterung, mit der du enthusiastisch deine gefundene Wahrheit in die Welt trägst. Du bist gerne gesehen und willkommen, die Welt wartet auf dein zündendes Feuer, um sich von ihm inspirieren und wärmen zu lassen.

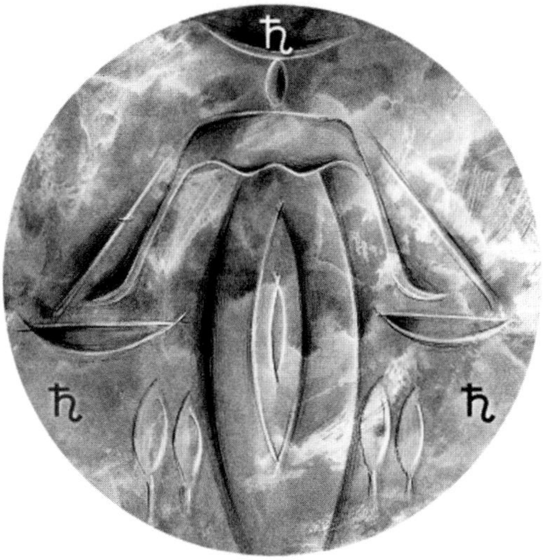

Maat

...kristallisieren...

...Saturn...

Göttinnen wie Medusa, Gorgo, Maat Sphinx und Athene stehen in Verbindung, wobei Athene sich am spätestens entwickelte und schon einige Eigenschaften ihrer Vorgängerinnen eingebüßt hat. Sie alle (bis auf Athene) haben eines gemeinsam: sie repräsentieren die Gerechtigkeit der Göttin, ihren kristallklaren Blick für die Wahrheit und vermögen Lebende in Stein zu verwandeln. Ihre Wirkungsebene lässt sich der saturnalen Energie zuordnen.

Maats Federschmuck stand für die Wahrheit. Sie besaß eine Feder, mit der sie in der Unterwelt jede Seele bei ihrem Eintritt wog. War die Seele leichter als die Feder, so war sie frei. War die Seele hingegen schwerer, dann wurde sie durch die verschiedenen Wiedergeburtsbereiche geschickt. Ägyptische Priester zogen sich eine grüne Feder durch den Mund, um ihren Worten die Kraft der Wahrheit zu verleihen und durch die sprachliche Magie ihrer Worte Wirklichkeiten zu erschaffen. Maat war die Gesetzgeberin des alten Ägyptens. Ihr zu Ehren wurde bei rituellen Feiern von ägyptischen Männern das sogenannte „Negative Bekenntnis" aufgesagt:

„Ich war kein zorniger Mann. Ich habe den Menschen nichts Böses getan. Ich habe niemandem Schmerzen zugefügt. Ich brachte niemanden zum Weinen. Ich tat niemandem Gewalt an. Ich habe

Tieren keinen Schaden zugefügt. Ich habe die Armen nicht beraubt. Ich habe kein Wasser verschmutzt. Ich habe keine Felder niedergetrampelt. Ich habe mich nicht unverschämt benommen. Ich habe nicht vorschnell geurteilt. Ich habe keinen Streit angestiftet. Ich verleitete niemanden dazu, einen Mord für mich zu begehen. Ich bestand nicht darauf, dass für mich Tag für Tag übermäßig gearbeitet wird. Ich habe kein falsches Zeugnis abgelegt. Ich habe kein Land gestohlen. Ich habe beim Messen des Scheffels nicht betrogen. Ich habe nicht zugelassen, dass jemand Hunger leidet. Ich habe meinen Reichtum nur durch Dinge vergrößert, die mir gehören. Ich habe mich nicht durch Unrecht des Reichtums anderer bemächtigt. Ich raubte keinem Kind die Milch vom Munde." (Budge D.N: 254, Hallet, 411, S. 651-52, Das geheime Wissen der Frauen, Barbara G. Walker, Arun, 2003.)

Danach wurde ein Reinigungsritual vollzogen, bei dem der Bekennende ein rauscherzeugendes Getränk zu sich nahm. Dieser Trank bescherte den Friedlichen das Leben nach dem Tode. Den Gewalttätigen brachte er dagegen gleich den Tod.

Medusas Blick ließ ihre Opfer zu Stein erstarren, denn sie vermochte die Geheimnisse der Mysterienkulte der Großen Göttin zu schützen und zu bewahren. Ihr Gesicht wurde deshalb auf Steinsäulen abgebildet, die zu Ehren der verstorbenen männlichen Geliebten der Großen Göttin errichtet wurden. Versteinerung, Verkalkung, Haarausfall, Totenköpfe, Kastration, zähnestarrende Münder, Gebisse, die herausgestreckte Zunge, Opfer gehören in diesem Zusammenhang auf der Symbolebene zusammen.

Medusas Kopf ist von Schlangen umgeben. Die Schutzmaske Gorgos symbolisiert die weibliche Weisheit: das schreckliche Antlitz der Göttin. Sie kann den Schoß alles Lebendigen verschließen und alles Leben steht still. Ebenso kamen die Gorgonen in Dreigestalt als Medusa, Stheino und Eryale: Weisheit, Stärke und Vielseitigkeit.

Maats Weisheit kommt aus dem Mutterschoß der Unterwelt. Im Unterschied zu Kali zerstört sie nicht Bestehendes, sondern versteinert, führt in die Erstarrung, verschließt und bewahrt. Sie ist damit eine Art Schwellenhüterin: Schlüsselenergie, die Tore öffnen aber auch verschlossen halten kann. Mit ihrer Hilfe konnte auch der Unterleib verschlossen und eine Empfängnis verhindert werden. Maat bzw. ihre Gerechtigkeit entscheidet, ob der Weg begangen werden kann oder nicht. Im „Negativen Bekenntnis" ist die von ihr definierte Moral enthalten. Nur wer dieser gemäß lebte, war reif, Maats Anwesenheit beizuwohnen.

Menstruierenden Frauen sprach man ebenso die Fähigkeit zu, mit Blicken versteinern zu können. In einigen Erzählungen werden verschiedene Helden versteinert, wenn sie zurückblicken, um sich über etwas zu vergewissern. Schenkten die Heldenfiguren also aus Unsicherheit der Vergangenheit mehr Beachtung als dem Augenblick zu vertrauen, so versteinerten sie sofort.

Maat fordert demnach (genauso wie Saturn) klare Entscheidungen von der Seele. Sie kennt kein „vielleicht" oder „mal sehen". Maats Blick ist unerbittlich und unausweichlich. Er durchdringt das Wesen eines Menschen bis ins Innerste, um es dann mit dem feinsten Maß, der Feder, zu messen. Winzige Details entscheiden, ob die Schwelle passiert werden kann oder nicht. Nur den Reinen öffnet sie die Türe oder gibt ihr Wissen preis. Den Schlüssel trägt jede Frau als Geheimnisträgerin in sich. Sie entscheidet über Leben und Tod, und zwar dann, wenn sie schwanger ist. Sei es mit einer Idee oder mit einem Kind.

Wendepunkte im Leben fordern stets Entscheidungen solcher Art: ein klares Nein zum Alten und ein Ja zum Neuen. Um eine derartige Entscheidung treffen zu können, brauchen wir die Weisheit Maats. Mit dem inneren durchdringenden Auge müssen wir manchmal der Wahrheit einfach ins Gesicht blicken. Wir müssen die Wahrheit erkennen, indem wir mit geöffneten Sinnen wahrhaben, wo und wie wir im Leben stehen. Wo und wie ich mich hier und jetzt befinde, ist meine Wirklichkeit. Hier und Jetzt ist meine geistige und reale Wahrheit. Hier und Jetzt ist das, was ich mir aufgrund meiner karmischen Eindrücke bisher an Wirklichkeit erträumt habe. Meine Wirklichkeit ist weder gestern noch morgen, sondern jetzt. Ganz durchdringt Maats Weisheit die Situation, indem sie sich hineinbegibt und schaut. Dann bietet sie den Schlüssel an: die Entscheidungskraft. Meistens muss man sich erst gegen etwas entscheiden oder etwas aufgeben, damit sich die verschlossenen Türen öffnen können. Im Märchen ist der Zeitpunkt gekommen, da die Heldin oder der Held nach der geleisteten Lehrzeit ein Rätsel lösen, Antworten finden oder das Richtige unter verschiedenen attraktiven Möglichkeiten aussuchen muss. Die richtige Wahl führt zur Befreiung. Die falsche Wahl führt in den Tod. In diesem Moment ist man ganz alleine auf sich gestellt.

Im Leben stellen sich solche Prüfungssituationen des Öfteren. Ist die Lehrzeit abgeschlossen, eine Technik erlernt, folgt die Entscheidung, wie und wo das erworbene Können eingesetzt wird. Prüfungen sind meistens mit Angst verbunden, weshalb man dazu tendiert, sie aufzuschieben. Bestimmte Entscheidungen werden durch das Festhalten an unrealistischen Hoffnungen, die Furcht vor Verlusten oder schlichtes Ignorieren der tatsächlichen inneren Wirklichkeit gar nicht erst getroffen. „Vielleicht“, so meint man dann, „ändert sich doch etwas von selbst“. Man dreht sich im Kreis, die Zweifel und Ängste werden größer und größer, bis man vielleicht sogar handlungsunfähig wird, gelähmt, beinahe versteinert. Man hält am Vergangenen fest. Man wagt nicht, sich zu lösen, traut dem Bekannten mehr als dem, wozu man sich eigentlich aufgerufen fühlt. Maats Schwelle fordert eine sehr große Entscheidung: sie bietet Wissen auf einer hohen Ebene an. Diese Ebene kann erst betreten, wer erkannt hat, dass wirklich alles Illusion ist und zugleich bereit ist, auf Illusionen zu verzichten. Maats Blick ist tödlich: was übrig bleibt, ist die leblose Struktur der Illusion, wie ein versteinerter Körper, dem nun das ihm innewohnende Leben fehlt. Es gibt nur einen Weg zu Maat und durch Maats Reich hindurch. Dieser Weg bringt zunächst einmal den Tod: real oder symbolisch. Weit erschreckender aber ist, dass der Tod an sich noch keine Befreiung schenkt. Erst nach dem Tod wird entschieden, ob die Seele rein ist oder nicht. Von falschen Motivationen belastet, wiegt die Seele mehr als eine Feder. Somit kann Maats schrecklicher Anblick tatsächlich Furcht einflössen, aber eher im Sinne von Respekt. Dieser entwickelt sich, wenn man wirklich verstanden hat, wie detailliert dieser Göttinnenaspekt prüft.

Steine waren schon seit jeher wichtige Gegenstände bei rituellen Handlungen. In ihrer sehr langsamen Schwingung und aufgrund ihres Alters konnten Geheimnisse aufbewahrt werden. Steine wurden besprochen, bemalt, geritzt, behauen und an Kraftorten errichtet. Sie bekamen durch die Bearbeitung besonderes Leben verliehen. Durch den Respekt, den man ihnen entgegen brachte, konnten sie mit ihrer Magie das Leben unterstützen. Sobald etwas im Märchen versteinert, bleibt es bestehen, als Erinnerung oder Mahnmal, ohne sich jedoch befreien zu können. In alten Zeiten wurden die Steine belebt, indem man sie mit Opferblut bestrich. So erhielt man uralte Traditionen und Wirkstätten lebendig. Das bedeutet, dass im Leben Entscheidungen getroffen werden müssen, die etwas sterben lassen. Die Entwicklung kann nur durch das bewusste Opfer (die bewusste Entscheidung) weitergehen.

Maats Auge ist unangenehm. Es fräst sich durch die Wirklichkeit und reduziert sie auf ihre wesentliche kristallklare Wahrheit. Bleibe ich gefangen in meinen Wünschen und Hoffnungen, ohne mich meiner Wirklichkeit zu stellen, dann wird mich ihr Blick töten, mich versteinern. Möglicherweise wird mir erst in der Versteinerung bewusst, dass ich gar nicht leben kann, wenn ich mich nicht löse. Kann ich Maats Blick jedoch begegnen, dann spüre ich eine ganz tiefe Ruhe, eine Gelassenheit und die Gewissheit, dass mich alle meine Entscheidungen auf den richtigen Weg führen. Diesen Weg werde ich bis zum Ende gehen, denn seltsamerweise bin ich dann nicht mehr alleine. Ich bin ganz im kristallklaren Inneren des Geschehens.

Der Weg

Maat repräsentiert den Weg der Gerechtigkeit und Wahrheit. Leise singend begleitet sie die friedlich Sterbenden hinüber in ihr Reich. Schrill ist ihr Schrei, mit dem sie unruhigen Geistern auf die andere Seite verhilft. Maat selbst ist einfach unausweichliche Instanz, die das Ende des irdischen Daseins bewacht. Sie bewacht auch das Scheitelchakra als Ende des physischen Körpers. Maat ist weder schrecklich noch gut. Sie ist einfach da. Ihre Wahrheit besagt: **So ist es** - für alle und jeden! Gut, wenn meine Weisheit schon zu Lebzeiten bekannt ist, denn dann bist du auf mich vorbereitet. Maat schenkt völlige Klarheit, ist der unzerstörbare Kristall, der im Leben verborgen ist und darüber hinausführt. Sie ist der Schatten eines jeden Menschen, der am liebsten verdrängt oder verschwiegen wird. Trotzdem ist Maats Energie ewigwährendes Prinzip. Wenn wir ihr keine Aufmerksamkeit schenken, versteinern wir immer wieder aufs Neue auf dem Lebensweg. Wir geraten wiederholt in sackgassenähnliche Situationen, an denen wir festhalten. Diese Situationen fühlen sich sicher an, ohne dass wir aber darin lebendig sein können. Wir erfinden Rollen, die uns ein sicheres Leben bescheren sollen, um Schmerz zu vermeiden oder Bleibendes einzurichten. Dann wundern wir uns, wenn wir darin erstarren. Maats Blick röntget alles. Er lässt Gerechtigkeit walten, solange, bis wir zu begreifen beginnen, dass das Leben eine Vorbereitung auf das Sterben ist. Unsere Entscheidungen sollten uns auf einen Weg führen, der das Wissen darum beinhaltet. So lernen wir, der Wahrheit zu begegnen und uns nicht zu stark ablenken zu lassen.

Konzentration

Manchmal gibt es widrige Umstände im Leben, deren Sinn uns nicht gleich klar ist. Es scheinen sich Hindernisse aufzutürmen, welche die Sichtweise vernebeln und das Erkennen blockieren. Die Lebensenergie läuft dann auf Sparflamme und vielleicht macht sich sogar eine Depression breit. Es geht einfach nicht vorwärts. Alle guten Vorsätze sind gefasst und trotzdem passiert genau nichts. Alles stagniert und Entsetzen macht sich breit. Was ist, wenn es für immer so bleibt? In solchen Momenten brauchen wir Maats klares Auge. Wir müssen uns auf uns selbst konzentrieren und mit dem, was ist, ins Reine kommen. Vielleicht weichen schon ein paar Tränen die versteinerte Situation wieder auf und ein innerer Abschied steht an. Trauer ist eine ganz wichtige Phase, ohne die nichts befreit werden kann. Ist der Abschied gemacht, dann kann ich mich auf das Wesentliche konzentrieren, auf das, was jetzt noch von mir übrig bleibt. In einem solchen Moment kann ich eine positive Entscheidung treffen, die dieser kleinen Regung neues Leben verleiht und zu ihrem Wachstum führen wird. Momente solcher Klarheit sind kostbar. Die Konzentration auf das Wesentliche wirkt viel stärker als die vielen Wünsche, die wir tagsüber träumen oder aussprechen. Denn das Wesentliche ist der rote Faden, auf dem sich die Lebenssituationen aufreihen wie Perlen auf einer Schnur.

Entschiedenheit

Entscheidungen sind häufig von Krisen begleitet. Eine aussichtslose Situation verdichtet sich. Der Handlungsfreiraum wird enger, die Kreise der Gedanken kleiner. Es wird immer klarer: So geht es nicht weiter. Dennoch halten wir fest, denn wir kennen nichts anderes. Tritt Maat in unser Leben, ist das Bewusstsein auf den kleinsten wirksamen Mechanismus reduziert. Das Hindernis, das uns schon die ganze Zeit an unserer Entwicklung hinderte, wird nun an allen Ecken im Alltag sichtbar. Überall begegnen wir dem gleichen Thema. Wir fühlen uns umzingelt, in die Ecke gedrängt und reagieren - falsch. Denn in einer Krise trifft man auf lebensfeindliche Muster, Sicherheitsmechanismen, die in der Kindheit entwickelt wurden, um zu überleben. Deshalb sind die Zeiten Maats auch häufig mit Existenzkrisen verbunden. Wir glauben, wenn wir diese Sicherheit oder Glaubenssätze aufgeben, werden wir sterben. Das Ego kämpft gegen eine Entscheidung, die eigentlich vom Höheren Selbst schon längst getroffen wurde. Deshalb findet Stagnation statt, mit all ihren unangenehmen Nebeneffekten wie panischer Angst, Zweifel, Mutlosigkeit, Hoffnungslosigkeit, Erschöpfung und so weiter.

Je klarer ich nun erkenne, was ich nicht mehr will, mir meine Fehler eingestehe, die zu dieser Fehlhaltung geführt haben, desto leichter fällt die Entscheidung. Ist eine Entscheidung in einer versteinerten Situation getroffen und ein nächster Schritt eingeleitet, der aus der Stagnation herausführen kann, dann gewinnt man allmählich Kraft zurück. Maats glasklare Energie wirkt nun nicht mehr gegen etwas, sondern begleitet den Übergang als Schlüsselenergie in die neue Welt. Plötzlich lassen sich Zusammenhänge erkennen und ein Puzzleteil fügt sich an das nächste. Die Veränderung ist damit eingeleitet und die Klarheit bleibt als Geschenk bestehen. Ohne den Blick zurückzurichten, können wir jetzt weitergehen mit der inneren Gewissheit, auf dem richtigen Weg zu sein.

- Deutung der Karte auf drei Ebenen -

Maat weiß

Du bist wahrscheinlich im Moment in einer zu engen Situation und schnappst nach Luft. Deine Umwelt spiegelt dir Unverständnis oder unterstützt dich nicht in der passenden Weise. Vielleicht bist du auch einfach zermürbt und erschöpft, weil alles zu viel ist. Prüfe mit Maats Röntgenblick deine Umstände, ob sie noch passend für deine Entwicklung sind. Vielleicht steht eine Entscheidung an, die einen Abschied mit sich bringt. Mache dir Gedanken über Unterstützung. Welche Form der Unterstützung wünschst du dir im Leben? Wie verhinderst du selbst, dass du eine solche erhältst? Prüfe deine Glaubenssätze: welcher Teil in dir glaubt, nichts an den jetzigen Umständen ändern zu können? Suche dir andere Menschen, die dir helfen können, deine Lebenssituation zu klären, vielleicht auch professionelle Hilfe. Manchmal schafft man es nicht alleine, ein versteinertes Muster zu lösen. Du bist im Begriff, einen Schritt zu machen, vor dem du Angst hast, der aber notwendig ist. Stelle dich nicht dir selbst in den Weg, indem du an etwas festhältst, was mittlerweile schon zu klein für dich geworden ist. Triff nach der notwendigen Vorbereitung klare Entscheidungen, die neue Weichen stellen können. Rufe dir Maats Weisheit ins Gedächtnis, mit der du die Wahrheit schneller finden kannst. Der Kern deines Wesens ist unzerstörbar, aber die Mauern deiner jetzigen Sicherheit bröckeln.

Maat rot

Du hast eine wichtige Entscheidung bewusst getroffen und ausgesprochen. Auch ist dir deine Vergangenheit klarer geworden und du hast dir selbst Fehler eingestanden. Daraus kann sich nun ein sicheres Gefühl für den Moment entwickeln. Wahrscheinlich bist du gerade etwas langsamer und bedächtiger als normalerweise, weil du die alten Fehler nicht wiederholen möchtest. Versuche, deine kommenden Schritte auf sicheren Grund zu setzen. Stärke deine Beziehungen und prüfe nach, ob du auch wirklich in die von dir angesteuerte Richtung gehst. Bevor du reagierst, spüre einfach ein bisschen länger nach, ob du auch wirklich willst, was du tust. Deine gewonnene innere Sicherheit strahlt auch auf andere ab, denen du zuverlässige Begleiterin sein kannst. Achte darauf, wer dich im Moment so unterstützen kann, dass es dich stärkt. Hier ist der Weg, auch wenn sich wahrscheinlich schon noch Zweifel melden, die zur Vergangenheit gehören. Je weniger Kraft du ihnen gibst, desto schneller vergehen sie wieder. Maats Auge schenkt dir zurzeit vermehrten Scharfsinn und die Fähigkeit, Langzeitprojekte bis zum Ende zu verfolgen. Scheue keine Mühe, du fußt sicher in der richtigen Entscheidung und brauchst jetzt eigentlich nur noch vorwärts zu gehen, ohne dich umzuschauen. Die Weiche ist gestellt, und du kannst den neuen Weg zuversichtlich beschreiten.

Maat schwarz

♄

Bravo. Du bist im Bilde. Die neue Zeit ist angebrochen und du hast einen weiteren Lebensabschnitt begonnen. Du hast wichtige Entscheidungen getroffen und kennst dich selbst so gut, dass du deine Möglichkeiten realistisch einzuschätzen weißt. Du kennst deine Stärken und deine Schwächen und machst dir selbst nichts mehr vor. Du bist auf einem Gebiet wirklich kompetent geworden und hast eine Reife erlangt, die anderen den Weg weisen kann. Du hast Maats Prüfung bestanden und die richtigen Motivationen gefunden, die jetzt eine sichere Basis auf deinem Lebensweg sind. Wahrscheinlich spürst du den Kraftzuwachs und blickst mit Gelassenheit der Zukunft entgegen. Deine Beziehungen sind gefestigt und du weißt, deine Arbeit wird dir Erfolg bescheren, wenn du nur kontinuierlich und geduldig dabeibleibst. Die Existenzkrise ist überwunden, und Maat hat dir die Türe geöffnet. Ein zu kleiner Teil deiner Selbst ist tot, und es gibt keinen Weg mehr zurück. Nimm dir Zeit für das Opfer, mit dem du dich bei dir selbst und beim Universum bedanken kannst. Solche Zeiten sind ein wirkliches Geschenk. Die Bindungen, die du derzeit eingehst sind von Dauer, denn kraft deiner Klarheit hast du dir die richtigen Menschen ausgesucht, mit denen sich wirklich etwas auf die Beine stellen lässt. Vertraue deinem Klarblick und sichere deine Position auch weiterhin durch deine Zuverlässigkeit. Werde zum Fels inmitten der Brandung, unerschütterlich und stark.

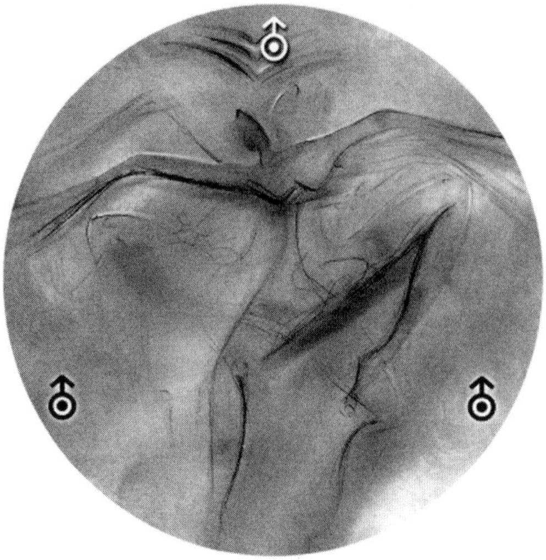

Varuna

...erneuern ... androgyn...

...Uranus...

Es gibt eine ganze Reihe androgyner Gottheiten, die entweder als zweigeschlechtliche Wesen, oft mit zwei Köpfen und vier Armen, als Liebespaar oder als gleichzeitig geborene weiblich-männliche Zwillingskinder überliefert werden. Ihnen allen ist gemeinsam, dass sie aus der Vereinigung der männlich-weiblichen Anteile heraus sich selbst und die Welt mit ihrem Zauber befruchten. Die spirituelle Ganzheit entsteht durch die ununterbrochene sexuelle Befriedigung, die ein solches Gottwesen erfährt, denn es gibt keine Trennung mehr, von daher auch keine Suche und keine Richtung. Die geheimen buddhistischen Tantralehren enthalten Anweisungen, wie ein solch glückseliger ekstatischer Zustand gehalten und zur Bewusstwerdung genutzt werden kann. Aus dieser Sicht heraus rühren alle Probleme aus dem Gefühl der Abtrennung. Glück ist, wenn diese überwunden wird und Vereinigung stattfindet. Alle Mystik gründet sich in dem Akt der kreativen Überwindung der Gegensätze.

Der Vogel begleitet die Seele bei ihrem geistigen Prozess, führt in andere Welten und erschließt den Luftraum, der sich öffnet, sobald das polare Empfinden der auf der Erde stattfindenden Gesetzmäßigkeiten überwunden ist.

Das Reittier von Brahma und seiner Gefährtin Shakti (Hinduismus) ist ein Ganter, die Freiheit symbolisierend, die aus unbefleckter Geistigkeit entsteht. Sein Gesang, der „Gesang der unsterblichen Wildgans" ist die alles durchdringende Melodie des göttlichen Lebensatems, der sich als tiefe Meditationseinsicht nach ausreichender Übung offenbaren soll. Die Wildgans ist auf dem Wasser und in der Luft Zuhause. Sie zieht im Rhythmus der Jahreszeiten von Norden nach Süden und bewegt sich auf diese Weise in alle vier Himmelsrichtungen. Sie wandert von oben nach unten und von links nach rechts, kennt die Himmelssphären genauso wie die niederen (irdischen) Bereiche. Sie ist frei in ihrer Wahl, sich auf dem Gewässer niederzulassen oder sich in die Höhe aufzuschwingen. Die Wildgans ist zudem ein monogames Wesen. Hat sich ein Wildganspaar gefunden, dann bleiben sich die beiden über den Tod hinaus treu, ohne jemals wieder neue „Partnerschaften" einzugehen.

Das Göttlich-Absolute (Brahman) befindet sich jenseits unterscheidender Geschlechts eigenschaften, denn es geht über alle Begrenzung und individuelle Eigenschaften hinaus. Es ist neutrale transzendente Quelle der hervorgebrachten Formen und Wirkungen, die in sich sämtliche Gegensätze überwunden hat. Mitra befruchtet Varuna und diese andauernde Befruchtung bewirkt, dass je nach Standpunkt, Männliches weiblich sein kann und Weibliches männlich. Denn die Schöpfung ist männlich und weiblich zugleich, ein Prozess, der sich aus einer ewigwährenden Vereinigung ergibt. Um uns in Varunas Energie bewegen zu können, müssen wir die unterscheidende Wahrnehmung hinter uns gelassen haben und unser Augenmerk auf das sich durchdringende Prinzip richten. Nicht die Vielfältigkeit des Lebens findet unsere Beachtung sondern die Synchronizität, in der bestimmte Ereignisse stattfinden und die sich daraus ergibt, dass sich alles durchdringt. Varuna, das zweigeschlechtliche Wesen, kann ihre Form mit einem Wimpernschlag verändern. Sie ist die Kraft, die wirkt, wenn alle Trennung überwunden ist. Sie ist von daher unberechenbar, geschwind, flüchtig, frei von Zeit und Raum und kann nur in ungewöhnlichen Umständen erfahren werden. Dann nämlich, wenn die Seele frei mit dem Geist verbunden schwingt, aber das konzeptuelle Denken hinter sich gelassen hat. Diese außergewöhnlichen Wahrnehmungsbereiche lassen sich nur betreten, wenn das körperliche begrenzte Erleben überwunden ist: in Trance oder im Rausch, in Ekstase oder Glück. Die androgyne Gottheit ist im Schaum des gequirlten Weltmeeres entstanden, aus der Bewegung heraus, „zufällig" und ohne reales Elternpaar, wird mutterlos/vaterlos schmerzfrei aus sich selbst heraus geboren. Sie ist ein untrennbares Ganzes mit allen männlich-weiblichen Attributen, die jedoch an keine Rollen mehr gebunden sind und „sowohl als auch" sein können, je nachdem wann oder in welchen Zusammenhang sie eingesetzt werden. Varunas Energie fließt durch den Geist der verrückten Weisen, der Freigeister, der Erneuerer und der Genialen. Immer frei, da in sich ein Ganzes, versteht dieses Wesen, sich mit allem zu verbinden, denn es ist zu jeglicher Wandlung fähig. Varuna sucht nicht, sondern findet, denn aus dem Wechselspiel ihrer sich ständig verändernden männlich-weiblichen Anteile werden zufällig, absichtslos neuartige Formen geschöpft. Varuna ist die schillernde göttliche Kraft, die ohne Form und Gestalt doch diese durch ihren vereinigenden Tanz hervorbringt. Ihr Zuhause ist der Raum, der durch den ununterbrochenen Kontakt entsteht, die Fülle der ekstatischen Vereinigungsenergie, die über das Zeitempfinden hinausgeht. Varuna ist dem „normalen" Erleben entrückt, verrückt, frei und absichtslos schöpferisch, ohne etwas zu tun, bringt sie doch ein Universum hervor, das als Ausdruck ihrer liebenden Vereinigungsenergie erscheint. Varuna ist der Geistesblitz, die intuitive Einsicht, die Gewissheit, die jeglicher Logik entbehrt und doch als heitere Wahrheit empfunden wird. Sie ist paradox, lächerlich, Närrin und Narr. Sie ist das unbändige Lachen, das ewige Kind mit der uralten Seele. Sie ist sich selbst genug und ständig in Bewegung, obwohl in sich selbst ruhend aus ihrem glücklichen Zustand heraus schöpferisch tätig. Ihre Reaktionen sind aktiv, ihre Handlung völlig passiv, denn sie geht nirgendwo hin, ist nirgends anzutreffen, da gestaltlos wirkend ohne greifbare Form. Augenblicke, in denen wir Varuna antreffen, sind kostbar: plötzlich reißt der Himmel auf und die energiegeladene Fülle der Lücke wird zur Erfahrung. Will man sie festhalten, schließt sich die Lücke sofort wieder und vergeht. Varuna ist wie Schneeflocken auf der Fensterscheibe oder wie ein Blättermuster, das der Wind für einen Augenblick webt, um uns etwas mitzuteilen. Sobald die Botschaft empfangen ist, sehen wir wieder nur Blätter. Varuna liebt das Skurrile, das Abnormale, schützt die Missgeburten wie die Verwachsenen, denn sie sind lebendiger Ausdruck des Ungewöhnlichen. Sie lässt Flügel wachsen, Schuppen entstehen, Schwimmhäute und Glotzaugen. Sie ist der Spaß am Dasein und doch darüber erhaben, denn sie kennt nur sich selbst in ihrem ewigen Liebesspiel und lacht über das, was dabei entsteht. Ihre Energie ist wie ein prickelnder, sprudelnder Wirbelwind, sie verliert keine Energie, denn diese entsteht ja aus ihrer gegensätzlichen Wesenheit, aus der Verbindung ihrer Polarität. Die Nullpunktenergie, das, was auch mit kosmischer Kraft gemeint ist, bezeichnet vielleicht dieses androgyne Wesen, einen Zustand, der wirkt, ohne sich jemals zu erschöpfen. Varuna ist die Mannfrau, der Fraumann, der dann erfahren wird, wenn wir ganz geworden sind. Sei es, indem wir unsere andere Seelenhälfte treffen und uns mit dieser verbinden oder indem wir uns selbst in einem Projekt erfahren, das bewirkt, dass Gegensätze überwunden werden. Jetzt gibt es nichts mehr zu tun, aber eine Menge zu empfangen. Innehalten, Verweilen, Erwachen. Erneuerung.

Neues

Was ist eigentlich wirklich neu? Neu kann nur völlig unvoreingenommene Wahrnehmung sein. Etwas geschieht, und wir nehmen darauf auf unbekannte Weise Bezug. Ein Funken springt über und erweckt den eigenen. Wir sind inspiriert worden. Eine Türe öffnet sich und plötzlich können ganz neue Verknüpfungen hergestellt werden. Das Alte scheint wie ein Gefängnis, das zu eng geworden ist. Es wird durch die überwältigende neue Erfahrung gesprengt. Dadurch verändert sich etwas in mir. Ich bin nicht mehr die Alte. Ich habe mich in dem Moment, da ich unvoreingenommen anders reagierte und mich öffnete, verwandelt - eine neue Ebene betreten. Fast ist es so, als hätte ich einen neuen Körper bekommen, jedenfalls kann ich ihn neu wahrnehmen. Ich fühle mich jünger, frischer, lebendiger als zuvor. Ich bin erst mal ganz frei, aber angeschlossen an diese prickelnde Energie, die sich wie ein Feuerwerk selbst befruchtet. Ideen kommen auf, vage Möglichkeiten treten ins Bewusstsein. Freude paart sich mit dem Erkennen. Ich bin am richtigen Ort zur richtigen Zeit im richtigen Moment und präsent. Deshalb konnte die Erneuerung stattfinden.

Inspiration

Jetzt bleibe ich in der freudigen Aufregung aufmerksam, lasse einfach Ideen aufsteigen und wieder vergehen, bis sich einige verdichten und also ernst zu nehmen sind. Ich entspanne mich im befruchtenden Prozess und fühle mich ganz. Unberührt von der Außenwelt und doch angeschlossen an den Zeitgeist. Meine Wahrnehmungsantennen strecken ihre Fühler aus, jedes Körperhaar scheint aufgerichtet zu sein. Allem, was kommt, bringe ich Achtung entgegen. Ich bin gelassen und doch neugierig gespannt. Ohne etwas zu wollen, empfange ich. Dieses Empfangen macht mich glücklich. Ich finde die niemals versiegende silberhelle Quelle der Inspiration. Sie ist in mir, in gelöster Einfachheit, in schmunzelnder Freude zeigt sie ihr helles Gesicht. Das Leben ist ein Ausdruck meiner irdischen Verbindung mit dieser Quelle. Ich bin von unglaublicher Liebe erfüllt. So einfach soll das sein? Ich will nichts und doch kommt alles zu mir, zum richtigen Zeitpunkt, im richtigen Moment.

Vision

Ich habe eine Vision. Die Göttin inspiriert dabei die sie Suchenden und schenkt ihnen zyklisches Verstehen. Kraft dieses Wissens können ihre „Eingeweihten" die verschiedenen Reiche betreten, und ihr Erleben gestaltet sich weitaus tiefer. Geheimnisse erschließen sich, und aus Gefühlen werden Erlebniswelten. Die Liebe entwickelt sich in den Suchenden stärker und stärker. Frauen erfahren sich als Quelle der Liebe und verschenken sie freizügig. Sie erkennen sich gegenseitig an den leuchtenden Augen, an den klopfenden Herzen, an der leichten Berührung, die sogleich im Herzen stattfindet, wenn sich die Göttin in ihnen durch sie verbindet und verstärkt. Sie reichen sich gegenseitig die Hände, spielen, lachen, weinen, schreien, toben, tollen und merken - es war schon immer so. Nur weil sie vergaßen, wurde das Leben schwer, wurde der Weg steinig, konnten sie verletzt werden. Nur weil sie sich nicht erinnerten, konnte die Verwirrung kommen, die Verzweiflung, das Wollen und das Hassen. Sie erinnern sich jetzt gegenseitig. Sie formen, gestalten, musizieren, tanzen und helfen sich gegenseitig auf dem Weg. Jede kennt andere Bereiche besonders gut. Sie halten die Schlüssel hoch und öffnen ihre Türen. Sie inspirieren sich gegenseitig und dienen der Göttin in ihrem Ausdruck. So werden sie unsterblich, geschützt und wieder frei. Die Welt erwacht aus ihrem Bann und die versteinerten Herzen schlagen im Rhythmus der Trommeln. Das Leben ist ein Tanz der Vereinigung. Die Frau ist empfänglich und weit wie der Himmel, die Erde umfassend, das Meer ihr Gefühl.

Androgyn

Aus der Androgynität heraus entsteht ein geistiger Prozess. Wenn ich meine Empfänglichkeit geschult und die notwendigen Schritte unternommen habe, das, was ich empfange, umzusetzen, also Verantwortung mit meinen männlichen Anteilen übernehme, entsteht etwas Ganzes, das andere wiederum in ihre Ganzheit führen kann. Methode und Weisheit haben sich verbunden, Wissen und inneres Empfinden sind im Einklang. Ich unterscheide nicht mehr zwischen Mann und Frau oder schwarz und weiß, sondern nehme den Raum dazwischen wahr, die kreativen Impulse, die im Zusammenspiel entstehen. Jede wirkliche Therapie, Meditationsübung, innere Suche richtet sich auf dieses Ziel: Unvereinbares zu verbinden. Daraus entsteht der integrierte Mensch. Sobald eine Verbindung hergestellt ist, wird Energie freigesetzt, die dann wiederum das ganze Wesen stärkt. Meist erfährt man das als Glück oder Erleichterung, ein Quantensprung findet statt. Die Empfindung wird weiter und tiefer. Die Welt erscheint in neuem Licht. Freude entsteht aus der Freiheit, die sich daraus ergibt, dass nun mehr Raum da ist, denn die Blockaden, die sich aus den widerstreitenden Anteilen ergaben, sind beseitigt. Je mehr innerliche Vereinigungen stattfinden, desto mehr äußerliche können damit einhergehen. Die große Freiheit ist eigentlich eine prickelnde Vereinigungsenergie, die sich selbst immer wieder zu erneuern versteht, belebt und energetisiert. Wie ein Magnet bewirkt sie, dass alles an seinen Platz fällt.

- Deutung der Karte auf drei Ebenen -

Varuna weiß

Du bist bewegt worden. Vielleicht fühlst du dich auch gerade aus deinem bequemen Leben herauskatapultiert. Du bist dir selbst fremd und stehst wahrscheinlich ein wenig neben dir. Die Nerven sind gespannt und können die vielen Eindrücke gar nicht alle verarbeiten. Vielleicht steht ein Umzug an oder ein anderer Wechsel. Denn du hast dich bereits verändert, ob du es merkst oder nicht. Beobachte aufmerksam, was dir das Leben mitteilen möchte. Richte deine Antennen ganz auf Empfang aus. Du bist in einem geistigen Prozess und dabei, einen Teil von dir zu befreien. Allen kreativen Prozessen geht das Chaos voraus. Kämpfe nicht gegen die Veränderung an, sondern versuche, deinen Standpunkt so zu verändern, dass du offen bleiben kannst. Auch wenn du dich wahrscheinlich gerade ziemlich entwurzelt fühlst, ist es doch wichtig, dass du die Lücke, den Zwischenzustand erkennst und durchquerst. Sprich über deine Eindrücke und halte nichts zurück, aber hüte dich davor, Recht haben zu wollen. Im Moment kannst du wirklich Neues erfahren, wenn du bereit bist, auch zuzuhören. Die Nervosität und Unruhe, die du wahrscheinlich spürst, möchte dich an einen anderen Ort bringen, möchte, dass du einen unbekannten Weg einschlägst, dich für eine neue Richtung öffnest. Höre auf die Botschaften, die dir angetragen werden und handle erst, wenn sich deine Verwirrung gelegt hat und das Neue befreit ist.

Varuna rot

Die vermisste Vereinigung hat stattgefunden. Du bist erneuert. Ideen und Einsichten kommen wie von selbst zu dir. Du hast eine andere Richtung als sonst eingeschlagen und entdeckst jetzt andere Zusammenhänge. Bleibe dabei, wach, präsent, und verliere nicht dein Zentrum. Du hast viele Möglichkeiten und die Qual der Wahl. Alles auf einmal lässt sich sowieso nicht erledigen. Suche immer wieder bewusst kurze Phasen der Ruhe, in denen du prüfen kannst, ob das, was dir angetragen wird, auch wirklich zu deinem Weg gehört. Andererseits halte nichts von dir zurück, wenn du merkst, dein Herz schlägt höher und eine Begegnung manifestiert sich spontan mit dieser befruchtenden Komponente. Hier wirkt Varuna, die eine Verbindung herstellt, die große Möglichkeiten in sich birgt. Eigentlich brauchst du im Moment nur die Gelegenheiten zu ergreifen. Du hast genügend Vorarbeiten geleistet und jetzt ist es Zeit, zu springen. Du bist nicht mehr die Alte, du hast die Möglichkeit, ein ganz neues, aufregenderes und belebteres Leben zu beginnen. Dein Geist ist frisch und munter, wenn du dir hin und wieder auch eine Pause gönnst. Die Ideen, die du im Moment empfängst, sind an den Zeitgeist angeschlossen, denn auch du bist innerlich angeschlossen. Teile dich mit, mit deiner Erfahrung und deinem Empfinden, spontan und ohne zu drängen. Man möchte hören, was du zu sagen hast.

Varuna schwarz

Du hast die Quelle gefunden. Du bist zu einer nicht versiegenden Quelle der Inspiration geworden, vermagst es, Freude und Bewusstheit zu schenken. Deine Empfindungen nähren dich und du weißt, worauf es ankommt. Du kommst an die richtigen Orte zum richtigen Zeitpunkt und merkst, dass du willkommen bist. Die Suche hat erst einmal ein Ende. Du hast etwas zu bieten, was andere brauchen können, da du einen Schritt gemacht hast. In dir hat Unversöhnliches zueinander gefunden und du fühlst dich bereichert. Du weißt, du bist die schöpferische Kraft in deinem Leben. Du führst die Regie und du weißt, was dir gut tut. Entscheidungen sind getroffen und nun öffnet sich der Weg, spontan, unvermittelt und mit einigen Überraschungen. Dinge treten dir ins Bewusstsein, an die du zuvor nicht gedacht hast, weil du jetzt mit anderen Augen sehen kannst, denn du nimmst auch anderes wahr. Alles scheint heller, freundlicher, leichter. Deine Lebensfreude bewirkt, dass sie auf andere überspringt. Bleibe offen, du wirst ein ganz neues Umfeld mitschöpfen, in dem du mehr Verantwortung übertragen bekommst, aber auch mehr Freude und Kraft. Achte weiterhin auf Gegensätzliches und suche nach der Verbindung. So kannst du wachsen und vielleicht auch Frieden an schwierigen Stellen wurzeln lassen.

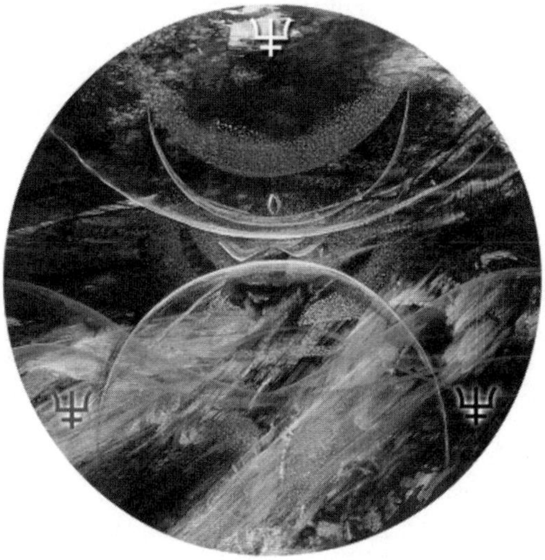

Mari

...spiegeln ... eintauchen...

...Neptun...

Schwarz, ungeformt, nichtwissend liegt das Universum in tiefem Schlaf versunken. Mit unwiderstehlicher Macht erhebt sich das göttliche Selbst und vertreibt die Dunkelheit. Sie, die Unendliche, Subtile, nicht Wahrnehmbare, erwacht, das dunkle Wasser rührend. Spiralförmig, nach innen gerichtet ihre Bewegung - ist sie die schwarze Nacht, das Geheimnis des Lebens bergend. Die schwarzgeflügelte Nacht legt ein silbernes Ei (das aus der Konzentration der spiralförmigen Bewegung entsteht) in die Gebärmutter der Dunkelheit, das dunkle Wasser. Für ein Jahr und einen Tag bewohnt sie das Ei, zwischen dessen beiden Hälften eine spiralförmige Schlange ruht. Dann teilen sich daraus Himmel und Erde. Hält sie ruhig, versinkt das Universum im Schlaf. Bewegt sie sich, belebt sie auch das Universum, und die Schöpfung nimmt ihren Verlauf. Der Rhythmus ihres Schlafes und ihres Erwachens, um in erneuten Schlaf zu sinken bestimmt über Geburt und Untergang des Universums.

Aus der spiralförmigen Bewegung entstehen die Planeten, die Galaxien und die Welt. Die aufsteigende Spirale transformiert irdische Energie in spirituelle und die absteigende, nach innen gerichtete materialisiert Spirituelles. Sie ist die ursprüngliche, allem zugrunde liegende Bewegung - der Schlüssel zur Unsterblichkeit, sie ist das Geheimnis der Großen Mutter. Dies besagt ein alter Schöpfungsmythos.

Mari, Meri, Marah, Miriam, Mariamne, Maria, Marina, Kel-Mari usw. sind Namen der Göttin, die aus dem Meer kommt, das tiefe Meeresbewusstsein in sich trägt. Sie ist seit Anbeginn der Zeiten da, Meermutter, als Meri-Yamm mit dem Schlangengott Yamm, der über die Totenwelt regiert, vermählt. Im Mutterschoßraum beseelt sie die Götter, als großer Fisch verhilft sie ihnen zur Geburt, als Meerjungfrau betört sie mit ihrem tiefgründigen Wissen diejenigen, die sich ihr nähern, ohne sie zu kennen. Mara war auch diejenige, die den Buddha als letzte Prüfung verführen wollte, sie spiegelte mit Todesfurcht gepaarte Erotik, die er als wirkende Wesenheit in sich anerkennen und integrieren musste, um die Erleuchtung zu erlangen.

Maris Wissen ist unheimlich, da ungeboren und trotzdem überaus anziehend, das (eigenständige) Bewusstsein tötend, die Kontrolle auflösend. Sie ist die Faszinationskraft, die im ungeborenen Raum wirkt, ganz subtil, unsichtbar, mit ungeheurer Macht und unaufhörlich. Mari ist Spiegel, sie bringt hervor, was immer sich an subtilen Wünschen formiert und ausdrückt, ihr unglaubliches Mitgefühl kennt Akzeptanz, aber kein Eingreifen. Sie erscheint, wie man sie ruft, als aus dem Dunklen geborene Energie, die sich bei der kleinsten Bewegung formt und wird dann zu „etwas", dem man begegnen kann. Sie ist immer da, passiv, empfänglich und leistet Hilfe, wenn sie aus der Tiefe der Seele gebeten wird. Jede Nacht tauchen wir im Tiefschlaf in ihren Ozean ein und jeden Morgen erwachen wir daraus, mit einem neuen Traum, mit einer neuen Einsicht, Motivation und vergessen, woher wir grade kamen. Mari kann nicht erkannt werden, solange das Bewusstsein Furcht vor der Dunkelheit hat und sich mit dem Licht identifiziert. Wegen dieser Furcht aber gibt es die trennende Wahrnehmung von mir und der Welt. Mari ist auch die weise alte Schildkröte, die auf dem Meeresgrund schläft und doch alle Weisheit in sich trägt. Sie ist der Walfisch, der verschlingt und verwandelt, das Meerungeheuer, der Zauber des Wassers. Dornröschen, Schneewittchen, die Prinzessin im Märchen „der Tote als Lehrer" und einige andere Heldinnen schlafen einen todesähnlichen Schlaf, bevor sie wachgeküsst werden, denn sie kommen vor der Vereinigung erst noch mit dem ungeborenen Raum der Mari-Energie des Tiefenselbst in Kontakt. Sie binden sich rück, um dann in einen neuen Abschnitt des Frauseins zu erwachen.

Maris dunkler Raum lässt sich nur betreten, wenn es keine Kontrolle mehr gibt, aber bewusste Wahrnehmung und Achtsamkeit. Im Traum gibt es z.B. öfter Situationen, die lebensbedrohlich sind. Vielleicht sollen wir gefressen oder verschlungen werden, fallen, können das Traumfahrzeug nicht mehr steuern usw. Wir verlieren die Kontrolle, und Angst kommt auf. Jetzt ist es wichtig, im Traum bewusst zu bleiben, mit Aufmerksamkeit nach Dingen Ausschau zu halten, die anders sind. Vielleicht fällt mir auf, dass das Auto eine andere Farbe hat, ein Baum anders ist als normalerweise. Ich merke so, dass ich träume, während ich z.B. falle und Angst habe. Dann ergebe ich mich. „Es ist nur ein Traum.", denkt mein Bewusstsein, „Mir kann nichts passieren, und ich kann mich hineinfallen lassen." Dann ist gewöhnlich alles weg. Es ist dunkel, ohne dass ich weiter Einfluss nehmen könnte, und ich verweile offen und gelöst in diesem Zustand, währendem die Angst abnimmt. Denn wenn ich nichts schütze, kann ich auch nichts verlieren, aber mich überlassen. Es gibt dann nur dieses Erleben, sonst nichts. Es ist, als ob ich in völlige Leere eingetaucht bin, bis ich zu ihr werde. Diesen Zustand kann man genießen. Es ist ein ganz entspannter Zustand. Ich könnte jede Sekunde aufwachen, aber weil ich gelöst und aufmerksam zugleich bleibe, kann der Traum weitergehen, sich verwandeln. Nach der Leere kommt meistens etwas ganz Wunderbares.

Ein sehr bewusster, glücklicher, farbiger Zustand, ein sehr tiefes Erleben, das real und freudig ist. Die Angst hat sich verwandelt und zeigt den freien Raum, den sie besetzte. Das konnte nur geschehen, indem ich mich fallen ließ, verweilte und mich dem Erlebensstrom hingab, ohne weiter einzugreifen. Maris Reich ist völlig ungeformt und das macht eigentlich Angst, denn das Bewusstsein sucht ständig etwas, über das es sich identifizieren kann, eine Begegnung. Schon in der Begegnung mit „etwas" liegt aber die dualistische Erfahrung und Trennung begründet. Andererseits ist man in Maris Reich eingebettet, eins und scheinbar bewusstlos, denn dort löscht sich auch die Erinnerung. Ergeben, sich hingeben, geschieht grenzenlos, hebt die Trennung völlig auf, bewirkt, dass man sich selbst verliert, aber gerade dadurch in tiefere Wahrnehmungsbereiche eintauchen kann.

Maris Energie ist ungeboren, trotzdem schöpferisch, weil sie verwandelt. Sie verwandelt alles, nicht nur einen Teil. Maris Energie wird mit großer Angst erfahren, wenn man etwas zurückhält. Mari ist der tiefste Göttinnenaspekt, Anfang und Ende zugleich, grenzenlos, nonverbal. Sie liegt sogar hinter den Gefühlen, denn sobald diese auftauchen oder sich formieren, hat man sie und ihr Reich schon wieder verlassen. Sie ist die Ruhe hinter der Bewegung. Da sie aber immer bewegt wird, entstehen Formen, die ihre Bewegung spiegeln, entsteht die Welt, die wir wahrnehmen können als Bild ihres Traumes.

Mari lehrt Angstfreiheit. Alles ist ein großer Traum, ein wunderbares Gebilde aus miteinander verwobenen Energien, die sich ständig im Spiel neu formieren. In diesen Traum kann ich mich hineinbegeben und mein Erleben wird sehr tief, wenn ich nicht vergesse, woraus er entstanden ist. Ihr Mitgefühl ist grenzenlos, da sie sich selbst in allem erkennt. Sie ist gleichsam der Stoff aus dem die Träume sind und deren formloser Inhalt. Sie ist völlig gelöst. Mari ist Lebens- und Todesfluss, der Raum, in dem alles stattfindet, obwohl sie selbst gar kein Raum ist. Sie ist einfach energiegeladene Leere, Ruhe, Stille, die jedoch nicht tot ist, sondern lebendig. Mari ist weit und offen, wie das Meer. Sie hat keine Sprache, und doch ist sie in jedem Klang enthalten. Sie ist die paradoxe Weisheit, liegt hinter den Konzepten. Hinter dem bereits Form gewordenen Bewusstseins- und Erlebensstrom, in welchem Gefühle, Bilder, Gedanken oder Körperempfindungen wahrgenommen werden - und kann nur erfahren werden, wenn sich das Bewusstsein ergibt, aber doch aufmerksam bleibt. Das braucht Übung. Dazu wurden die vielen Meditationspraktiken entwickelt, wie z.B. das Traumyoga, die tantrischen Übungen, Visualisationstechniken und vieles mehr. Ziel dieser Praktiken ist, aufmerksam und bewusst zu Maris Weisheit vorzudringen. Ziel ist, Stabilität darin zu entwickeln, es in der dunklen Meerestiefe auszuhalten, um aus ihrem ungeborenen Raum die subtile Energie des klaren Lichts schöpfen zu können. Maris Energie lässt sich nicht so einfach vom groben Bewusstsein wahrnehmen und man benötigt Kontinuität in der Meditationspraxis, um tatsächlich bewusst hinter die Dunkelheit zu gelangen. Dahinter befindet sich das im Buddhismus beschriebene Klare Licht, das auch als Mutter-Klares-Licht bezeichnet wird. Die zu Lebzeiten praktizierten Meditationstechniken suchen dieses klare Licht zu erkennen, zu entwickeln und zu stabilisieren, damit das Bewusstsein zum Zeitpunkt des Todes mit dem Mutter-Klaren-Licht verschmelzen kann. Es wird als ein Zustand beschrieben, der frei ist von allen Anhaftungen und der Glückseligkeit gleich kommt und sogar noch darüber hinausgeht. Mit Worten nicht zu beschreiben sprengt er die dualistische Wahrnehmung.* Alle wahren Meister und Meisterinnen sind geheimnisvoll. Von ihnen geht eine magnetische, magische Faszinationskraft aus, die man einfach nicht benennen kann, von der man sich jedoch angezogen fühlt. In der Gegenwart wahrer Meister und Meisterinnen fühlt es sich an wie nach Hause kommen und eine tiefe, belebende Entspannung setzt ein. Es ist elektrisch, lebendig, wie eine Einweihung, die sich nicht benennen lässt, bei der die Übertragung einer segensreichen Energie stattfindet. Hierbei wird die Erfahrung der MeisterInnen energetisch-direkt an die SchülerInnen übermittelt. Eine solche Begegnung stellt den Kontakt zum großen Urraum her, der hierdurch erfahrbar wird und so tief in das Leben einbindet, dass man auch die große Liebe erfahren kann, die alles erfüllt. Maris Raum ist ganz frei und tief. In ihr gibt es einfach nichts, und ohne diese Erfahrung gäbe es auch nichts. Sie vermag, alles zu lösen, was bindet oder stagniert ist und greift doch niemals ein, weil es für sie nichts zu tun gibt. Sie ist immer da und alles Leiden rührt daher, dass sie von vielen vergessen wird. Sie vermag es, einen jeden zu wandeln, der sich zu ihr vorwagt und kann doch nichts tun, wenn man sich von ihr entfernt. Sie ist auch der Ruhepunkt in einer Krise, wenn man aufgibt, weil man einfach nicht mehr weiterkommt, wenn man akzeptieren und annehmen kann, dass man nichts weiter zu tun vermag. Ergeben sitzt man da, und lässt geschehen, und siehe da, die Verwandlung setzt ein.

Verwandlung

Verwandlung setzt voraus, dass ich mich vergessen kann, denn sonst bleibt ein Teil von mir unberührt und damit auf der subtileren Ebene alles gleich. Im Märchen werden jetzt Helden oder Heldinnen verschluckt, sie verschwinden, damit sie vom ungeborenen Raum verwandelt werden können. Nicht sie verwandeln sich, sondern sie werden verwandelt. Dafür müssen sie die Welt vorübergehend verlassen, aufgeben, sich überlassen. Solange wir ohne Bewusstsein in Maris Raum eintauchen (was ständig geschieht, jede Nacht zum Beispiel) bleiben wir gleich, weil wir nicht bewusst von ihr berührt werden und die Begegnung vergessen. Kleine Veränderungen passieren vielleicht, aber die Muster wiederholen sich. Sobald Mari vom Bewusstsein integriert wird, können sich Vorstellungen, Konzepte, Gefühle usw. im Bewusstseins- und Erlebensstrom lösen, denn die Auflösung macht keine Angst mehr. In der uranfänglichen Weltenseele ist alles enthalten und dennoch ungestaltet. So können die Irrtümer in der Begegnung aufgelöst werden.

Mitgefühl

Aus dem Bewusstsein um Maris Energie ergibt sich ganz automatisch Achtsamkeit, Respekt und Anerkennung gegenüber ihren traumgleichen Schöpfungen. Denn nichts existiert, ohne an sie angeschlossen zu sein, ohne wieder im ungeborenen Raum zu versinken und von ihm verwandelt zu werden. In ihr und aus ihr heraus kreiert die Bewegung das, was erscheint. Für uns bedeutet es, mit aller Aufmerksamkeit aus der Ruhe heraus auch die uranfänglichsten Gefühlsregungen zu beobachten, die in weitere Handlungen führen. Sie

---

* Dieser durch Technik entwickelte Bewusstseinsraum des Klaren Lichts wird auch als Vater-Klares-Licht beschrieben. Kann nun im Augenblick des Todes oder in tiefer Meditation oder in der Tiefschlafphase das Vater-Klare-Licht das Mutter-Klare-Licht erkennen und sich mit ihm, das als natürlicher Zustand der wahren Natur des Geistes auftaucht, vereinigen, dann ist Befreiung oder Erleuchtung geschehen...

sind dafür verantwortlich, was sich letztendlich manifestiert und in welchem Lebenskapitel wir uns befinden. Sie sind die Basis, geben dem Erleben eine Richtung, versorgen es mit einer bestimmten Gefühlsmagie, die, sobald geboren, auch schon eine Kette von Wirkungen nach sich zieht und Umstände schafft, in denen sich diese Gefühlsmagie erkennen und spiegeln kann und so darauf reagiert, dass sie sich als „wahr" erlebt.

Spiegeln

Habe ich Maris Energie besucht und bin darin verwandelt worden, ist mir verschiedenes klar geworden. Ich bin in tiefem Kontakt mit dem Zuhause. Ich erkenne dann, dass alles Leid daher rührt, dass ich an etwas glaubte und mich mit Ansichten identifizierte, die jedoch ebenfalls ursprünglich aus Maris Meer geboren wurden, aber den Kontakt verloren haben. Jene Ansichten wiederum suchten die Begegnung im Außen, denn sie waren an Gefühle geknüpft, die mein Geist für wahr hielt. Die Gefühle formen mein Erleben, denn sie sind die Art und Weise der Verbindung, die ich eingehen kann. Damit gerate ich in bestimmte Umstände, die es ermöglichen, dass ich mich so erleben kann. In Wahrheit jedoch spiegelt mir die Außenwelt nur das, woran ich glaube. Das aber ist nicht die Wahrheit, sondern nur begrenzter Ausschnitt beschränkter Wahrnehmung. Sobald ich in Maris Meer eintauche, kann auch etwas ganz anderes geboren werden. Wenn ich es schaffe, aufmerksam bei der subtilen Entstehung einer neuen Bewegung zu verweilen, bis sich ein reines Gefühl geformt hat. Auf dieser Welle kann dann das Bewusstsein wieder reiten, sich von ihr forttragen lassen in ein neues Abenteuer, um eine andere Facette zu erschließen und in ein neues Spiegelbild zu schauen.

Im Märchen werden nur lebendige Seelen vom Spiegelbild erfasst. Geister, Vampire und Tote erscheinen nicht, ihnen ist ihre Erkenntnisfähigkeit verloren gegangen. Spiegel werden benutzt, um Ereignisse vorauszusehen, um Einblicke zu bekommen, um das eigene Gesicht zu erkennen und um Seelen einzufangen. Die schöne Königin in Schneewittchen erfuhr darüber, dass sie eben nicht die Schönste ist und entwickelte aus diesem Grund genügend Hass, um Schneewittchen zu töten. Weil sie sich nicht selbst wahrnehmen und erkennen konnte, die Botschaft ihres eigenen Spiegelbildes nicht verstand, verirrte sie sich so, dass sie am Ende selbst von ihrem Hass getötet wurde, bzw. von einem anderen Märchenteilnehmer - als logische Konsequenz auf ihre ursprüngliche Motivation.

Nach Barbara Walker gab es im kabbalistischen Glauben sieben Spiegel für die sieben damals bekannten planetarischen Energien. Sie bestanden aus den sieben Wochentagen zugeordneten Metallen und spiegelten die Themen der sieben verschiedenen Energien. Ein goldener Spiegel gab sonntags Auskunft über das auserwählte Volk, ein silberner Spiegel unterrichtete montags über Träume und mystische Erfahrungen, der eiserne Marsspiegel regelte dienstags Feindseligkeiten und Prozesse, der quecksilberne Mittwochspiegel konsultierte Merkur um Geldangelegenheiten. donnerstags sichtete der zinnene Jupiterspiegel weltlichen Erfolg, und über Liebesfragen unterrichtete freitags der kupferne Venusspiegel. Geheimnisse und verlorene Gegenstände wurden samstags mit dem bleiernen Saturnspiegel entdeckt.

Die frühen Menschen spiegelten sich auf einer glatten Wasseroberfläche und konnten in dem Bild einem Teil ihrer Seele begegnen. Wurde das Spiegelbild durch Unruhe auf der

Wasseroberfläche zerstört, galt dies als unheilbringend. Genauso glaubt man bis heute, dass es Unglück bringt, wenn ein Spiegel zerbricht. Das ruhige Wasser, Maris Welt, wirft dem Betrachter oder der Betrachterin ein Bild zurück, damit diese sich erkennen können. Es belebt das Bild aber mit seinem ursprünglichen Zauber. Bewegt sich das Wasser, verzerrt sich das Bild und verschwindet - die Seele hat ihren Kontakt mit der reinen Ursprünglichkeit der Wahrnehmung verloren und vermag sich jetzt eben nicht mehr zu erkennen.

Aus der spiegelgleichen Weisheit geht hervor, dass der unberührte, ruhige Zustand dem wahren Erleben der Weltseele am nächsten kommt. In der Ruhe liegt die Kraft, besagt ein altes Sprichwort. In der Ruhe des ungeborenen Raumes liegt die Erkenntnisfähigkeit - mögen wir alle den Weg dorthin finden.

- Deutung der Karte auf drei Ebenen -

Mari weiß

Du bist von etwas sehr stark fasziniert worden und nun hast du vielleicht das Gefühl, verloren zu gehen. Es fällt dir schwerer als sonst, zu „funktionieren". Deine Traumwelt ist aus der Tiefe des Meeresgrundes erwacht und mischt sich in das Tagesgeschehen. Für einen Moment hat die Welt stillgestanden, du hast innegehalten und bist von einer tiefen Erfahrung überwältigt worden. Gib diesem Erlebnis Raum und Zeit. Deine Gefühlswelt kann sich jetzt tiefgehend wandeln. Du hast in Maris Meer gesehen und brauchst nun eine Weile, um das, was du erfahren hast, in deinen Alltag zu integrieren. Lass es zu, dass du vielleicht langsamer bist als sonst, damit du dich dieser Erfahrung hingeben kannst und sie von Innen heraus Wirkung zeigt. Habe keine Angst, dich dem Nichtwissen, den vagen Ahnungen anzuvertrauen, deiner inneren Stimme zu lauschen. Du bist zurzeit möglicherweise medial veranlagt, hellsichtig, hellhörig und sensibler fühlend als sonst, vielleicht so durchlässig, dass du dich nicht überall aufhalten kannst. Schütze deinen Raum und habe keine Angst vor dem Alleinsein. Die tiefe Ruhe Maris ruft dich und möchte dir einen unbewussten Bereich erschließen. Lasse geschehen, lasse zu, dass du die Kontrolle verlierst und begib dich ganz hinein, in die uranfängliche Weisheitsenergie, aus deren Sicht alles wie ein Traum erscheint. Gib dich der Energie hin und ergib dich. Es gibt nichts zu tun, aber viel zu erfahren und zu spüren. Deine Sinnlichkeit erfährt eine Verwandlung.

Mari rot

Du hast die Verbindung aufgenommen und übst dich im Geschehenlassen. In dir ist eine tiefe Liebe erwacht, die sich parallel zu deinen letzten Erfahrungen entwickelt hat. Du kannst ganz sicher in dieser Offenheit ruhen und dein empfangender Kelch ist gefüllt und fließt über. Du bist tief in deine Wirklichkeit eingetaucht und hast aus Maris großem Ozean ein verborgenes Geheimnis gefischt, das nun an die Oberfläche dringt und sich mit deinem gewohnten Erleben verbindet. Du kannst dich ganz tief einlassen und Vertrauen zeigen, denn du bist auf dem richtigen Weg. Du bist unabhängig geworden und trotzdem eingebunden. Von dir gehen die Wirkungen aus, und du kannst andere mit deinem Sein tief berühren. Vielleicht empfängst du viele Geschenke im Moment, kannst die Früchte deiner Vergangenheit ernten. Tiefe Dankbarkeit erfüllt dich. Im Traum vermagst du wach zu bleiben, zu unterscheiden, um dann zu verbinden. Die große Weltenseele möchte dir ihre Geheimnisse offenbaren. Du kannst mit anderen mitfühlen, ohne dich zu verlieren. Aus dir spricht eine Weisheit, die eine wahre Basis gefunden hat. Drücke dein Vertrauen aus, jetzt ist die Zeit gekommen, in der du dich von Hindernissen lösen und sie von den Wellen des Vergessens wegtragen lassen kannst. Du heilst, bist heil und kannst deshalb auch andere heilen. Meditative Übungen und Traumarbeit sind dir vertraut, und du kannst über deine Grenzen hinaussehen, was dich wiederum erfüllt.

Mari schwarz

Wahrscheinlich arbeitest du gerade an einem Projekt, das Heilung bewirkt. Du bist im Einklang mit den Rhythmen des Zeitgeschehens und spürst intuitiv, was von dir gebraucht wird. Maris Energie ist dir vertraut, du kannst in sie eintauchen und wieder heraufkommen, ganz wie es dir gefällt. Du bist dir deiner Wirkung bewusst und nimmst sensibel die Wirkungen deiner Umgebung wahr. Alles ist im Fluss. Vielleicht erfüllen dich Ahnungen und Voraussicht. Folge ihnen, nachdem du sie geprüft hast. Dein tiefes Verständnis liegt hinter den Worten und berührt, ohne dass du etwas tun musst. Du hast dich treiben lassen und bist angekommen, hast auf den Grund des Ozeans geschaut und wahre, authentische Gefühle gefunden. Das kollektive Unterbewusstsein ist dir nicht fremd, du erkennst mit Leichtigkeit Wahrheiten, die dir bisher verborgen blieben. Tiefe Liebe erfüllt dich, und du kannst andere so gut schützen, wie dich selbst. Du hast eine gute Welle erwischt und lässt dich jetzt von ihr zu neuen Ufern tragen. Achte auf deine Gefühle, sie sind sehr kostbar und können dir weitaus mehr verraten, als du es dir vorstellen kannst, wenn du weiterhin bei ihnen bleibst. Du lernst gerade, die Ruhe in der Bewegung zu entdecken und entwickelst sicheres Vertrauen in deinen Weg. Folge ihm, und lasse andere daran teilhaben. In deiner Partnerschaft bist du zur Quelle geworden, die nun den Fluss selbstverantwortlich bestimmt. Kleinigkeiten schenkst du gerade viel Aufmerksamkeit, weil du weißt, dass ein Schritt den nächsten ergibt und vorbereitet. Mari begleitet dein Bewusstsein, und du kannst aufmerksam bei ihr verweilen, denn du bist dir über die Konsequenzen deiner Gefühle im Klaren und übernimmst Verantwortung dafür, bereit, sie auch wieder loszulassen, dem Meer zu übergeben...

Die Künste der weisen Frauen

...ihre Künste

Repräsentativ für die zwölf Tierkreiszeichen sind hier zwölf Aktivitäten oder Künste im Sinne der Göttin ausgewählt, denn über bestimmte Handlungen konnte man der Göttin dienen und näher kommen, waren sie von der rechten Motivation getragen. Die ritualisierten Tätigkeiten der Urzeitmenschen können wir grob in vier Gruppen einteilen.

Erdelement: Aus einem elementaren Bedürfnis heraus entsteht der Wunsch nach Veränderung. Durch Beobachtung der Natur, Reflexion und Sinnieren werden Funktionen und Mechanismen entdeckt, die dann im Alltag umgesetzt werden, um etwas Nützliches nachzubauen.

Das Erdelement wirkt im Geist als festigendes und stabilisierendes Prinzip, das Begrenzungen und Werte festlegt. Auch der analytische Verstand und der Tastsinn sind ihm zugeordnet. Learning by Doing ist hier die Weisheit, die sich umsetzt. Durch das Erdelement entstehen sichere Systeme, in denen es sich leben lässt. Sturheit, Starre - Neid und Stolz, die aus der Tendenz des Geistes zu vergleichen entstehen, repräsentieren das Erdelement. Sie lassen sich durch die Erkenntnis, dass alles gleichen Ursprungs ist, transformieren.

Luftelement: Aus einem Zufall, vielleicht auch einem Fehler oder Unfall erwächst eine Idee. So beginnen z.B. gesammelte Beeren, zu gären, und die Wirkung von Alkohol wird entdeckt. Durch die spontane Entdeckung kann etwas erfunden werden, das im Alltag hilfreich ist.

Das Luftelement äußert sich in der Gedankenkraft. Lernprozesse finden durch das Denken und Abstrahieren statt. Der Intellekt ist dem Luftelement zugeordnet, die Flexibilität und das intuitive Begreifen von Zusammenhängen. Als geistiges Prinzip wirkt es verteilend, sucht die Verbindung und passt sich an. Schwierigkeiten liegen in Verwirrung und Eifersucht begründet, die sich durch spontane aktive Hilfsbereitschaft überwinden lassen.

Feuerelement: Durch den Einfluss des Feuers können chemische Verwandlungsprozesse stattfinden, und ein Zustand kann in einen anderen überführt werden. Lernprozesse finden durch das Sehen und durch die Bewegung statt. Der Geist lernt, sich zu identifizieren und entwickelt die Geisteskraft und den Willen, so dass Handlungsimpulse entstehen. Im Feuerelement ist immer auch eine Richtung enthalten, man bewegt sich auf ein Ziel zu. Imagination und Vision sind diesem Element zugeordnet, die Konzentration, Begeisterung und Impulsivität. Die Schwierigkeiten liegen hier im Wut und Aggression - dem Verlangen, der Begierde und der Abhängigkeit, die sich durch unterscheidende Weisheit überwinden lassen.

Wasserelement: Unsichtbares wird durch Reflexion vom Bewusstsein erfasst. Physikalische Gesetzmäßigkeiten werden durch Schau und Meditation entdeckt. Aus dieser Erfahrung erwächst die Fähigkeit, Prozesse zu lenken, aufzulösen. Ein Gefühl für die Zeit entsteht, unbewusste Inhalte können aufsteigen und bewusst werden. Das geistige Prinzip des Wasserelements ist die Interpretation. Die Gefühle sind ihm zugeordnet, auch die Magie und Ahnungen, Wünsche. Lernprozesse finden über das Zuhören und Spüren statt. Fließend und auflösend ist die Bewegung des Geistes. Das Vertrauen ist zentrales Thema des Wasserelements. Die Imagination erwächst hieraus. Zu überwinden sind Depression, Hass und Gier durch die spiegelgleiche Weisheit, d.h. das Erkennen, das alles, was mir begegnet, ein Teil meiner selbst ist.

Die Künste der Göttinnen weisen im Spiel auf anstehende Handlungen, Fähigkeiten, die eingesetzt werden können, um den Weg zu gestalten. (Siehe auch das Kapitel Einführung)

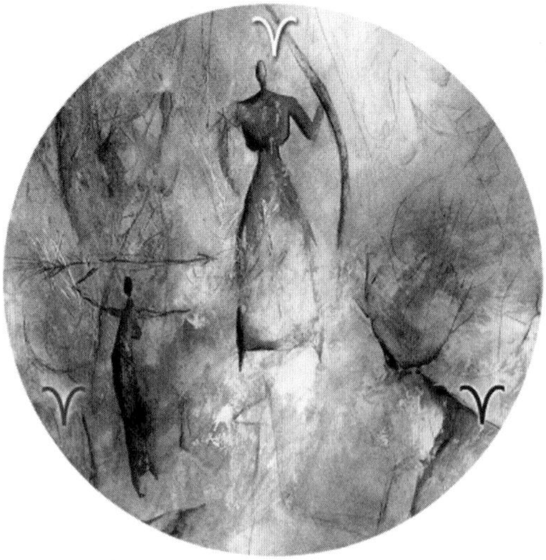

Widder

...jagen...

...den Weg bereiten...

Die große Göttin verstand sich auf das Jagen. Zu einer Zeit als die Urzeitmenschen noch nicht sesshaft waren und auch noch nicht über das Wissen verfügten, sich den Boden nutzbar zu machen, war die Jagd Voraussetzung zur Ernährung. Schon die Eiszeitmenschen legten Wege zurück, die sie in geheime Höhlen führten, in deren schwer erreichbarem Inneren Tierbilder gemalt wurden. Von der Erlegung von Tieren hing die allgemeine Existenz ab. Durch die Verehrung des den Tieren innewohnenden Geistes erhoffte man sich Kraftzuwachs und Wohlgesonnenheit. Ein schwerer und beschwerlicher Weg, der zu einer Höhle führte, war Teil des Jagdzaubers, der praktiziert wurde, um die Göttin milde zu stimmen. Historisch später entwickelten sich Ritualwege, die bewusst beschritten werden mussten und ins Zentrum der Gottheit führten. Leitsätze wie „Der Weg ist das Ziel.", „Ich bin der Weg." usw. gehen auf diese ersten ursprünglichen Wege, die zu einem Heiligtum führten, zurück. Ebenso umfasst der innere Weg, welcher Phasen der Orientierung und Orientierungslosigkeit beinhaltet, die Entwicklung des unbewussten Aufbruchs zu einem sakralen Ziel hin. Der unbewusste Aufbruch bestimmt zunächst die Richtung des Weges, mit zunehmender Bewusstheit wird das sakrale Ziel die Richtung bestimmen.

Die Jagd- und Kriegsgöttinnen regierten das Lebendige und das Blut (Widder). Sie trugen Waffen wie Jagd- und Opfermesser, Schwerter oder die Doppelaxt, deren Spitzen und Schneiden häufig aus Obsidian gefertigt waren. Der Obsidian galt als vom Himmel kommende Waffe und war zentrales Symbol der großen Mutter in ihrem „blutigen" Aspekt. Ein ursprüngliches die Jagdgöttinnen repräsentierendes Symbol war ein Drache mit Schmetterlingsflügeln, deren Spitzen aus Obsidian gefertigt waren. Mit dem Drachen verbindet sich der magische Waffen-Kult der späteren Zeit, in welcher Helden die Mondsichelwaffe, Messer und Schwerter im Kampf gegen den Dunkelheitsdrachen einsetzten, um sich von ihm zu befreien. Anfänglich jedoch wurde die große Mutter selbst zerrissen, um zum Ursprung aller Nahrung zu werden. Tötung und Zerstückelung war im Ritual eine notwendige Durchgangsphase für Wiedergeburt und Fruchtbarkeit. Opfergefäße, die dieser Verwandlung zugeordnet wurden, sind z.B. Schädelschalen mit Augen (Widder) und gefletschten Zähnen. Ebenso gehörte die Enthauptung in diesen Zusammenhang (Widder) sowie das Kindsopfer (Widder). Krieger wurden mit Pfeilen durchbohrt und geopfert. Dies galt als magische Begattung der Erde. Begattung und Tötung waren identisch. Der Tod stellte eine Befruchtung dar, denn das Opfer wurde so mit der großen Mutter vermählt.

Im alten Opferritual bekleidete man sich häufig mit der abgezogenen Haut des Opfers, um seine Wiedergeburt und Verwandlung feiern zu können.

Die jagende Göttin regierte über die Tierwelt und galt in der Gestalt von Tieren als selbst präsent. Ihr zu Ehren tanzte man in Tiermasken und Gewändern und machte sich so die Kraft des Tieres zu Eigen, indem man in seine Haut schlüpfte. Man kämpfte rituell, um seine Stärke zu messen. Die rituelle Tötung diente dazu, der Göttin das Leben zurückzugeben, das man ihr im Laufe des Jahres genommen hatte, um sich zu ernähren.

Weltweit zeigen Jagdszenen in Höhlen Frauen, die ihre Arme V-förmig nach oben strecken, um die himmlische Kraft zu empfangen und auf die Erde zu leiten. Diese Geste ist gleichzeitig Ausdruck von Macht und Empfänglichkeit. Sie beschwört und zentriert die von oben kommende Energie und leitet sie durch den Körper in die Erde, wobei die stolze eigene Kraft durch die Aufrichtung bewahrt bleibt: es ist keine Bitte, die hier Ausdruck findet, sondern eher die Haltung der Göttin selbst. Die Geste wurde während des Rituals eingenommen, nachdem die Göttin erschienen war und eine Identifikation mit ihr stattgefunden hatte. Sie ähnelt stark dem Widderzeichen.

All diese Informationen können uns tiefere Einblicke in die Widderenergie und der damit verbundenen Handlungsimpulse und Aktivitäten liefern. Wie bei allen Aktivitäten, die dem Feuerelement zugeordnet werden, findet durch die Handlung ein Verwandlungsprozess statt. Mit dem Feuer werden auch chemische Prozesse eingeleitet, bei denen aus einem ursprünglichen Stoff ein völlig anderer entsteht. Viele der fernöstlichen Kampfsportarten wie Tai-Chi, Taekwon-Do, Karate usw. verbinden das Wissen um die innere Hitze mit Bewegungsabläufen, die sowohl kraftvoll als auch spirituell sind. Die Bewegungen dienen dazu, den Geist auf ein Ziel auszurichten und die Kräfte des Kosmos dabei mit einzubeziehen. So wird eine Verbindung zwischen innerer und äußerer Energie hergestellt und die „Kämpfer" werden durch Empfänglichkeit und Aufmerksamkeit verwandelt. Die Ausführung der Bewegungsabläufe verlangt Konzentration bei gleichzeitiger geistiger Offenheit. Diese Sportarten sind sowohl meditativ als auch energiegeladen-konzentriert. Im Unterschied zur westlichen Vorstellung des Kampfes setzt man aber nicht allein die

Muskelkraft ein, sondern schult eher die Aufmerksamkeit auf den verschiedensten Ebenen, um dann angemessen reagieren zu können. So wird nicht nur die eigene Kraft, sondern auch die des Gegners verwandelt und sich selbst nutzbar gemacht.

Die jagende Göttin, repräsentativ für die Widderenergie, stellt bestimmte Aufgaben. Sie fordert Mut und Entschlossenheit. Die Energie befindet sich im ständigen Aufbruch, der das Töten und Siegen auf dem Weg zum Ziel beinhaltet. So sind auch die Jägerinnenphasen im Leben von solchen Aufgaben geprägt. Immer wieder entsteht ein neuer Impuls, der einen vorantreibt, verursacht, dass man sich auf die Jagd begibt, um etwas zu erlegen und sich dadurch zu verwandeln. Ob man nun Abenteuerlust verspürt oder sich zu einem noch nicht bekannten Ort gerufen fühlt, um dort wichtige Erfahrungen zu sammeln. Sei es, dass man Begegnungen mit neuen Menschen hat, die plötzlich ganze Entwicklungsketten in Bewegung setzen oder auch einfach, dass man spürt, wie sich unbekannte Ideen formieren und nach Ausdruck suchen. Auf jeden Fall setzt man sich in Bewegung und bricht auf. Häufig ist die Widderenergie noch ungerichtet, da die Suche zu Beginn eher unbewusst initiiert wird und die Richtung erst durch die Bewegung entsteht. Auch die Jägerin weiß nicht im Voraus, wann, wo und ob sie ihre Beute überhaupt antreffen wird. Jedenfalls braucht sie Aufmerksamkeit, Geschicklichkeit, Schnelligkeit und Entschlossenheit. Sie muss fähig sein, ganz spontan im Moment der Begegnung zu handeln und ihre Handlung gezielt und konzentriert einsetzen. So hat sie Erfolg und das erlangt, was sie sich wünschte. Ist die Beute gefangen, darf sie nicht vergessen, woher diese stammt, damit sie sich nicht fälschlicherweise mit dem Sieg identifiziert, sondern auch bereit ist, diesen durch ein Opfer wieder auszugleichen. Denn hat sie etwas genommen, sollte sie auch wieder etwas zurückgeben. So unterscheidet sie sich von der Räuberin.

Die Widder-Jägerinnenenergie treibt uns in Handlungen und in faire Wettkämpfe, bei denen wir unsere Fähigkeiten testen können und Fertigkeit erlangen. Immer wieder gibt es Kreisläufe, die sich im Leben schließen, gereifte Erfahrungen, abgeschlossene innerliche Prozesse, die nun verlangen, dass man sich zeigt, an die Öffentlichkeit tritt, sichtbar macht, was man in sich trägt. Das Unbewusste bricht dann auf, um den geeigneten Ort zu finden, an dem die Auseinandersetzung stattfinden kann, damit es sich an der Wirklichkeit zu messen vermag. Das ist der Weg, auch wenn oft das Ziel nicht gleich klar ist und eine gewisse Orientierungslosigkeit mit dem einmal gefassten Entschluss einhergeht. Wichtig ist jedoch der klare willentliche Entschluss: ich gehe los, um etwas zu tun, um mein Wissen anzuwenden und in die Welt zu tragen. Ich mache mich auf den inneren oder äußeren Weg, mich auf etwas einzulassen oder um etwas zu erreichen. Danach bestimmt und formt die Bewegung, der Mut und die Aufmerksamkeit das Ziel. Erinnern wir uns an die Schmetterlingsflügel der ursprünglichen Drachengöttin. Sie sind sehr scharf an ihren Spitzen, d.h. sie können Hindernisse durchschneiden. So enthält auch die Jägerinnenergie diese Todesmutigkeit und Bereitschaft, Gegner aus dem Weg zu räumen, sollten diese sie behindern. In ihrer reinen Form kämpft sie immer für etwas, niemals dagegen, denn sie ist sich über die daraus resultierenden Konsequenzen bewusst. Über Leben und Tod erhaben kennt sie das Opfer. Trotzdem weiß sie, es ist notwendig, in bestimmten Phasen des Lebens zu kämpfen, damit Neues etabliert werden kann und alte Sichtweisen durchschnitten oder im Kampf besiegt werden. Solange wir erkennen, dass wir im Kampf in Wirklichkeit uns selbst begegnen, geht alles gut. Denn unser Sieg wird alle Beteiligten befreien und auf den Weg bringen.

Neugier ist Teil dieser Energie. Kindliche Neugier sorgt dafür, dass ich offen bleiben kann, unvoreingenommen und spontan reagiere, wie es die Umstände erfordern. Die gemachten Erfahrungen sind dann lebendig, frei von den Bewertungen der Vergangenheit, ohne Zurückhaltung kann ich meine Energie ausdrücken und Spaß an meinem Abenteuer bekommen. Dieser Spaß vermag Ängste zu überwinden.

Die Jägerinnenenergie ist pionierhaft-innovativ. Auf dem noch nicht bekannten Weg stellen sich viele Anforderungen und Herausforderungen. Auf der Pirsch ist die Jägerin auf sich selbst gestellt, muss sich auf sich selbst verlassen können und eigenverantwortlich handeln. Sie muss die Fährte aufnehmen und ihr folgen können, sich unterwegs von dem ernähren, was sie findet, und sich dabei auf ihr Gespür verlassen, damit sie nicht etwa giftige Pflanzen zu sich nimmt, sondern geeignete Nahrung zu sich nimmt. Ihre Augen (Widder) sollten scharf sein und der Blick aufmerksam. Ihre Konzentration ist ganz auf die Beute gerichtet. Die Jägerin ist körperlich fit, denn möglicherweise ist der Weg sehr lang, der sie zum Ziel führt. Gefahren drohen, und sie selbst könnte zur Beute werden. Sie bewegt sich in der Wildnis, bereit, sich mit Kräften zu messen, die eigentlich stärker sind, als sie selbst. Deshalb ist sie sich bewusst, dass sie Führung und Schutz braucht und tanzt dazu das Ritual, das ihr übernatürliche Kräfte verleihen kann. Vielleicht führt sie auch magisch bemalte Steine oder andere Gegenstände mit sich, über die sie mit der Göttin Verbindung aufnimmt. Sie kennt das Wesen und Verhalten der wilden Tiere und nutzt ihr Wissen auf ihrem Weg.

- Deutung der Karte auf drei Ebenen -

Jägerin weiß

Du stehst einer Herausforderung gegenüber, die einigen Mut von dir verlangt. Es ist an der Zeit, zu handeln und nicht mehr länger zu zögern. Wahrscheinlich wächst schon die Ungeduld in dir. Vergewissere dich, dass dein Ziel deinem wirklichen Wunsch entspricht, visualisiere einen positiven Ausgang und gehe dann los. Du kannst jetzt deine Kräfte mit anderen messen und versuchen, zu gewinnen. Wage einen Schritt nach vorne. Deine Aufgabe verlangt die Aufmerksamkeit und Eigenschaften der Jägerin. Vielleicht ist es gut, ein Opfer zu bringen, damit es für dich weitergeht. Dir steht viel Energie zur Verfügung, achte darauf, dass du sie nicht unnütz vergeudest. Es wäre gut, wenn du zu deiner kindlichen Offenheit zurückfinden könntest. Achte darauf, dass du deine Waffen nur für deinen Weg gebrauchst, und dass du nicht gegen die „falschen" Feinde kämpfst. Verzichte darauf, zu kämpfen, um Recht zu haben. Manchmal hat man das Gefühl, gegen eine Wand zu fechten, das ist ein sicheres Zeichen für eine innere Blockade, die ein unbefreiter Persönlichkeitsanteil selbst errichtet hat. Diesem könntest du deine Aufmerksamkeit schenken, auch wenn dich das scheinbar erst einmal vom Ziel abbringt. Du brauchst aber deine gesamte Kraft, um deine Aufgabe zu bestehen.

Jägerin rot

Du hast es gewagt und bist mit einem persönlichen Anliegen in die Öffentlichkeit getreten. Jetzt kannst du wachsam beobachten, welche Reaktionen du auslöst, um weiterzukommen. Deine Wahl ist getroffen und du bist wahrscheinlich dabei, deine Fertigkeiten zu vervollständigen. Lasse keine Zweifel zwischen dir und deinem Vorhaben entstehen, sondern richte deine konzentrierte Kraft auf einen positiven Ausgang. Große Veränderungen warten auf dich, wobei es auch Hindernisse zu überwinden gibt. Du kannst jetzt für dich und dein Vorhaben kämpfen, mit den Waffen der Jägerin. Deine „Beute" ist dir gewiss, wenn es dir gelingt, in deiner jetzigen Situation aufmerksam und gerichtet zu bleiben. Vielleicht bist du in neue Umstände, sei es beruflich oder partnerschaftlich, gerufen worden und kennst dich noch nicht so gut aus. Du kannst jetzt neue Muster etablieren, die dich in Umstände führen, in denen dir ein Kraftzuwachs zuteil wird, in denen du aber auch größere Verantwortung übernimmst, weil mehr von dir gefordert wird als bisher. Lies dir noch einmal die Eigenschaften der Jägerin durch und schau, welche davon du gerade brauchst. Du ganz allein entscheidest momentan, wohin und wie weit dich dein Weg führen wird.

Jägerin schwarz

Ein Sieg ist errungen, und du bist in einer neuen Position. Dein altes Selbst ist zu eng geworden. Du bist darüber hinausgewachsen und hast dir ein neues „Jagdgebiet" erobert. Dir steht eine Menge Kraft zur Verfügung, und du kannst jetzt tun, was du schon immer tun wolltest. Du bist selbstständig und handelst eigenverantwortlich, was dich zu einer Führungspersönlichkeit macht. Vergiss nicht, auch hin und wieder ein entsprechendes Opfer zu bringen, damit dein Weg auch wirklich im Einklang mit der Gesamtharmonie verlaufen kann. Vielleicht empfindet dich manch einer gerade als rücksichtslos, aber lasse dich davon nicht beirren, sondern arbeite weiterhin an deiner Position. Je mehr Stärke du zeigst, je mehr du nach außen gehst, desto weiter kannst du reichen. Die Jägerin in dir hat ihre Beute gefangen und kann nun andere damit nähren. Erfolg bei deinen nahen Vorhaben ist gewiss. Du kennst auch die damit verbundenen Gefahren, und wenn du nur genügend Jägerinnengeduld aufbringst und aus etwaigen Fehlern lernst, ohne dich von ihnen zurückwerfen zu lassen, dann wirst du auch diese meistern. Behalte im Bewusstsein, dass dir der Kraftzuwachs zur Verfügung gestellt wurde, und identifiziere dich nicht damit, sondern stelle dich einfach in den Dienst der Kraft.

Stier

...töpfern...

...das Gefäß bilden...

Vom durch Einweihungsriten Wiedergeboren heißt es: „Das weiße Küken kriecht jetzt aus dem Ei, wir sind wie neugebrannte Töpfe" (Richard Thrunwald, Primitive Initiations- und Wiedergeburtsriten, Eranos-Jahrbuch 1939, VII). Das Gefäß der Urzeit ist die Göttin selbst und wurde als solche verehrt. Es zählt zu den Ursymbolen, und die Gefäßform und -gestaltung, der Gefäßschmuck und die Brennung gehören zu den Urfunktionen des Weiblichen. Gefäße werden aus einem Ton-Lehmgemisch angefertigt, das der Mutter Erde (Stier) entnommen wird. Einige Schöpfungsmythen berichten, wie der Mensch von der Göttin aus Lehm geformt und ihm dann durch ihren Atem Leben eingehaucht wurde. Das Gefäßformen entspricht also dem Leben-Formen. Kultgefäße sind Träger magischer Wirkung. Ihre Form entscheidet über ihre Wirkung. So finden wir Schlangengefäße für die magische Transformation, Brustgefäße, wie Schalen, welche die Fähigkeit der Allernährung ausdrücken, Bauchgefäße, wie Töpfe, in der Funktion, die Nahrung umzuwandeln. Gefäße, bei denen aus dem Halsansatz der Göttin Zweige und Ähren sprossen, erinnern mit ihrem elementaren Baumcharakter an das Nahrungsschenken, wohingegen dämonischen Gefäßen, Hausgefäßen (Hausurnen), Schutzfunktionen zugeschrieben wurden. Besondere Bedeutung kommt den als Göttin geformten Gefäßen zu, die ein zweites, kleineres in sich tragen. Der Kopfschmuck von Göttinnen entwickelte sich z.B. aus den beim Ritual auf dem Kopf getragenen Gefäßen. Die Henkel der Gefäße drücken die nach oben gerichtete, rituelle Armhaltung aus (siehe Widder).

Die Kultgefäße wurden mit Ornamenten geschmückt, die ihnen besondere Kraft verliehen. Wir finden die Spirale, die Doppelspirale, den Kreis, den Doppelkreis, Zickzacklinien, Wellen als typische Urmuster.

Gefäße und die Töpferei weisen auf den ernährenden und schützenden Aspekt der großen Göttin hin und daher kann die Stierenergie dieser Tätigkeit zugeordnet werden.

Im Alltag dienen Gefäße der Aufbewahrung, dem Sammeln. Sie überbrücken die Zeit der Verwandlung (z.B. Wein), aus ihnen wird die Nahrung aufgenommen, in ihnen wird sie zubereitet und aus ihnen kann man trinken. Aus Gefäßen kann man etwas anbieten (schenken) und sie rituell einsetzen, indem man magische Speisen und Getränke in sie hineingibt und dann aus ihnen heraus verteilt. Alle diese Fähigkeiten entsprechen der Stierenergie.

Die Töpferin verfügt über Eigenschaften, die sich der Stierenergie zuordnen lassen. Sie ist mit der Erde verbunden, ortskundig, denn sie kennt die Stellen, an denen sie das Material für ihre Gestaltung, den Ton, finden kann. Diesen trägt sie nach Hause, um ihn dann zu bearbeiten. Dazu braucht sie Geduld, gestalterisches Geschick und Wissen über die Gesetze von Statik und Konstruktion, denn sonst halten ihre Gefäße nicht. Sie braucht auch ein gutes Körpergefühl, die Fähigkeit, in sich selbst zu ruhen und aus ihrer Mitte heraus zu gestalten. Sie verwendet ein weiches, nachgiebiges Material, das sie ihrem Vorstellungsvermögen gemäß formt. Das Töpfern ist eine ganz archaische (elementare) Kunst. Das, was ihre Hände gestalten, ist direkt als Ergebnis sichtbar, es gibt keinen Umweg. Der Körper der Töpferin formt die Materie. Des Weiteren benötigt die Töpferin Wissen über Temperatur, Trockenzeiten, Mischverhältnisse, d.h. sie besitzt die Fähigkeit zu messen, einzuteilen, zu warten und zu organisieren, denn Größe und Brennzeit der Gefäße bestimmen die Anordnung im Ofen oder der Feuerstelle. Die Töpferin muss also komplexe Situationen handhaben können und Erfahrung besitzen. Sie hat ihre Beobachtungen über die Bedingungen, die zum Ziel führen, bereits gemacht, und damit lässt sich nun ein ganzer Prozess erfolgreich durchführen.

Die Töpferin vermag es, kosmische Zusammenhänge auf irdisches Material zu übertragen, denn sie stellt die kultischen Ritualgefäße her, die sie ihrem Wissen gemäß „verziert". Sie überträgt dabei ihre Beobachtungen in eine ornamentale Mustersprache, die von anderen Eingeweihten verstanden wird. So verleiht sie der Gestalt Leben, denn sie gibt ihr eine besondere magische Wirkung, die dann auf die Empfangenden übergehen kann. Damit übt sie die Handlung der Göttin aus, die wiederum ihr selbst das Leben schenkte, indem sie sie formte und mit dem Lebensatem versorgte. Es gibt auch gefäßartige Göttinnenplastiken, die sich wie eine Flöte spielen lassen. Hier bewirkt der Atem, dass sie zu klingen beginnen und die Welt mit ihrem Klang belebt wird.

Die Gefäßgestaltung oder Töpferei kann uns tiefere Einsichten in die Qualitäten der Stierenergie liefern. Die Göttin zeigt sich hier in ihrem formgebenden Prinzip, das der Ernährung auf der innerlichen sowie äußerlichen Ebene dient. Aber nicht nur den Ton formt sie, sondern auch die Erde, denn sie bringt daraus alles hervor, was man zum Überleben braucht. So lernten unsere Vorfahrinnen, sich den Boden nutzbar zu machen, ihn zu bestellen und zu bepflanzen. Sie lernten, zu beobachten, wie sich die wechselnden Jahreszeiten, das Wetter und die Pflanzen untereinander vertrugen. Ihr geduldiges Beobachten und Abwarten Können schenkte ihnen Einsichten über organische Gesetzmäßigkeiten und die Bedingungen, die Wachstum möglich machen. Sie lernten, sich zu organisieren und zur rechten Zeit zu handeln - denn wenn sie Samen im Winter säten, kam einfach nichts dabei heraus. So lehrt uns die Stierenergie erst einmal zuzuschauen, um dann Erfahrungen zu sammeln und sie letztendlich so zu verwerten, dass sie nähren, auf welcher Ebene auch immer dieser Prozess stattfindet. Die Langsamkeit, Gründlichkeit und Bedächtigkeit ist hier der Weg. Beobachtungen möchten verarbeitet, im Inneren verankert und so abgespeichert werden, dass sie zum richtigen Zeitpunkt zur Verfügung stehen. Der Handlung geht also ein langsamer Entwicklungsprozess voraus. Erst, wenn ich mir über die Konsequenzen meiner Handlung im Klaren bin, über die Wirkung, das Endprodukt und die Schritte, die zur Vervollständigung vonnöten sind, lege ich los, wobei mir aber vollkommen bewusst ist, was ich zu tun habe. Ein solches Vorgehen unterscheidet sich deutlich vom Jägerinnenaspekt des vorigen Kapitels. Die Jägerin bricht auf, um etwas zu suchen, wohingegen die Töpferin aus ihrem Erfahrungsschatz schöpft und diesen verwertet. Die Töpferin kennt das Ergebnis und den Weg, auf dem sie sich orientieren kann.

Auch der Körper ist der Töpferin vertraut, denn diesen bildet sie ja in ihren Schöpfungen nach. So, wie sie den weichen Ton bearbeitet, kann sie auch andere Körper bearbeiten. Sie kennt die Massage und andere Körpertherapien, denn sie weiß, dass der Körper der Tempel ihrer Seele ist und spendet ihm deshalb besondere Aufmerksamkeit. Sie ist in der Neuzeit vielleicht Krankengymnastin, Masseurin, Osteopathin, Craniosakral-Therapeutin oder ähnliches, denn ihr tiefes Interesse gilt dem Körper.

Als mit dem ernährenden Prinzip aufs Innigste verbunden ist die Töpferin auch eine Sammlerin und Verwerterin, Köchin und Tauschende. Sie kennt den Wert ihrer Schöpfungen und tauscht diese gegen etwas anderes ein, das sie braucht. Der Tausch findet auf direktem Weg statt, aus einem Bedürfnis heraus und ist von daher vom Handel unterschieden. Die Töpferin ist Meisterin des Bewahrens, sie hat den ihr bekannten Raum unter ihrer „Kontrolle", so dass sie für diesen Sorge tragen und sich um ihn kümmern kann. Dies macht sie zu einer verantwortlichen Verwalterin.

Die Töpferin lernt durch ihre Erfahrungen, die durch das Beobachten des Lebens entstanden, die Pflanzen und Tiere miteinander zu kreuzen, neue Arten hervorzubringen, zu züchten. Sie domestiziert und zähmt die wilde Welt so, dass sie nun sesshaft werden kann und ihrem Reich durch ihre Pflege und Aufmerksamkeit zur Blüte verhilft. Weil sie z.B. ihre Tiere gut ernährt, bleiben sie auch bei ihr. Sie lernt darüber neue Schutztechniken, denn als Mitglied eines fest eingerichteten Ortes benötigt sie ganz andere Schutzvorrichtungen als eine umherziehende Nomadin. Ihr drohen andere Gefahren als der Jägerin. Sie selbst hat wenig Einfluss auf das Wetter, von dem aber jetzt ihre Ernte abhängt und kennt aus diesem Grunde ritualisierte Handlungen, die die Wettergeister freundlich stimmen. Sammelt sie zu viel Reichtum um sich, lockt sie hungrige Diebe an. Lebt sie nicht in einem sozialen Verbund einer Gemeinschaft, kann sie die Arbeit nicht schaffen und ist zu verletzlich, da sie auf ihre wilde unabhängige Bewegungsfreiheit verzichtet hat. Deshalb ist ihr bewusst, dass sie ihre Beziehungen festigen und in stetem Kontakt bleiben muss. Sie hat das zentrale Bedürfnis, zu nähren und zu schützen und ihr Gebiet in eine sichere Basis zu verwandeln, auf der es sich leben lässt.

- Deutung der Karte auf drei Ebenen -

Töpferin weiß

Du bist im Begriff, deinen Körper und deine Sinnlichkeit zu entdecken und zu einem Gefäß zu werden. Du brauchst für die Aufgabe, die vor dir liegt, jedoch noch mehr Basiswissen. Geduld ist gefragt und das abwartende Beobachten der Töpferin. Allmählich nimmt deine Vorstellungskraft Formen an, aber dir fehlt es derzeit noch an Fertigkeit, dem Handwerkszeug. Du brauchst sicheren Boden unter den Füßen und könntest dein Fundament verstärken, indem du dich in dem, was dir fehlt, weiterbildest. Nimm dir die Natur als Lehrmeisterin und beobachte, wie Wachstum vor sich geht. In dir arbeitet sich die Töpferin ans Licht, sie wird jedoch erst dann handeln können, wenn sie genug Wissen angesammelt und Klarheit über ihre Schritte gewonnen hat. Du kannst die Wartezeit in eine richtige Regenerierungsphase verwandeln, wenn du die Zeit nutzt und deinen Geistkörper gut ernährst. Es ist auch eine gute Zeit, um sich an Fehler aus der Vergangenheit zu erinnern und aus ihnen zu lernen. Je langsamer, gründlicher und bedächtiger du vorgehst, desto mehr kannst du im Moment gewinnen. Deine persönlichen Wurzeln verdienen Beachtung, ebenso dein Haus und dein Körper. Je mehr du in dir selbst ankommen kannst, desto mehr gestalterische Kraft wird dir zur Verfügung stehen. Orientiere dich an dem, was dir begegnet und beobachte gut, wie du dich einfügst. Du bist diejenige, die deinem Leben Gestalt gibt.

Töpferin rot

Du hast in der letzten Zeit eine Menge Erfahrung gesammelt und verfügst über kompetentes Wissen. Deine Lehrzeit ist dabei, sich abzuschließen. Du kennst deinen Körper und deine Bedürfnisse und deshalb kannst du auch für dich sorgen. Etwas ist dabei, sich klar zu formen und fordert nun deine gestalterische Kraft. Organisiere dein Leben so, dass es möglichst wenig dunkle Ecken gibt und du einen guten Überblick behältst. Jetzt ist es an der Zeit, sichere Schritte zu unternehmen, die deinem Leben mehr Stabilität geben können. Wie die Töpferin kannst du ruhige und bedächtige Entscheidungen treffen, dir das, was dich beschäftigt, ausbauen und sichern. Die gemeinsame Arbeit steht im Vordergrund, Aufgaben wollen verteilt, soziale Kontakte gepflegt werden. Vielleicht begegnet dir auch ein Teil deiner Vergangenheit erneut, damit du mit ihm etwas klären kannst. Das momentane Thema ist das Ankommen. Wenn du ganz dabei bist und deine Beobachtungsgabe einsetzt, werden dir größere Zusammenhänge klar werden und es wird dir möglich sein, dein Leben so umzustrukturieren, dass es dich noch besser ernähren kann. Du weißt genug, es kommt jetzt darauf an, dein Wissen anzuwenden. Du bist das Gefäß, du bist die gestaltgebende Kraft. Nutze diese Erkenntnis weise.

Töpferin schwarz ♉

Im sicheren Hafen angekommen, kannst du dich entspannt zurücklehnen und die Früchte der Vergangenheit ernten. Genieße, nimm dir Zeit, um dich von dem, was dir im Moment geboten wird, nähren zu lassen. Dein Lebensfundament ist sicher, du hast Gefäße getöpfert, die sich auch füllen, und Reichtum ist gewiss. Deine reichhaltigen Lebenserfahrungen vermögen anderen die Nahrung zu geben, die sie brauchen, und du hast den richtigen Ort gefunden, an dem du wirken kannst. Hier und Jetzt bist du da, wo du im Moment hingehörst. Du kannst dich also behaglich einrichten. Niemand wird dir mehr nehmen können, was du bisher erreicht hast. Deine Vorratskammer ist gefüllt, du brauchst also nichts Weiteres anzuhäufeln. Je mehr du gibst, desto mehr wird zu dir zurückkommen. Die Gesetze sind dir bekannt. In dir hat sich eine organische Geradlinigkeit ausgebildet, auf die du vertrauen kannst. Dein geschulter Blick macht dich zu einer kompetenten Mitarbeiterin. Längst hast du erkannt, dass der Erfolg gemeinschaftlicher Arbeit von den sicheren Beziehungen untereinander abhängt. Da du es verstehst, diese zu pflegen und zu nähren, fühlst du dich wohl und die Materie schenkt dir, was du brauchst, um weiterzukommen. Es ist völlig unnötig, etwas festzuhalten, denn du kannst es sowieso nicht verlieren. Halte deine gelassene Energie lieber im Fluss, indem du weiterbaust.

Zwillinge

...Geschichten erzählen...

...überliefern...

Früher wurde alles Wichtige mündlich überliefert. Den Luxus der ersten Texte gab es erst, als die Schrift erfunden wurde, und da nur die Gebildeten Zugang zu den Schriften hatten und lesen konnten, unterschieden sie sich dadurch erheblich von der Masse. Meistens waren es Priester, die des geschriebenen Wortes mächtig waren, und jenes Wissen verlieh ihnen Macht, die natürlich auch missbraucht wurde.

Zunächst aber wurde geheimes Wissen von Mund zu Mund übertragen, es geschah zwischen Eingeweihter/m und Schüler/in in einem engen, persönlichen Kontakt, der auch eine Herzensverbindung beinhaltete. Das alte Wissen war häufig in Geschichten verpackt, die sich auch, je nach kultureller Entwicklung, veränderten, erweiterten oder denen Neues hinzugefügt wurde. Durch die mündliche Übertragung blieb es frisch, lebendig und konnte der Zuhörerschaft entsprechend angepasst werden.

In Asien gilt Kali Ma als Schöpferin des Sanskrits, von dem die indoeuropäischen Sprachen abstammen. Sie schuf die magischen Buchstaben des Sanskrit-Alphabets und schrieb sie auf Schädel, die ihr als Gebetskette um den Hals hingen. Diese Buchstaben standen für die ursprüngliche Schöpfungsenergie. Ihr Klang, der sich in Form von Mantren (heilige Silben, die wiederholt werden und deren Rhythmus die Kraft eines Archetypen erwecken kann) entfaltete, ließ, laut Überlieferung, alle Dinge, die von Kali Ma das erste Mal formuliert wurden, entstehen. Die Buchstaben verknüpften die männlichen und weiblichen Elemente auf magische Weise in einem tantrischen Prozess.

Bei den Kelten bringt die Göttin Iduna, die Hüterin der magischen Äpfel, die den Göttern Unsterblichkeit verleihen konnten, die Runen mit sich. Sie ritzte die ersten Runenzeichen in die Zunge ihres Gemahls, damit auch er die magische Kraft der Worte erlangen konnte. Zu alten Zeiten war die Wissensübertragung immer mit einem Opfer des Lernenden verbunden - nicht selten handelte es sich um ein Blutopfer. Man musste schon beweisen, dass man es ernst meinte und reif genug war, um An- und Einweisungen zu erhalten. Noch heute gibt es in Irland die umherreisenden Geschichtenerzähler. Sie gehen von Haus zu Haus und erzählen alte Mythen und Geschichten. Von ihnen geht eine große Faszinationskraft aus, denn sie sind Meister des Sprachrhythmus und nicht selten begleiten Trommelschläge die Geschichte, um ihr Dramatik zu verleihen. In Afrika ist es ebenfalls Brauch, Wissen auf singende, erzählende und trommelnde Art weiterzugeben, um Worten Kraft und Lebendigkeit zu verleihen. Solche Geschichtenerzähler sind hochgeachtet. Sie finden immer wieder neue Gastgeber, werden nicht selten reich beschenkt oder zumindest herzlich eingeladen.

Noch heute ist es z.B. im Buddhismus Brauch, dass wichtige Texte und Erläuterungen auswendig gelernt werden. Kann man etwas auswendig, trägt man es im Herzen (= englisch: to know by heart), anderenfalls vergisst man Gelesenes zu schnell wieder, als dass es als lebendiges Wissen im Geist erhalten bliebe.

Alle alten Völker besaßen Mantren, heilige Klänge, deren Kraft sie durch ständige Wiederholungen wachriefen und die den inneren Körperwind, den Atem lenken konnten. Ein Mantra vermochte verschiedenes: zum einen den Geist konzentrieren, zum anderen den Atem in die subtileren Kanäle lenken und die Energie des entsprechenden Archetypen wachrufen, damit der seine Wirkung in der klangerzeugenden Person entfaltete. Auch die heiligen Mantren wurden zunächst direkt übertragen, von Lehrer/in auf Schüler/in. Sie sind zugleich Bild und Klang, denn ihre Silben werden in einem der Chakren als Speichen von Rädern visualisiert, die sich beim Aufsagen beginnen zu drehen und so ihre Lichtenergie verbreiten.

Die Erzählerin oder Wissensträgerin hat also eine wichtige Funktion. Sie ist Vermittlerin und Überträgerin zugleich, auch Botschafterin, die zwischen den verschiedenen Seinsebenen Verbindung herstellt. In Zeiten, da es noch keine Transportmittel gab und auch die Strecken unwegsam waren, verfügten die BotschafterInnen über die besondere Fähigkeit des Schnelllaufens. Durch gewisse Meditationspraktiken konnten sie ihr Körpergewicht so verringern, dass sie sich in unglaublicher Geschwindigkeit, fast wie im Flug fortbewegten und dabei enorme Strecken zurücklegten. Das war natürlich wichtig in Zeiten, da es einfach zu lange dauerte, um die weiten Wege zwischen den vereinzelten Siedlungen zurückzulegen.

Eine weitere Eigenschaft der Erzählerin war die Gabe der Erfindung. Sie konnte nicht nur die Geschichten so umwandeln, dass sie ihr jeweiliges Publikum erreichten, sondern sie besaß auch ein schnelles Auffassungsvermögen, das ihr auf den weiten Wegen, die sie bisweilen zurücklegte, nützlich war. Die Wissensträgerin konnte vor allem aus „Unfällen" lernen, aus Missgeschicken, die ungeplant ihren Weg kreuzten und daraus neue Schlüsse ziehen. Durch ihre Unvoreingenommenheit setzte sie sich neuen Erfahrungen aus, ohne dass daran bestimmte Erwartungen geknüpft waren. So blieb sie spontan und hatte große Reaktionsfreiheit. Immer wieder kam sie mit neuen Umständen, neuen Orten, neuen Menschen zusammen, suchte sie sich unbekannte Wege, um ihre Botschaften zu transportieren. Sie war äußerlich heimatlos und lebte doch in spontanem Kontakt mit dem, was ihr begegnete. Sie erhielt sich ihre Lernfähigkeit durch einen immer jungen Geist. Dieser wiederum konnte nicht altern, solange sie ihrer Aufgabe nachging, denn er musste sich ja stets aufs Neue anpassen, empfänglich bleiben und Neues aufnehmen. Solche Wissensträgerinnen oder Botschafterinnen gibt es natürlich auch in der heutigen Zeit. Es sind die Reporterinnen, die Schriftstellerinnen, die Geschichtenerzählerinnen, die Telefonistinnen, die Journalistinnen, die Übersetzerinnen, die Lehrerinnen, alle Frauen, die sich für Themen des Zeitgeists interessieren und sich bemühen, diese weiterzugeben oder in eine Form zu bringen, die von anderen verstanden wird. Die Sprache ist ihr Gebiet, die Worte sind ihre Freunde, die Gedankenwelt ihr Zuhause. Aus einer Fülle von Informationen Geschichten zu gestalten, die einen Inhalt vermitteln, das ist die Aufgabe der „Zwillinge-Welt", in der die Wissensträgerinnen angesiedelt sind. Durch ihre Beweglichkeit und die vielen kleinen oder großen Reisen, die sie unternehmen, um ihrer Aufgabe gerecht zu werden, können sie auch häufig mehr als eine Sprache. Da ihnen die Verständigung über alles geht, vermögen sie auch, die unterschiedlichsten Standpunkte einzunehmen, verschiedene Sichtweisen zu kultivieren. Einer Botschafterin ist klar, dass sie Übermittlerin ist. Sie kann aus ihrer eigenen Rolle und den damit verbundenen Ansichten herausschlüpfen und ganz andere Positionen beziehen, um an sachdienliche Informationen zu kommen, je nachdem, wie es die Umstände von ihr erfordern. Da sie über ein gutes Gedächtnis verfügt, geht auch wenig verloren, es sei denn, sie verzettelt sich und kommt vom Weg ab.

Seitdem die Schrift erfunden wurde, ist damit eine gewisse Gefahr für die Erzählerin verbunden, denn das authentische Berichten leidet nun unter dieser unpersönlicheren Form der Weitergabe. Andererseits kann sie so ein weitaus größeres Publikum mit ihren Informationen versorgen. Die schnellen Medien, wie Computer, Telefon, Fax, alles was der Übertragung von Informationen dient, sind ihr vertraut. Sie benutzt diese ausschließlich als Mittel zum Zweck, weniger beeindruckt zeigt sie sich von den technischen Fertigkeiten. Ihr logischer Verstand und die damit verbundene Geschwindigkeit der Informationsverarbeitung sind Voraussetzung für ihr Sein.

Die Erzählerin verfügt auch aufgrund ihrer inneren Distanz und niemals versiegenden Neugier über eine große Portion Humor. Ihr macht es einfach Spaß, andere und sich selbst damit zu unterhalten, so dass sie die kleinen, auch unbedeutenden Zwischenfälle des Lebens humorvoll aufbereitet und in Geschichten verpackt, die diese wiederum in einen größeren Zusammenhang eingliedern. Für die Geschichtenerzählerin gibt es nichts Unbedeutendes. Alles ist bemerkenswert und neuartig, in dieser Form noch nicht da Gewesenes. So wird ihr auch niemals langweilig, denn zumindest geistig ist sie immer unterwegs und in Kontakt. Aus dem Kontakt heraus lebt sie. Sie wird lebendig, sobald sie ein Gegenüber hat und versinkt in eine Art Lähmung, sollten sie die Umstände einmal stagnieren lassen oder ihr die Bewegungsfreiheit nehmen und vorübergehend keinen Kontakt ermöglichen. Entweder nutzt sie dann die Zeit, um noch nicht verarbeitete Informationen neu zu ordnen oder es ist, als ob alles Leben aus ihr weicht und sie in tiefen

Schlaf versinkt. Die Geschichtenerzählerin braucht ständig neue Anregungen, um sich lebendig zu fühlen. Sie liebt die Herausforderung der Abwechslung und des Unbekannten, um ihr Improvisationstalent und die damit verbundene Erfindungsgabe einsetzen zu können. Sie hasst „perfekte" Umstände, in denen der spontane Geist getötet wurde und wird leblos, wenn sie nicht irgendwo etwas Lustiges entdecken kann, das aus der Rolle fällt. Ihr freier Geist entfaltet sich vor allem, wenn ein Projekt beginnt, es sozusagen noch in seiner Frühlingszeit ist, denn hier kann sie Verknüpfungen herstellen und erfinderisch sein. Sobald eine gewisse Stabilität erreicht ist, die Langsamkeit durch Verwaltung und Organisation mit sich bringt, fliegt die Geschichtenerzählerin wie ein Schmetterling zur nächsten Blume, um diese mit ihrem frischen Geist zu bestäuben. Nicht die Beständigkeit ist ihre Welt, sondern die anfängliche Frische, die sich aus dem noch Ungewissen und der Neugier ergibt und den unvoreingenommenen Kontakt ermöglicht. Die Botschafterin hört und gibt weiter, zerstreut schon beim Sammeln und liest die einzelnen Fäden auseinander, um sie zu verknüpfen. Ihr Wesen ist leicht, fröhlich, ihre Bewegungen sind hüpfend, schnell, luftig, ihre geistigen Aktivitäten sind gerichtet auf die Alltagsbegebenheiten, in denen sie das Große zu erkennen vermag. Ihre Kontaktfreudigkeit kennt keine Grenzen, sie begegnet Menschen, Tieren, Pflanzen, Steinen, Geistern, ja, selbst technischen Geräten ohne selektive Wahrnehmung, denn sie weiß: sobald der Kontakt hergestellt ist, erfüllt sie sich automatisch mit der Freude an der Begegnung und kann sich vielleicht über bisher noch nicht Bekanntes austauschen, etwas ins Bewusstsein bringen oder verbinden. Somit ist sie einfach auch fröhliche Begleiterin des Zeitgeistgeschehens, die ihre feinen Antennen auf jede Bewegung eingestellt hat, um sie wahrnehmen zu können.

- Deutung der Karte auf drei Ebenen -

Erzählerin weiß

Eine neue Idee hat sich in dir geboren und versucht, Gestalt anzunehmen. Im Moment ist es gut, wenn du so viele Informationen wie möglich sammelst, um das neue Thema zu formulieren. Möglicherweise brauchst du auch Unterstützung, solltest dich noch einmal in eine Lehrzeit begeben, um dich auf dem neuen Gebiet zu bilden. Vielleicht steht auch ein Ortswechsel an, weil deine Umgebung nicht mehr zu deinem Erlebnishunger passt. Wenn du deinem Alltag Aufmerksamkeit schenkst, kannst du viele kleine Zeichen und Hinweise entdecken, die dir den Weg weisen können. Sammele dein inneres Wissen und versuche, es auch auf das Außen zu übertragen, um Verwirrung, die durch zu viele Informationen entstehen kann, vorzubeugen. Wichtig ist im Moment der Austausch mit anderen, dein Teamgeist ist gefragt. Du kannst auch deine Beziehungen neu überdenken, sie brauchen mehr Freiraum und Beweglichkeit. Suche spielerisch nach neuen Möglichkeiten und zerstreue allzu ernste Gedanken mit deiner humorvollen Sicht. Nicht festhalten, sondern zerstreuen ist gefragt. In dir formuliert sich ein geistiger Prozess, der deine intellektuellen Fähigkeiten fordert. Gehst du ihm nach, kannst du wertvolle Veränderungen einleiten. Nimm ernst, was sich in dir regt, damit die Energie nicht gleich wieder verpufft.

Erzählerin rot

Du hast etwas erkannt und möchtest nun andere darüber unterrichten. Die Windgeister unterstützen deine Gedankenkraft. Vielleicht kannst du ein kleines Ritual ausüben, dass die Winde aus allen vier Himmelsrichtungen einlädt, damit sie dich mit der notwendigen Kraft versorgen. Du hast eine Menge Wissen zusammengetragen und suchst nun den geeigneten Ort, um es anzuwenden oder weiterzugeben. Versuche, dir so klar wie möglich zu visualisieren, wie deine neue Tätigkeit, die du wahrscheinlich bald finden wirst, aussehen sollte. Achte dabei auf deine Herzensverbindung. Deine Kommunikationsfähigkeit ist stark ausgebildet und durch dein flexibles Wesen kannst du auch widrigen Umständen begegnen. Formuliere deine Gedanken, entweder, indem du schreibst oder sprichst. Es ist wichtig, ihnen Ausdruck zu verleihen. Neue Begegnungen warten auf dich, sie werden dich mit anderen Persönlichkeitsaspekten als den bekannten zusammenführen, und vielleicht entdeckst du auch ganz neue Talente in dir. Jedenfalls ist jetzt nicht die Zeit, Zuhause zu sitzen und untätig zu sein. Gehe hinaus ins Leben und nimm teil. Die Welt braucht deine Geschichten. Nur im Austausch kannst du dich weiterentwickeln.

Erzählerin schwarz

Jetzt ist es soweit. Dein Wissen ist gefragt. Du bist kompetent und weißt genug, um es auch anzuwenden. Wahrscheinlich schreibst du gerade oder arbeitest in der Öffentlichkeit. Deine innere Erzählerin hat jedenfalls alle Hände voll zu tun. Die Ideen sprudeln nur so aus dir heraus, und je mehr man dich fragt, desto mehr Antworten findest du. Du bist eine reife Begleiterin und Zuhörerin und auch für Beratungstätigkeiten geeignet. Bewahre dir deine Beweglichkeit, und lasse dich nicht in Umstände leiten, die dich deiner flexiblen Selbstständigkeit berauben. Für dich steht an, deinen Raum zu erweitern, dir selbst mehr Raum zu geben, damit deine Kraft sich auf größerem Gebiet umsetzen kann. Vielleicht bist du manchmal zu bescheiden, du kannst im Moment mehr vom Leben fordern - mehr Raum und eine größere Aufgabe für deine sensible und brillante Kommunikationsfähigkeit. Je mehr du von dir zeigst, desto interessantere Begegnungen warten auf dich. Du bist sozusagen „reif", deine Geschichten haben Faszinationskraft und sind authentisch. Du hast dich mit deinem inneren Wissen so verbunden, dass es nun ganz natürlich in jedem Augenblick aus dir herausstrahlt. Weiche keiner Gelegenheit aus, die dich derzeit fordert, sondern stelle deine Talente einfach in den Dienst. Du brauchst dich dafür nicht einmal anzustrengen. Es reicht, wenn du bereit bist.

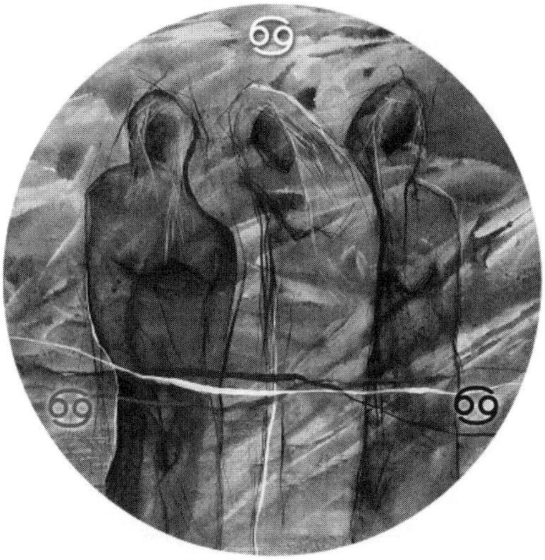

Krebs

...spinnen...

...das Schicksal gestalten...

Die große Mutter spinnt den Schicksalsfaden und erscheint als Spinnerin meistens in ihrer Dreigestalt. Sie spinnt am „sausenden Webstuhl der Zeit“ und im Uterus des Weiblichen Bänder, Fäden, Gewebe, das Leben und das Schicksal. Wenn sie die Fäden kreuzt, ist das auch ein Symbol der geschlechtlichen Vereinigung - dann nämlich kreuzen sich die beiden Lebensfäden von Mann und Frau. Setzt sie das große Spinnrad in Bewegung, beginnt die Zeit - beginnt auch ein neues Leben. Schicksalhafte Verflechtungen bestimmen das Lebensmuster des Einzelnen und finden durch das Wirken der Spinnerin statt. Spinnerinnen tauchen im Märchen (z.B. bei Dornröschen) als Patinnen zur Geburt eines Kindes auf und versorgen es mit Gaben oder Veranlagungen, die sie ihm mit in die Wiege legen.

Alten Kulturen ist die Ansicht gemeinsam, dass der Lebensfaden sich aus den drei Farben, schwarz, weiß und rot zusammensetzt. Der schwarze Faden wirkt das Totenreich, die Unterwelt, das Ende. Der rote Faden steht für das reife Leben, die Hochzeit und die erotische Fülle. Der weiße Faden wirkt die Geburt, die Reinheit, das frisch Initiierte, das unschuldige Erleben. Die Spinnerin webt positive wie auch negative Aspekte, die Erlösung und den Bann, Netz und Schlinge und knüpft Knoten. Sie vermag zu fesseln und zu binden als auch zu befreien und zu verbinden. Ihrem Faden wohnt die heimliche Seelen- und Liebesenergie inne, die magnetische Anziehung hervorzurufen versteht, sie kann verlocken und verzaubern. Jedem Menschen ist sie zu Eigen. Durch die Lebensschnur verbindet sie die Seele über den Körper hinausreichend mit der ursprünglichen Weisheits- und Liebesenergie. Diese Lebensschnur tritt aus dem Scheitelchakra als Silberschnur aus und vernetzt sich dann mit anderen zu einem Geflecht, das auch das Lebensmuster oder Schicksalsmuster ist. Es ist durchdrungen von der einen Energie, aber durch die jeweiligen Verknüpfungen einzigartig. Das Muster webt auch die Wege und Rhythmen des Lebens. Die Bewegung, die aus diesen Rhythmen entsteht, vermag die Materie zu formen, Träume hervorzurufen und Wünsche entstehen zu lassen, die sich dann wieder, entsprechend des gesponnenen Fadens, erfüllen und neue Muster hervorrufen. Die Spinnerin weiß, dass sie schon alles gewesen ist und alles sein kann, denn ihr Faden ist Anfang und Ende zugleich - gestaltgebend, formauflösend - je nachdem ob sie spinnt oder auftrennt. Ihr Spinnrad ist auch das Lebensrad, das sie dreht und zu dem sie vielleicht, durch die gleichförmige Bewegung in tranceartige Schau versetzt, beschwörende Formeln aufsagt. Vielleicht murmelt sie dazu oder singt, wiederholt Klänge, die aus ihrem Inneren kommen. Sie sind Ausdruck ihres inneren Rhythmus, der sie gemäß ihrer zyklischen Verwandlung begleitet. Vielleicht schnaubt sie oder grunzt, brüllt, schreit oder murmelt, während der Faden länger und länger wird, dicker oder dünner, währenddessen sie vielleicht einen Knoten hinzufügt oder sich der Faden unter ihr zu einer Spirale oder einem Labyrinth zusammenlegt, zuvor gesponnene Fäden berührt oder die Wege von wieder anderen kreuzt. Die Spinnerin spinnt, während ihre Träume ihr Wirken begleiten. Sie legt ihre Fäden in die Gebärmutter von Frauen, die sich so mit ihr erneut verbinden und ihr persönliches Muster mit dem neuen Anfang verknüpfen. So lebt ihr Gesponnenes weiter und beginnt sich gleichzeitig zu verändern, indem sich durch das neue heranwachsende Wesen auch vielfältigere Möglichkeiten für die Fortsetzung ihres eigenen Gewebes ergeben. Die Spinnerin ist unermüdlich im Fluss, denn sie ist der Fluss. Durch ihre gleichförmige Tätigkeit vermag sie, in tiefere Bewusstseinszustände einzutauchen, sich zu verwandeln und sich selbst immer wieder aufs Neue zu initiieren, denn sie verhilft dem Leben zur Geburt und weiß gleichzeitig auch, dass jeder Faden einen Anfang und ein Ende hat. Sie kennt ihre Fäden und auch das Muster des Netzes, das sich gleichzeitig webt, während sie spinnt. Das Gespinst des Lebens - das sich über die Mutter und die Vormütter mit der Urmutter verbindet, verbindet auch all diese Kräfte. Es verbindet die Frau mit ihrem Geliebten, mit ihren FreundInnen, mit allem, was ihren Lebensweg kreuzt, und deshalb ist es ihr auch ein tiefes Bedürfnis, Frieden zu finden, Konflikte zu lösen und sich zu erinnern - woher sie kam und warum sie da ist.

Die Spinnerin spinnt und spinnt, und wer sich auf die Suche nach ihr macht, muss sich in die ungeformte Nacht begeben, um das ihr innewohnende Geheimnis zu finden. Nur wer zur Verwandlung bereit ist, kann sich ihr nähern und ihren tiefen Seinszustand erfahren, denn sie hütet das Geheimnis der Wandlungsfähigkeit. Die Spinnerin kennt das Geheimnis der Geburt, ja sie kennt aber darüber hinaus auch die andere Seite. Sie ist auch das Tor, das sich zwischen Leben und Tod befindet. Sie ist liebende Göttin und gleichzeitig irdische Geliebte - vergisst sie ihren Ursprung, dann verfängt sie sich im Geflecht der sich kreuzenden Lebensfäden. Kann sie sich aber ihre Erkenntnisfähigkeit aus der anderen Welt erhalten, dann entwickelt sich ganz natürlich ihre liebende Ergebenheit und wird zu einer Frau, deren Leidenschaftlichkeit durch Liebe erwidert wird, weil sie berührt ist und selbst zu berühren vermag.

Vielleicht hat die Spinnerin auch die bauchartigen Saiteninstrumente erfunden, die ebenfalls aus Fäden bestehen und die Klänge des Kosmos ausdrücken. Die ursprünglich sieben Saiten waren den sieben bekannten Planeten zugeordnet, und wenn man sie spielte, klang damit der gesamte Kosmos mit.

Die Spinnerin ist geheimnisvoll, sie liest und erkennt Bilder, die anderen verborgen bleiben. Deshalb versteht sie sich auf die Orakelkunst und kann die Zeichen der Natur lesen und erkennen, denn sie nimmt die Zusammenhänge der Wandelbarkeit wahr, nicht die einzelnen Formen. Sie ist mit dem Rhythmus ihres Fadens verbunden und kann deshalb alle Rhythmen erfassen.

Die dunkle Seite der Spinnerin zeigt sich in Verstrickungen. Denn wird der Lebensfaden vom Ego genutzt, dann möchte man binden, fesseln und mit ihm festhalten. Es entstehen dann Netze, in denen man kontrolliert, die Fäden zieht und die Wirklichkeit so „verzaubert", dass magnetisch Umstände angezogen werden, die das bestätigen, woran das Ego aufgrund seiner vergangenen Erfahrungen glaubt. Jetzt ist man von der wahren Erfahrung der Wirklichkeit abgetrennt und ein Schleier legt sich über die Wahrnehmung. Selektiv wählt das Bewusstsein nun aus, was von ihm umsponnen wird. Was es will, hält es fest. Was es nicht will, lässt es gehen: jetzt wirkt die Spinnerin nicht mehr aus dem Fluss heraus, sondern um sich zu schützen und vielleicht auch, um sich etwas einzuverleiben. Dieser Vorgang kostet Kraft, wohingegen die Hingabe an das, was gegeben wird, Energie liefert. Geschehen lassen Können ist die Voraussetzung für das im Fluss Sein mit der höheren Bestimmung. Das Bewusstsein folgt oder begleitet das Schicksal und lässt sich vom Faden der Spinnerin führen.

Im Märchen muss die Spinnerin gefunden werden. Sie zeigt sich am Ende einer Suche als zentrale Kraft eines Labyrinths oder Weges. Sie „verlangt", dass ich mir auf dem Weg über meine Verflechtungen, Verstrickungen und Abhängigkeiten bewusst werde, damit ich sie loslassen kann. Denn solange ich etwas erreichen „will", bleibt sie mir verborgen. Sie erscheint, wenn ich es lerne, mich führen zu lassen, in gewisser Weise wunschlos geworden bin. Das Wünschen ist dann nicht mehr von persönlichen eigennützigen Vorstellungen geprägt, sondern stimmt mit dem kosmischen Plan überein.

Das Fadenmaterial der magnetischen Anziehung vernetzt und durchwirkt alle, steht jedem zur Verfügung. Es kommt einfach nur darauf an, was ich damit anfange: auf mein innerstes Wünschen, welches dann das Muster hervorbringt. Deshalb ist es immer wieder gut, sich in regelmäßigen Pausen nach Innen zu richten und die persönlichen Wünsche zu überprüfen. So erlangt man Bewusstheit darüber, wer den Faden spinnt und erkennt vielleicht, wie und wo man sich aufgrund seines Gewebten so verknotet, dass sich das Leben scheinbar magisch wiederholt, ohne sich zu verändern.

- Deutung der Karte auf drei Ebenen -

Spinnerin weiß

Du bist in einer Situation gefangen, die dir vielleicht hoffnungslos oder ausweglos erscheint. Die Umstände haben sich so verdichtet, dass du die Ganzheit nicht mehr erkennen kannst. Vielleicht ziehen sich die Fäden deines Netzes immer fester, während du versuchst, herauszukommen. Du hast dich innerlich an etwas gebunden, was dir im Moment nicht gut tut, aber du weigerst dich, loszulassen. Ganz verstrickt kämpfst du und verwickelst dich immer mehr. Du solltest dir Zeit nehmen und dich zu deinem inneren Wunschbrunnen begeben. Schau in dessen Wasser und beobachte deine Wünsche genau. Was erhoffst du dir wirklich? Lassen deine Wünsche anderen genug Freiraum oder möchtest du die Wirklichkeit so manipulieren, dass sie zu Marionetten deiner „Spinne" werden? Gib dir ausreichende Zeit, deine inneren Verletzungen aufzuspüren, damit Heilung geschehen kann. Was brauchst du im Moment so dringend, dass es dir die Sicht vernebelt und deine Wahrnehmung wie magisch auf einen ausschließlichen Punkt bannt? Wenn du das momentane Bedürfnis gefunden hast, dann wird dir auch intuitiv einfallen, wie du es stillen kannst. Du kannst von niemand anderem erwarten, dass er/sie es für dich tut, denn das würde nur weitere Abhängigkeiten schaffen. Nimm dir einfach Zeit für ein paar Reisen, in denen du deine Vergangenheit besuchst, um Verletzungen zu heilen, die entstanden sind. Übernimm Verantwortung für dein Mangelbewusstsein und vertraue dich der Göttin an, der großen Spinnerin, die dann durch dich wirkt und dich mit heilenden Fäden versorgt, sobald du darum bittest.

Spinnerin rot

Du hast gelernt, Verantwortung für deine Gefühle, Wünsche und Träume zu übernehmen. Ein Teil von dir ist im Begriff, sich zum Positiven zu verwandeln. Es ist dir gelungen, eine Vorstellung, die aus deiner Vergangenheit stammt und die dein Erleben bisher so verstrickte, dass es zu einem unglücklichen Ausgang führte, zu erkennen, zu heilen und loszulassen. Vielleicht bist du dir im Moment auch darüber bewusst, dass deine innerliche Bedürftigkeit sich erfolglos ausdrückt, weil daran enge Erwartungen geknüpft sind. Auch hier ist es dir gelungen, Raum zu schaffen und ein wenig mit dem Faden der Spinnerin zu gehen, anstatt ihn selbst in die Hand zu nehmen. Offenheit und Hingabefähigkeit begleiten deinen Lebensweg. Je stärker du dich an den inneren Fluss anschließen kannst, desto empfänglicher wirst du für die Zeichen der Zeit, die dich führen und leiten werden. Betrachte deine Wünsche genau. Male dir aus, was du dir erträumst und erhoffst und übergib dann die Führung deinem höheren Selbst. Du kannst darauf vertrauen, dass sich dir ein positiver Ausgang öffnen wird, denn du hast den Schlüssel in dir bereits gefunden. Vielleicht gestaltet sich nicht alles nach deinem Willen, aber doch so, dass sich Energien manifestieren, die dein in Liebe und Vertrauen gegründetes inneres Hoffen erfüllen. Alles gestaltet sich aus deinem inneren Rhythmus heraus. Beobachte deinen Rhythmus aufmerksam und höre dir zu. Gehe vielleicht ein wenig langsamer vor als normalerweise, damit du genug Zeit hast, zu empfangen und zu verstehen.

Spinnerin schwarz

In dir ist ein Geburtsprozess so gut wie abgeschlossen. Die letzten Monate hat dein Unbewusstes damit verbracht, Entscheidungen zu treffen und das vorzubereiten, was dir jetzt zu begegnen beginnt. Ein Kapitel aus deiner Vergangenheit ist abgeschlossen, und auch wenn dir vielleicht noch nicht ganz klar ist, wie sich das Neue schreiben wird, ist es dir doch gelungen, eine Windung der großen Zeitspirale bewusst zu durchleben. Du erkennst jetzt deine Fehler sowie auch deine guten Eigenschaften und Motivationen an, und deshalb bist du frei, dich ganz in den großen Fluss von Zeit und Raum hineinzuwerfen. Die Spinnerin in dir hat den großen Faden wieder aufgenommen, der dich mit der zentralen Quelle verbindet. Wahrscheinlich erlebst du ein von Zuversicht geprägtes Hoch. Deine Gefühle sprudeln über, und dein Innerstes ist von tiefer Ruhe erfüllt. Überlasse dich deiner inneren Stimme und der damit verbundenen Intuition, die dir deinen Weg weisen wird. Du selbst brauchst nicht in den derzeitigen Prozess einzugreifen, sondern solltest ihn eher aufmerksam begleiten, indem du dich zur Verfügung stellst. Dein spirituelles Erbe ist im Begriff zu reifen. Du kannst dafür Verantwortung übernehmen und zu einem Kanal für das Licht werden, wenn es dir gelingt, weiterhin bei deiner innersten Wahrheit zu bleiben. Du brauchst keine Rolle zu spielen, sondern kannst gelöst du selbst sein. Vertraue einfach darauf, dass dein Dienst begleitet und geführt wird. Dein innerer Magnetismus wirkt auf andere, die sich von deiner positiven Motivation angezogen fühlen. Du hast viel zu verschenken, halte nichts zurück.

Löwe

...tanzen...

...das Selbst ausdrücken...

„Der Tanz ist die älteste und elementarste Form der religiösen Äußerung. Er ist Magie als getanztes Ritual. Aus ihm entwickelte sich jede andere Ausdrucksform, die wir uns heute „Kunst" auszudrücken angewöhnt haben." (Heide Göttner-Abendroth)

Tanzen drückt die schöpferische Seite des Unbewussten aus und setzt das gesamte Wesen in Bewegung. Über den Tanz lassen sich alle Gefühle darstellen: Ergriffenheit, Wut, Leidenschaftlichkeit, Ausgelassenheit, Trauer, Freude, Kraft... Es ist nicht möglich, zu tanzen, solange das Ich befangen ist. Tanzen löst die Ich-Zentrierung und drückt sowohl kosmische als auch individuelle Werdeprozesse aus. Beim Tanzen ist es auch möglich, über den Selbstausdruck hinaus von den kosmischen Kräften ergriffen zu werden. Deshalb wurde in alten Zeiten zu allen Festlichkeiten des Jahres getanzt. Rituelle Tänze gab es zu allen Themen, so finden wir den Wettertanz, Mondtanz, Todestanz, Geburtstanz, Tiertanz, Opfertänze, Tanz mit den Köpfen von Opfern, Hochzeitstanz, Fruchtbarkeitstanz, orgiastischen Tanz, schamanistischen Tanz, Sufitanz, Kreistanz, Spiraltänze... Beim Tanz setzt sich die Gesamtheit Psyche, Körper, Geist in Bewegung. Nicht selten wurden die alten Tanzrituale vom Trinken des Somas begleitet (narkotischer Wein, aus der Frucht des in Nordindien wachsenden „Mondbaums" gewonnen). Der Trank verhalf dazu, in andere

Bewusstseinszustände vorzudringen und die Schwellen der gewöhnlichen Wahrnehmung in ihrer Begrenztheit zu überschreiten.

Viele rituelle Tänze wurden im Kreis getanzt, waren ununterbrochene Bewegung, die in Trance führten und bis zur Erschöpfung getanzt wurden. Dabei durchlebten die TänzerInnen die verschiedenen Phasen des Jahres, verbanden ihr sinnliches Erleben mit den Erfahrungen, die sie durch den Wandel der Natur und Vegetation machten und begleiteten somit die Göttin bei ihrem schöpferischen Gestalten. Tanz und Feier sind lebendig und deshalb als ganzheitliche Opferhandlung ausgesprochen gut geeignet. Durch die kreisförmige Bewegung der TänzerInnen konnte die gemeinschaftliche Energie um ein Zentrum gelenkt, auf einen Mittelpunkt ausgerichtet werden. Rechtsherum verband der getanzte Kreis mit dem Kosmos und stieg als spiralförmige Energie in den Himmel, um die kosmische Energie zu erden und etwas zu materialisieren. Linksherum hingegen löste der Kreistanz auf und gab etwas Materialisiertes zurück an den Kosmos. Wünsche, die sich erfüllen sollten, wurden also rechtsherum getanzt, Loslösung und Opfer linksherum.

Da die Tänze in den Jahreszyklus eingebunden waren, konnten mit ihnen alle Lernprozesse, die das Leben stellte, durchlaufen werden wie Blüte, Fülle, Lust, Trauer, Abschied, Rückzug. Die Tänzerinnen fanden so zu ihrer schöpferischen Magie des Erkennens und konnten ihre Visionen durch rhythmische Körperbewegungen ausdrücken. Rituelle Tänze sind Vorläufer aller Kunstgattungen wie Musik, Dichtung, Bildkunst und Theater. Da sie auch als getanzter Kalender zu verstehen waren, indem sie sich an den astrologischen Gesetzmäßigkeiten orientierten, waren sie in die Wissenschaften eingebunden.

Beim Spiraltanz tanzte man linksherum in das Zentrum und rechtsherum wieder heraus und ahmte so die kreisende Bewegung des ab- und zunehmenden Mondes nach. Im Zentrum der Spirale befand sich das Heiligtum. Dort starb die Tänzerin und wurde wieder neugeboren, fand sie das Licht, die Ekstase und den Übergang, um dann diese Erfahrung wieder durch neue Bewegung in die Welt zu tragen.

Tanz und Tänzerinnen lassen sich der Löwe-Energie zuordnen, weil sie aktives Gestalten beinhalten. Die Tänzerin schmückt sich, bevor sie ihr Ritual ausübt, sie schlüpft für die Dauer des Tanzes in ein bestimmtes Kostüm und eine damit verbundene Rolle und drückt ein gefühltes Thema, das sie dramatisiert und akzentuiert, vor einem Publikum aus. Sie schöpft dabei aus ihrem reichen Erfahrungsschatz und aus ihrer kreativen Imagination. Bewusst hat sie in sich die Wirkung ihrer Emotionen im Wechselspiel mit den kosmischen Kräften wahrgenommen und vermag diese nun darzustellen in einer Sprache, die kollektiv verstanden wird. Ihrer Individualität bleibt es überlassen, wie sie das innere Erleben umsetzt. Die Tänzerin kann sich dabei ganz gehen lassen, hineingeben in ihre Rolle und für die Dauer ihrer Darstellung über ihren persönlichen Lebenshorizont hinausreichen. Ihre Persönlichkeit geht ganz in der Rolle auf, die sie jetzt spielt. Des Weiteren benötigt sie Wissen und Bewusstsein über Bewegungsabläufe, die Magie in sich tragen. Sie muss eine Eingeweihte sein, die schon bewussten Kontakt mit der zentralen Kraft hatte und außerdem unterscheiden kann, auf welch vielfältige Weise diese Kraft ihre Wirkung zeigt. Der Tänzerin gelingt es, ihre Bewegungen so zu kontrollieren, dass sie damit eine erzielte Wirkung hervorruft. Sie hat Ausstrahlung und kann faszinieren, begeistern und Aufmerksamkeit konzentrieren. Aus ihrem Alltags-Ich herausgeschlüpft bringt sie sich jetzt mit ihrer ganzen Person in einen größeren Zusammenhang und drückt das Selbst aus, das sich wiederum nicht von der kosmischen Wirklichkeit unterscheidet. So wird die

Tänzerin durch Identifikation mit ihrer Rolle selbst zum Zentrum, ihrem gestalterischen Einfallsreichtum bleibt es überlassen, wie sie die Wirklichkeit persönlich interpretiert. Für die Dauer des rituellen Tanzes ist sie Kanal, zentriert und bewusst: sie bewirkt, dass sich Energien manifestieren und durch sie ausdrücken. Ihr ganz persönlicher Stil lässt diese sichtbar werden.

Der Löwe- oder Tänzerinnenenergie wohnen Faszinationskraft, charismatische Ausstrahlung und erhellendes Bewusstsein inne. Aus einer Erfahrung der Mitte heraus lässt sich gestalten und ausdrücken, was bewusst erlebt wurde. Bewusst ist jedoch nur, was zuvor gefühlt und erkannt worden ist. Dann bedarf es der Dramaturgie und der Übertreibung, um die sonst verborgenen Zusammenhänge deutlich zu machen. Das gleiche Talent benötigt ein Schauspieler oder Theaterdarsteller. Es ist ein bemerkenswertes Phänomen, dass man sich verändert, sobald man eine Bühne betritt oder etwas vor einem Publikum aufführt. Die Stimme sinkt tiefer ins Zentrum der Persönlichkeit und das Herz- und Solarplexus-Chakra werden weiter. Die persönliche Ausstrahlung nimmt zu. Eine Euphorie erfasst die ganze Person und bewirkt, dass Funken überspringen können. Die Darstellerin ist jetzt aktive Stellvertreterin der kollektiven Erfahrung und bekommt deshalb für die Dauer der Performance die Gesamtenergie „ausgeliehen", zur Verfügung gestellt. Da ihr ungeteilte Aufmerksamkeit zukommt, potenziert sich die Kraft noch weiter. Gelingt es der Tänzerin, Kanal zu bleiben, zentriert, aber nicht kontrolliert, dann kann sie sich während des Rituals einbinden und über die Identifikation auch die Kraft übertragen, die sie empfängt, während sie diese hervorruft.

Die rhythmische Körpersprache ist bei der Tänzerin mit Gesten und Schrittkombinationen verbunden, die sie entwickelte, weil sie spürte, dass damit ein bestimmtes energetisches Thema ausgedrückt und hervorgerufen werden kann. Dies setzt voraus, dass sie sich selbst sehr gut kennt und sich in ihrer Gefühlstiefe annehmen kann, ohne Scham, Unterdrückung oder Ablehnung. Das Bewusstsein der Tänzerin ist großzügig und anerkennend. Indem sie ihre persönliche Wirklichkeit wertschätzt, kann sie sich darüber hinaus erheben und durch verschiedene Rollen Wirkungen erzielen, die berühren und unterschiedliche Erfahrung vermitteln. Deshalb gelingt es ihr, authentisch zu bleiben. Sie selbst drückt über ihre individuelle Erfahrung aus, was alle erleben.

Gefahr droht der Tänzerin, wenn sie an ihrer Rolle festhält oder sich über die Dauer des Rituals hinaus mit den Kräften, die sie hervorgerufen hat, identifiziert. Denn nun könnte sie versucht sein, manipulativ zu handeln, beherrschen zu wollen oder nur eine enge Auswahl an Erfahrungen zuzulassen. Der Tänzerin wohnt eine sehr positive Kraft inne, sie hat mehr Licht in sich gesammelt als andere und ist vielleicht aus diesem Grund damit beschäftigt, diese in eine bestimmte Richtung zu lenken, wenn sie die zyklischen Zusammenhänge vergisst. So könnte sie zu einer Machthaberin werden, die jedoch ihre ganzheitliche Erkenntnisfähigkeit verloren hat und beginnt, das Erleben nach Gutdünken zu lenken und zu bewerten. Dann verwandelt sie sich in eine Richterin, die ihre persönlichen Interessen verfolgt, nicht Recht spricht, sondern für ihre eigenen Vorstellungen über Gut und Böse kämpft. Jetzt muss sie sich mit anderen messen und ihre Position verteidigen, denn sie ist nicht mehr in die Gesamtharmonie eingebettet. Die Löwe-Energie tritt dann in einen Wettkampf, bei dem es Sieger und Verlierer gibt, und wobei sie natürlich danach strebt, zu gewinnen.

Wir brauchen die Tänzerinnenenergie in Zeiten, da uns etwas bewusst geworden ist und wir einen Standpunkt vertreten, der auf einer wirklichen Erfahrung basiert. Jetzt ist gewisses Heldinnentum gefragt, der Mut und die Darstellungskraft der Tänzerin, die künstlerisch gestaltet, was sie ihre Erfahrung lehrt. Das Universum oder unsere Lebenssituation möchte durch den Ausdruck unserer authentischen Bewegung bewegt werden. Wir können nur erkennen, wer wir sind, indem wir uns bewegen und ausdrücken. Denn an der Wirkung der Handlungen lässt sich der Bewusstseinszustand ablesen. Solange unerkannte Gefühle oder Persönlichkeitsanteile verdrängt oder abgelehnt werden, bleiben sie als Phantome im Unterbewusstsein und wirken ungerichtet. Sie bewirken dann, dass sich Umstände manifestieren, die vielleicht nicht „gewollt“ sind, aber als Spiegel der unbewussten Inhalte erscheinen, damit sie erkannt werden können. Sobald sie als Teil unserer Selbst integriert werden, verlieren sie ihren unbewussten Inhalt und können in die Reihe der bewussten Erfahrungen eingegliedert werden. Wir gewinnen dadurch Handlungsfreiraum und können entscheiden, wie wir mit den betreffenden Themen und Inhalten umgehen. Wir verwandeln uns so vom Opfer der Umstände in die Regisseurin, die vielen Höhlen der Löwen aufsuchend, um darin die zentralen Kräfte anzutreffen und sie dann tanzend ans Licht zu bringen. Das Bewusstsein tanzt zu Ehren der kosmischen Eingebundenheit. Freude ist die natürliche Folge.

- Deutung der Karte auf drei Ebenen -

Tänzerin weiß

Du bist wahrscheinlich in einer Situation, die du nicht unbedingt als leicht empfindest. Du versuchst, deine Position zu verteidigen und deine Stellung zu sichern, obwohl die Umstände von dir fordern, eine weitere Sichtweise einzunehmen. Vielleicht musst du gar nichts ausgrenzen oder kämpfen. Möglicherweise fühlt sich das Leben deshalb so schwer an, weil du glaubst, du seiest ganz alleine auf der Welt und handelst dementsprechend. Deine innere Tänzerin hat vergessen, dass sie in eine Gesamtheit eingebunden ist. Sie hat sich zur Einzelkämpferin entwickelt, die wenig Unterstützung erfährt, weil sie andere nicht in ihr Bewusstsein mit einbezieht. Deshalb fühlst du dich erschöpft, denn du musst viel Kraft investieren, um deine Unabhängigkeit zu verteidigen. Richte dein Augenmerk auf die Rolle, die du spielst, und die du im Moment nicht aufgeben willst. Was sind die Vor- und Nachteile, die du durch dein derzeitiges Verhalten erfährst? Vielleicht wartet das Glück schon um die nächste Ecke. Geh ihm entgegen, indem du dich öffnest und Bereitschaft zeigst. Verstecke dich nicht hinter Ausreden, sondern übernimm Verantwortung für deine Handlungen. Lade die Freude und den Spaß in dein Leben ein, feiere gemeinsam mit Freunden, auch wenn dir gerade nicht danach ist. Dein Bewusstsein kämpft mit deiner Schattenseite, anstatt diese einzuladen, dabei zu sein. Es ist unnötig, im Moment zu siegen oder zu gewinnen, denn der Kampf findet in deinem Inneren statt und eigentlich ist Integration gefragt. Bewege dich so, wie du dich fühlst. Erfinde einen passenden Tanz zu deiner Lebenssituation und werde dir darüber bewusst, was dich von innen heraus isoliert. Dann übergib den gefundenen Selbstanteil der kosmischen Führung und lasse dich leiten.

Tänzerin rot

Du verfügst über großen Erfahrungsreichtum und deshalb bist du von einem inneren Strahlen oder Freude erfüllt. Das macht dich zu einer guten Führungskraft oder zu einer zentralen Anlaufstelle. Deine kreativen Kräfte sind zurzeit erwacht. Drücke die starken, leidenschaftlichen Gefühle in dir aus. Folge deinem Herzen und deinen Herzensbedürfnissen. Jetzt kannst du viel über die Liebe und die Liebe zum Leben lernen. Das Leben erwartet von dir, dass du die Bühne betrittst, dich in die Öffentlichkeit begibst und dort als zentrale Kraft wirkst. Lass dich nicht von Ängsten und Zweifeln zurückhalten, denn du bist dabei, erwachsener zu werden und mehr Verantwortung tragen zu können. Dein Kraftzuwachs wird sich vermehren, je mehr Raum du dir und deinem Wirken zugestehst. Achte auf deine Zentriertheit und praktiziere Unerschütterlichkeit. Je weiter du dich vorwagst, desto mehr kannst du gewinnen. Es ist an der Zeit, ein Risiko einzugehen, damit du dich weiterentwickeln kannst. In dir ist die Sonne aufgegangen, und du brauchst eigentlich nur den für dich passenden Kanal einzustellen, damit sie in ihrer Fülle scheinen kann. Reichtum ist eine natürliche Folge von Großzügigkeit, deshalb öffne dich und lasse dein Herz sprechen. Im Moment hat es Recht. Erfinde einen Tanz, der dich in deiner Fülle ausdrückt. Tanze deine Freude und das, was du besonders gut kannst, um dich an dir selbst zu freuen. Je mehr du dich selbst lieben kannst, desto tiefer wird auch die Liebe zu anderen.

Tänzerin schwarz

Etwas in dir wendet sich zum Guten. Du hast einen unbefreiten Teil von dir erkannt, erlöst und nun ist die Bahn frei. Die gebundene Energie steht dir wieder zur Verfügung. Glücklichsein und Freude begleiten dich. Du hast etwas riskiert und dazu gewonnen. Herzlichen Glückwunsch, denn dein Bewusstsein ist bereit zum Tanz, weil du dich momentan als gelöstes Selbst erfahren kannst. Liebe begleitet deine Handlungen und die innere heilige Hochzeit hat sich vollzogen. Du bist ganz und erfährst die Welt in neuem Licht. Vielleicht ist es gut, einen Dankbarkeitstanz zu erfinden, deine Liebe und Dankbarkeit auszudrücken und deine Anerkennung auszusprechen. Dir ist auch klar, dass du nicht alleine an diesem Punkt angekommen bist. Feiere deshalb gemeinsam mit deinen Freunden den neuen Lebensabschnitt, den du im Begriff bist, zu betreten. Dein innerer Kräftezuwachs braucht einen größeren Wirkungsbereich. Du allein entscheidest im Moment, wie weit du gehen willst. Gib dir selbst Raum und Zeit, um innere Visionen aufsteigen zu lassen, entwerfe Bilder, die dich in optimalen Lebensumständen zeigen. Im Moment können sich deine Wünsche erfüllen, wenn du dir nur genug Zeit gibst, sie zu Ende zu träumen.

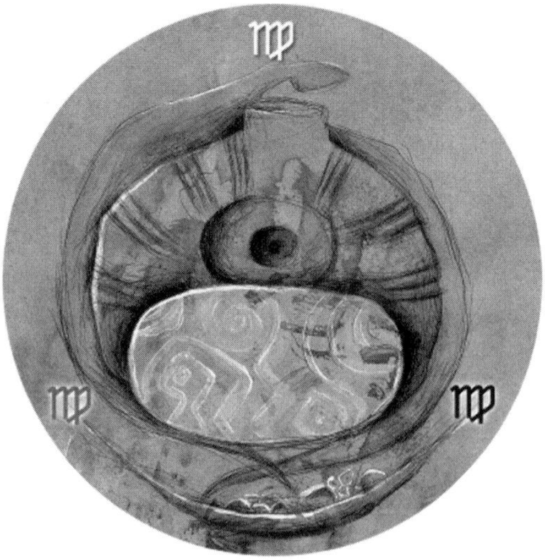

Jungfrau

...backen...

...die Ernte verwandeln...

Die Ähre wird zum Attribut der Göttin, zu der Zeit, da die ersten Niederlassungen gebildet und die Menschen sesshaft wurden. Damit verbunden war die Beobachtung der Jahreszeiten und das Wissen um Saat- und Erntezeit. Der Boden wurde bestellt und die ersten Pflanzungen und Züchtungen fanden statt. Die große Göttin wurde damit auch zur Mutter und Schützerin des Ackerbaus. Korn, Reis und Mais waren Grundnahrungsmittel der frühen Menschen. Aus ihnen konnten durch die verwandelnden Gärungsprozesse auch rauscherzeugende Getränke gebraut werden. Aus anderen kultivierten Pflanzen und Kräutern wurden Heilmittel und Medizin gewonnen. Außerdem konnte durch den Einsatz von Feuer das, was wuchs, so verwandelt werden, dass es gebacken, gebraten, geräuchert oder gekocht leichter bekömmlich war oder besser aufbewahrt werden konnte. Krankheit, Vergiftung, Rausch und Heilung sind seelische Prozesse, die den Geist verwandeln. Die Zubereitung der diese Prozesse unterstützenden Pflanzen war eine Kunst, die sich unter dem Schutz der vielen verschiedenen „Kornmütter", wie z.B. Demeter, Ceres usw. entwickelte. Die Ganzheit der Seele wurde häufig als Blüte (Lotus, Rose, Lilie usw.) dargestellt. Aus den Blüten konnten Menschen mit besonderen Fähigkeiten geboren werden (Blüten waren damit auch Sinnbild für das weibliche Geschlechtsorgan).

Der Ofen war die zentrale Stelle der Verwandlung im Haus. Aus ihm konnten auch Orakel gelesen und Prophezeiungen empfangen werden. Er war Mysterium des Uterus, sakrales Wandlungsgefäß des Lebens, der die stofflichen Prozesse in geistige verwandeln konnte. Kuchen und Brot wurden mit Ornamenten versehen, denn sie standen symbolisch für die Fruchtbarkeit. Im Topf der großen Mutter wurden bisweilen auch Helden „umgekocht", erneuert und dadurch vollständig. Die Mühle war Stätte des Todes, kreisendes Lebensrad, das unter seinen Steinen Lebendiges zermahlte. Es existieren viele Mythen, in denen zuerst eine Gottheit zerschnitten wurde, deren Teile man dann an verschiedenen Stellen im Boden eingrub. Aus ihnen wuchsen dann die unterschiedlichsten Pflanzen. Pflanzengeist und Menschengeist waren miteinander verwoben. Sie konnten in die andere Gestalt wechseln, denn die Pflanzen waren beseelt und daher genauso mit der großen Mutter verbunden wie Mensch und Tier. Nicht selten war die Göttin symbolisch in einer Pflanze enthalten. Des Weiteren finden wir Mythen, in denen Nahrung entsteht, indem die Göttin erbricht oder ihren Darm entleert, d.h. aus ihrem Verdauungsprozess (Jungfrau) entstehen die nährenden Pflanzen. Vielleicht wird damit angedeutet, dass die Nahrung, die wir der Erde zur verdanken haben, aus bereits verdauten geistigen Prozessen entsteht. Dies ergibt sich daraus, dass die Göttin schon satt war, verwertet hatte, was sie in sich aufnahm und jetzt das, was sie nicht mehr braucht, als Dünger für neues Wachstum zur Verfügung stellt.

Auf die Jungfrauenenergie und die Bäckerin bezogen bedeutet das, dass wir hier eine Tätigkeit finden, die komplexe Zusammenhänge herstellt, um zum erfolgreichen Abschluss zu gelangen. Der Weg von der Ähre zum gebackenen Brot ist weit. Er setzt Sachkenntnis, Erfahrung, Geduld und Handeln zum rechten Zeitpunkt voraus. Viele kleine, aufeinanderfolgende Schritte führen zum Ziel, wobei es eine ineinandergreifende Gemeinschaft oder Gruppe braucht, um dies auch zu erreichen. Die Bäckerin ist eingebunden in ein gut funktionierendes soziales Netz. Sie kennt ihre eigene Aufgabe und erkennt die anderen Glieder der Kette, an deren Ende sie steht, an. Sie ist sich darüber bewusst, dass sie nicht alleine ist, sondern im sozialen Zusammenhang mit den anderen steht. Sie verwandelt das gepflanzte, geerntete, gemahlene, zu Teig verarbeitete Korn durch die Zugabe von Feuer im Ofen zu Brot oder Kuchen: knusprige Formen, die man dem Geistkörper als Nahrung zuführen kann und die beliebig geformt werden, um der Kornmutter zu huldigen. Die Hexe in Hänsel und Gretel will die Kinder in ihrem Ofen backen, sie so in geistige Nahrung verwandeln. Lebkuchen werden noch heute gebacken: das Leben wird symbolisch gebacken, umgewandelt und mit Mustern bezeichnet. Zu jedem Fest gehört ein Kuchen, der durch seine Form und seinen Inhalt zur jeweiligen Feierlichkeit passt, wie Osterkuchen, Weihnachtsplätzchen, Neujahrskrapfen, Fastnachtskringel u.v.m. In den Märchen ist oft etwas im Kuchen versteckt, das demjenigen, der es findet, dann als Schlüssel für seine Suche dient. Kuchen bäckt man nicht für sich alleine, sie werden immer geteilt, begleiten Einladungen und Feiern. Das Mischungsverhältnis des Teiges bestimmt, wie der Kuchen schmeckt.

Die Bäckerin verfügt über bestimmte jungfräuliche Eigenschaften: sie hält den Ofen auf der richtigen Temperatur, d.h. sie hat Kontrolle über die Leidenschaftlichkeit des Feuerelements erworben. Sie kann diese nutzen, um sie für ihren Verwandlungsprozess, das Backen, einzusetzen. Sie ist mit dem innersten Heiligtum, dem göttlichen Herdfeuer vertraut. Außerdem kennt sie sich mit Mischungsverhältnissen aus. Sie weiß, welche Menge der Zutaten sie braucht, um zu einem erfolgreichen Ergebnis zu kommen. Sie kann also messen und abwiegen. Zudem besitzt sie Geduld. Sie kann warten, bis der Teig gegangen ist und ihn dann später verarbeiten. Sie ist sich also auch der Zeit bewusst. Von ihrem ganzheitlichen Geschick hängt es ab, wie der Kuchen oder das Brot am Ende aussehen. Denn selbst wenn sie den Teig schön formt, ist noch lange nicht gesagt, dass dieser während des Backens so bleibt. Sie braucht somit ein gewisses Maß an Vorausschau und Erfahrung, um zu wissen, welche Temperatur sie wählt, wo sie den Kuchen platziert und wie lange es dauert, bis er fertig ist. Vielleicht berücksichtigt sie auch, wie sich der Teig im Ofen verhält, ob er darin z.B. aufgeht oder zusammensinkt. Die Bäckerin ist Meisterin der Aufmerksamkeit. Sie ist eine gute Beobachterin. Das genaue und präzise Beobachten ist äußerst wichtig, denn, wenn sie die Zeit vergisst oder eine andere Kleinigkeit, wird aus der Verwandlung nichts. Kuchen und Brot reagieren sehr empfindlich auf Störungen oder Vergesslichkeiten. Nicht selten murmelt die Bäckerin beim Backen bestimmte „Zaubersprüche“, ohne die das Gebackene nicht so wird, wie es werden soll. Sie belebt den Teig so mit ihrer persönlichen Seeelenkraft, die sich auf das Wissen um das göttliche Herdfeuer stützt. Die Bäckerin ist eher unauffällig und bescheiden und doch eine zentrale Figur, die andere um sich zu sammeln versteht. Doch steht sie selbst nicht im Mittelpunkt, wie die Tänzerin, sondern das, was sie geschaffen hat. Sie verwandelte das jetzt im Mittelpunkt Stehende aufgrund ihrer umfassenden Kenntnis und bietet es nun als Nahrung an. Durch ihre Gabe dient sie der Gemeinschaft.

Der Alltag fordert oft die Umsicht und Weitsicht der Bäckerin. Vor allem dann, wenn routinemäßige Aufgaben erledigt werden und die alltäglichen Rituale ablaufen, die dem Leben seine soziale Struktur und dadurch den eingebundenen Halt geben. Erinnern wir uns auch an das Korn, das auf dem Dünger bereits Verdautem gedeiht als Voraussetzung für alle weiteren Prozesse. Es sagt uns, dass aufgenommene Erfahrungen verwertet, durch den Darm zerkleinert, umgewandelt und wieder ausgeschieden werden, um dann neuem Wachstum den Boden zu bereiten. Diese Aufgabe trifft oft nicht auf besonders viel Anerkennung. Sie wird als etwas Unvermeidbares hingenommen und man ist froh, wenn es vorbei ist, obwohl die gesamte Nahrungskette auf dem Verwesungs- und Verdauungsprozess aufbaut. In der ganzheitlichen Medizin jedoch gilt der Darm als Sitz der Seele, von dessen Zustand die Gesundheit des Organismus abhängt.

Die Qualitäten der Jungfrauenergie lassen sich erst dann wirklich schätzen, wenn wir den ganzen Kreislauf in Betracht ziehen. Wir brauchen sie, um den Boden fruchtbar zu machen, um gesundes Wachstum vorzubereiten und um Dinge zu einem Ende zu bringen, so dass eine wirkliche Verwandlung stattfinden kann. „Du bist wohl nicht ganz gebacken“ oder „Ich habe es nicht gebacken bekommen.“ sind Aussprüche, die darauf hinweisen, dass jemand unreif gehandelt hat, noch nicht gegart ist und deshalb leichtfertig gehandelt hat, ohne die nötige Weitsicht oder den Überblick zu bewahren. Fertig gebacken ist man Nährende, umsichtig Sorgetragende, die weiß, dass sie innerhalb einer sozialen Struktur wichtiges Bindeglied ist, wobei eine Aufgabe die andere ergänzt. Je besser die einzelnen Teilnehmer einer Gruppe ineinander greifen, desto fruchtbarer das Ergebnis, dass alle ernährt. Wer sich dessen bewusst ist, übernimmt ganz wie von selbst die nötige Verantwortung für sich und die Gesamtheit, denn diese ist wiederum ein Spiegelbild der persönlichen Eingebundenheit.

Alle wahrhaftigen spirituellen Gruppen werden von dem Bewusstsein der Bäckerin genährt. Ihnen wohnt das Bewusstsein um das abhängige Entstehen inne und das Mitgefühl, das sich daraus ergibt, dass jedem Einzelnen das Wohl des Ganzen am Herzen liegt. Soziales Bewusstsein entwickelt sich aus Kompetenz und der Bereitschaft, das kompetente Wissen so einzusetzen, dass es anderen nützt. Es beinhaltet auch das Wissen um die Verdauungsprozesse, um den Dünger, um das, was vielleicht eklig riecht und nicht essbar ist, aber alle anderen aufbauenden Prozesse vorbereitet. Wenn ich nicht bereit bin, zu erfahren, wie das, was ich aufgenommen habe, zersetzt, zerlegt und zerkleinert wird, dann halte ich vielleicht am Ideal der Selbstdarstellung der Tänzerin fest und schaffe es nicht, mich mit meiner kreativen Kraft in eine Gemeinschaft einzufügen, weil mir die Arbeit „zu schmutzig", zu schwierig erscheint. Natürlich begegnet man in einer Gemeinschaft anderen Problemen als alleine. Häufig sind diese auch profaner oder „unter der Würde" des genialen Geistes, da sie sich mit dem basishaften gemeinschaftlichen Sozialwesen beschäftigen. Eine Gruppe braucht gewisse Regeln und Gesetze, damit sie funktioniert. Auch hier ist wieder die Aufmerksamkeit und Beobachtungsgabe der Bäckerin gefragt - sie sieht, was fehlt, um es dann in ihrem Ofen „umzubacken". Doch ist der Gewinn groß, wenn es das Ego schafft, auf seine genialen Ansprüche zugunsten der sozialen Gemeinschaft zu verzichten. Denn nun trägt man und wird getragen, kann im Kollektiv der Göttin gegenübertreten und seine persönlichen Energien potenzieren, indem man sie mit den anderen verbindet. So entsteht eine Freiheit, die sich auf der Eingebundenheit gründet. Die Freiheit vom Gefühl der Isolation und der daraus resultierenden Erschöpfung.

- Deutung der Karte auf drei Ebenen -

Bäckerin weiß

Kritisch beschäftigst du dich gerade mit dir und deiner Situation. Du merkst, dass deiner inneren Bäckerin noch eine Zutat oder eine Kenntnis fehlt. Doch neigst du zurzeit dazu, dich zu sorgen und zu zögern, anstatt einfach das Fehlende zu besorgen. Überprüfe deine sozialen Kontakte, sind sie so, dass sie dich nähren? Wie würdest du die Gemeinschaft beschreiben, in die du zurzeit eingebunden bist? Was ist deren gemeinsame Aufgabe? Welches ist deine Teilaufgabe? Bist du bereit, sie wirklich zu erfüllen? Oder „benutzt" du deine derzeitige Lebenssituation nur, um eigentlich etwas ganz anderes vorzubereiten? Bist du dabei? Stehst du abseits? Welche Rolle spielst du in der Gemeinschaft? Wird diese Rolle von anderen unterstützt oder ist sie so, dass sie andere unterstützt, aber verhindert, dass du Unterstützung erfährst? Wie sieht es mit deinen Bäckerinfertigkeiten aus, kannst du deine Lebenssituation momentan so zu einem Abschluss bringen, dass eine Verwandlung geschieht? Entwirf ein Konzept einer für dich passenden Gruppe. Nach welchen Regeln würde diese leben? Stimmen die Regeln mit dem überein, was du gerade mit anderen erlebst? Welcher Teil von dir braucht Heilung? Wenn du ihn gefunden hast, setze dich mit ihm auseinander und befrage ihn, wie seine Heilung aussehen kann.

Bäckerin rot

Du bist im Begriff, dich neu einzugliedern. Du kennst deine Aufgabe und kannst sie jetzt mit anderen teilen, die ähnliche Interessen haben. Kompetent erkennst du Zusammenhänge und weißt sie richtig einzuordnen. Dein soziales Wesen ist gefragt. Du hast einen Kreislauf durchlaufen, verdaut und bist jetzt bereit, „gebacken" zu werden. Suche aktiv den Kontakt zu Menschen, mit denen du dich so organisieren kannst, dass etwas Gemeinschaftliches dabei herauskommt, was anderen dient. Je mehr du dich in den Dienst stellst, desto mehr wirst du dich bereichert und genährt fühlen. Du kannst dich darauf verlassen, dass deine Ernte reich sein wird, wenn du bereit bist, dich mit deinen Bäckerinfähigkeiten ganz einzubringen. Jetzt ist keine Zeit für Zweifel oder falsche Zurückhaltung. Überlege einfach, was du so gut kannst, dass es dir schon selbstverständlich erscheint. Falls dir nichts einfällt, frage andere um Rat. Hier findest du deine persönliche Aufgabe, die der Gemeinschaft nützlich ist. Die solltest du jetzt einsetzen, denn die Zeit der Ernte ist gekommen. Du hast genug verdaut und kennst auch die Schattenseiten, so dass der Dünger für neues Wachstum schon bereit liegt. Die kommenden Schritte und Entscheidungen können dich zu deiner wahren Familie führen, wenn du bereit bist, nach dem zu entscheiden, was du selbst als nahrhaft erkannt hast. Verwende einige Zeit darauf, dir eine Liste zu erstellen, mit Dingen und Tätigkeiten, die dich wirklich nähren. Beginne jeden Satz mit: mich nährt, wenn...

Bäckerin schwarz

Der Kuchen ist fertig. Du hast im Moment deine Familie gefunden und dein Geist nährt und wird genährt. Deine Handlungen tragen zur Heilung bei. In dir ist etwas gereift, auf das du dich berufen kannst. Du bist dir deiner Verantwortlichkeiten bewusst und erledigst deine Pflichten mit souveränem Gleichmut. Weil du weißt, dass du getragen bist und auch für dich gesorgt ist, kannst du geben, während du empfängst. Gib dir genügend Pausen, um zu verdauen. Lasse keine Häufchen mit unerledigten Dingen anwachsen, sonst ist der Fluss gestört. Widme gerade den Kleinigkeiten deine Aufmerksamkeit. Wenn sie Beachtung finden, kann wirkliche Verwandlung geschehen. Soziale Verantwortlichkeit zeigt sich in der Liebe zum Detail. Es gibt nichts Unwichtiges. Vertraue auf die Natur als deine Lehrmeisterin. Sie kann dir weitere Türen zu deinem inneren Erleben öffnen. Je stärker du dich einbindest, je mehr Verantwortung du für deine derzeitige Familie übernimmst, desto mehr Zusammenhänge werden dir klar werden. Wenn du willst, dass sich etwas ändert, dann beginne bei dir selbst und schau, was passiert.

♍

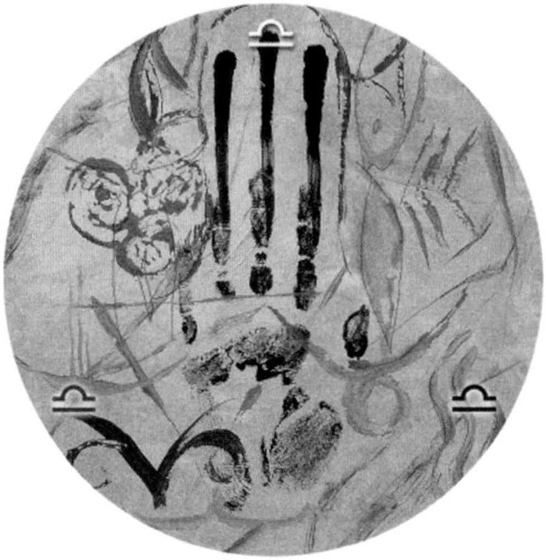

Waage

...malen...

...in Beziehung treten...

Im Laufe der Menschheitsgeschichte wurde von jeher viel gemalt. Bilder schmücken Höhlen, Steine, Knochen, Bäume, Gebäude, Masken, Stoffe, Häute, Körper, Instrumente u.v.m. Farben wurden aus Blut, zermahlener Erde, zermahlenen Steinen, gekochten Knochen, gepressten Pflanzen und anderen Materialien gewonnen. Schon allein die Zubereitung der Farbe war ein aufwendiger Prozess, der große Kenntnis voraussetzte. Die Malerin der Frühzeit hielt in ihren Bildern magische Geheimnisse fest, die sich mit den kosmischen Gesetzen befassten. Sie setzte diese um und machte bewusst. Ihre Gemälde waren gleichzeitig Opfer an die Göttin und Ausdruck der inneren visionären Kraft. Ursprünglich wurde nichts „verziert". Alle Ornamente hatten eine tiefe Bedeutung und standen mit der Göttin in Beziehung. So sind Kreuze, Schlangenlinien, Wellen, Zickzacklinien, Spiralen und Doppelspiralen, das Dreieck, der Kreis Symbole der Göttin und ihrer weiblichen Fruchtbarkeit. Rundfigur, Spirale, Doppelspirale, Doppelkreis, Buckel mit Spirale. Buckel sind Brustmotive, die der Mutter in ihrem säugenden, nahrungsspendenden Aspekt zugeordnet werden. Das Dreieck verweist auf ihren gebärenden Aspekt, in Verbindung mit der Spirale auf Geburts- und Sterbeprozesse. Schlangenlinien, Wellen und Zickzacklinien sind häufig männliche Energielinien. Die Malerin verlieh allem, was sie bemalte, einen tieferen Sinn und bettete so das Bemalte in den großen Zusammenhang ein. Ihr Bild war Ausdruck ihres Glaubens und ihrer Innenschau, denn sie war in Beziehung mit der Göttin getreten und hatte ihre Kraft als inneres Bild empfangen, das sie z.B. an heiligen Orten als Malerei umsetzte. Bemalte die Malerin Körper, dann sollten sich diese dynamisch in geistige Energie verwandeln. Der lebendige oder tote Körper bekam durch die Bemalung Kraft übertragen. Das Gleiche galt für bemalte Gefäße. Die Kunst der Vorzeit verband naturalistisch-reale Motive mit abstrahierend-imaginativen Elementen. Die Malerin drückte aus, was sie empfand und sah. Außerdem wurden von ihr bestimmte Körperbereiche, je nach Aussagekraft und Gottheitsaspekt expressiv übertrieben dargestellt, um auf die damit verbundenen besonderen Fähigkeiten aufmerksam zu machen.

Die Malerin trug mit ihren Bildern ihre innere Schau nach außen oder malte Szenen, die rituelle Anweisungen enthielten oder hielt historische Begebenheiten fest. Ihre Sprache wurde von allen verstanden, die in die Mysterien eingeweiht waren. Ihre Bilder konnten Kraft einladen, konzentrieren und übertragen - auch lehren und anleiten.

Das wichtigste Merkmal der Malerin ist ihre Gabe, mit ihrem inneren Erleben, ihrer innersten Göttlichkeit in Beziehung zu treten. Dadurch, dass sie in Beziehung tritt, verändert sich ihre Sicht und sie schaut auf etwas, das sich als Bild in ihr manifestiert. Ein Bild ist die Konzentration einer bestimmten Kraft. Es entspringt dem leeren Raum, der reinen Energie, innerer Gelöstheit und manifestiert sich, um eine archetypische Eigenschaft zu bündeln und auf die Empfangende zu übertragen. Es trägt immer eine Dynamik in sich, die eine bestimmte Wirkung hervorruft, wird durch den persönlichen Stil der Malerin auf individuelle Weise ins Leben gerufen und findet so auch den Weg zu anderen.

Die Malerin besitzt bestimmte Fähigkeiten und Eigenschaften. Sie ist sensibel, empfänglich und aktiv schöpferisch veranlagt. In ihr vereinen sich Gegensätze, die sie aushalten und ausdrücken kann: so entstehen wahre Bilder. Sie ist ständig auf der Suche nach Beziehungen. Sie nimmt diese auf, geht sie ein und setzt dann ihr Erlebnis um, um damit erneut in Beziehung zu treten. Sie ist Mittlerin zwischen Innen und Außen. Selbst wenn sie Bilder malt, die sich an der sichtbaren Realität orientieren und diese abbilden, ist sie mit dem, was sie malt, auf ganz eigene Weise verbunden. Denn von ihrem Erfassen hängt es ab, wie das Gesehene und Gefühlte festgehalten wird.

Die Malerin ist ebenfalls an den Zeitgeist angeschlossen. Ihre Bilder drücken aus, was kollektiv empfunden wird. Sie übersetzt das Erleben ihrer Zeit(genossinnen). Oft verfügt sie über historisches Wissen, denn sie malt manchmal Geschichten, die ihr überliefert oder übertragen wurden. Des Weiteren ist sie erotisch hochsensibel. Spielerisch-kreativ begibt sie sich in ihre künstlerischen Beziehungen, aus einer wertfreien Mitte heraus, in der sie empfänglich und offen verweilen kann. Als bildnerische Gestalterin sorgt sie dafür, dass ihr Geist frei und leicht bleibt. Sie ist sich ihrer erotischen Anziehungskraft bewusst und fördert diese, indem sie immer wieder neue Beziehungen sucht und eingeht. Sobald die Verbindung zustande kommt, kann sie ihr Werk beginnen und aus dem, was sie durch die Begegnung empfängt, gestaltet sich das Bild.

Mit der Waageenergie tritt genau diese Fähigkeit in unser Leben. Aus einer inneren Haltung heraus, die sich einstimmen und so Beziehung aufnehmen kann, erwächst ein feines Gespür für Ästhetik und Erotik. Leicht und prickelnd ist der kreative Kontakt, erfrischend und belebend, sanft und beflügelt. Es sind Begegnungen, die frei sind von Erwartungen oder davon, etwas erreichen zu wollen. Es ist die reine Freude am Teilhaben mit neugieriger

Offenheit, was sich wohl aus der Verbindung ergeben könnte. Um die Waageenergie zu kultivieren, brauchen wir die Sensibilität der Malerin, die vom Wollen befreite Schau und die Bereitschaft, uns auf ein Gegenüber einzulassen. Der Waage-Malerin-Energie geht es um die Überwindung von Trennung - auf allen Ebenen. Ihr Spiel entfaltet sich aus dem gelösten Teilhaben-Können, der freien Begegnung, die immer auch eine erotische Komponente hat. Diese feine Erotik verwandelt sich dann in künstlerisches Gestalten, das zum Kanal für das Empfangene wird, dadurch, dass sie sich einließ. So betrachtet ist das Leben ein einziger künstlerischer Ausdruck der Göttin. Unzählige Begegnungen können stattfinden und immer wieder anders anknüpfen an die belebende Kraft der Verbindung.

Malen ist eine Tätigkeit, die Ausgleich mit sich bringen kann und inneren Frieden herzustellen vermag. Ist ein Bild geboren, ist damit auch ein innerer Zustand bewusst und auf kreative Weise ins Leben gerufen worden. Bilder können innere Gegensätze und Kämpfe überwinden, unbewusste Inhalte an die Oberfläche bringen, Gefühle vertiefen und lösen. Die Maltherapie erzielt z.B. ihre heilsamen Erfolge, weil es in der Natur des Menschen liegt, sich über Bilder auszudrücken und dadurch zu einer verlorenen Mitte zurückzukehren. Beim Malen muss man konzentriert und zugleich leicht, gelöst sein. Imagination und Farbfluss entspringen der inneren Loslösung. Die Farben wiederum versorgen die Malerin mit der ihnen innewohnenden ganz eigenen Thematik. Sind sie doch Lichtträger bestimmter Energien und Eigenschaften, die sich durch die Auseinandersetzung auf die Malende übertragen und zu ihr sprechen. Farben sind Wirklichkeitsebenen, die direkte Wirkung auf unsere Seelenkräfte haben. Die Malerin ist sich dieser Wirkungen bewusst und kann sie deshalb gezielt einsetzen, um ihren Stimmungen Ausdruck zu verleihen. Sie nutzt Lichtverhältnisse, Schatten, Licht und Dunkelheit, um ihre Aussage zu verstärken. Sie kann, wie keine Andere polares Erleben sichtbar werden lassen und darüber hinaus eine Verbindung herstellen, die es überschreitet. Die Malerin ist Meisterin der Farben und des Lichtes. Ihre tiefe Beziehungsfähigkeit macht sie zu einer Mittlerin zwischen Himmel und Erde, zu einer reifen Partnerin und einer wunderbaren Lebenskünstlerin. Sie ist ständig bemüht, das, was sie empfindet, auszudrücken. Damit ist sie fähig, eine tiefe Liebesbeziehung zu allem einzugehen. Dieser Liebesbeziehung entsteigen ihre schöpferischen Visionen, und weil sie an die göttliche Liebe angeschlossen ist, ist sie auch zu tiefer menschlicher Liebe fähig. Ihre Geschenke sind ihre Bilder, die aus einem inneren Gleichgewicht heraus entstehen, das dadurch zustande kommt, dass sie ein wirkliches Gegenüber ist, das dem „Du“ in allem gleichwertig begegnet.

- Deutung der Karte auf drei Ebenen -

Malerin weiß

In dir ist eine Sehnsucht erwacht. Gib dieser genügend Raum und Freiheit, damit du intuitiv erkennen kannst, welche Schritte dich zur Erfüllung bringen. Deine Beziehungen sind dir im Moment nicht tief genug. Du spürst, dass du mehr erleben könntest, wenn sich etwas verändern würde. Der Anfang liegt bei dir. Werde dir darüber klar, was für dich eine wirkliche Begegnung ausmacht und welche Eigenschaften du dir von deinem Liebespartner wünschst. Wann fühlst du dich erotisch angezogen? Was lässt dein Herz höher schlagen? Umgib dich mit schönen Dingen, die dich inspirieren und deinen Geist leichter werden lassen. Du könntest in eine Ausstellung gehen oder an Orte, die du als ästhetisch erlebst. Die Anmut und Schönheit möchte in dein Leben einziehen. Vielleicht hilft es dir auch, wenn du deine eigene Schönheit erkennst und anerkennst. Pflege dich und achte darauf, dass du gut mit dir selbst umgehst. Nur dann strahlst du auch auf andere aus, dass du diese Schönheit in dir trägst. Du bist dabei, dich zu verlieben: entweder in einen anderen Menschen oder in eine Idee. Begib dich ganz hinein, du kannst dabei nichts verlieren, aber viel dazu gewinnen. Im Moment ist es falsch, alleine zu sein. Schau, dass deine Begegnungen auch wirklich stattfinden. Je mehr du gibst, desto mehr kannst du empfangen.

Malerin rot

Deine Beziehung ist über die anfängliche Unsicherheit hinaus gereift. Du bist mit deinem derzeitigen Partner auf einer Ebene angekommen, die sich in gegenseitiger Anerkennung und Liebe ausdrückt. Du übernimmst Verantwortung für deinen Part, was dein Partner bemerkt. Du erkennst im Moment, wie schön und wichtig es ist, gemeinsam weiterzugehen, und das Teilhaben am Anderen steht im Vordergrund. Achte darauf, dass du nur Kompromisse eingehst, die du auch mit deinem ganzen Wesen gutheißt. Unternimm keine Anstrengungen, die nur oberflächlichen Frieden herzustellen vermögen. Eine reife Beziehung lebt auch aus dem Konflikt, aus dem gemeinsamen Wachstum und der Entwicklung heraus, die nur stattfinden kann, wenn das Ego sich über seine trennenden Verhaltensmuster bewusst wird. Da deine Beziehung so tief geworden ist, dass sie momentan sicher ist, kannst du es wagen, dich auch hin und wieder dem Konflikt zu stellen, wenn er das Wachstum der Beziehung fördert oder erweitert. Du selbst hast dich für deine Beziehung ganz entschieden und das ist gut so. Denn Unterstützung und Bereicherung folgt dieser Entscheidung auf dem Fuße.

Malerin schwarz

Deine Beziehung ist reif für ein gemeinsames geistiges Kind. Du bist mit deinem Partner vertrauensvoll verbunden und ihr könnt eine Menge Kraft aus eurer Beziehung schöpfen. Dümple nicht Zuhause herum, sondern schau, was du mit diesem Geschenk anfangen kannst. Du hast keinerlei Grund zur Sorge, sondern kannst dich an der Unterstützung, die du durch deinen Partner erfährst, freuen und die Anziehungskraft, die er auf dich ausübt, genießen. Schenke deinem sinnlichen Erleben vermehrte Aufmerksamkeit, denn dein Körper prickelt und möchte durch sensible Berührungen seine Wahrnehmung vertiefen. Erotische Erfahrungen können den Geist beflügeln und fördern die Kreativität. Nimm dir also genug Zeit, um dich neuen Erfahrungen hinzugeben. Sei erfinderisch und fantasievoll im Umgang mit deiner erotischen Wahrnehmung. Auf der sexuellen Ebene ist es vielleicht auch interessant, verschiedene Rollen einzunehmen, um Hingabe und aktiven Ausdruck zu erfahren. In dir hat die innere Hochzeit stattgefunden, die dir jetzt die Freiheit gibt, immer wieder zu wählen, ob und wie tief du dich einlässt oder nicht. Du bist nicht mehr abhängig von deinem Partner, sondern kannst ihm aus dem Gefühl der Fülle heraus begegnen, wann immer du willst. Finde einen kreativen Ausdruck für das Glück, das du im Moment erfährst, denn so lässt sich das, was du übrig hast, gut weiterleiten und beugt Stagnation vor. Achte darauf, dass du nicht faul und träge wirst...

Skorpion

...zaubern...

...klingen ... sehen...

Im Schicksalswasser, in der Tiefe, unter der Erde entspringt die Quelle, die die Erde erfrischt und das Leben vorbereitet. Aus ihrem Hervortreten werden die Zauberlieder und Klänge geboren, die zwischen den Menschen und ihrer ursprünglichen Bestimmung vermitteln und Unaussprechliches auszudrücken vermögen. An ihrer Oberfläche spiegelt sich das menschliche Schicksal, und wer mit ihr in Verbindung ist, kann daraus lesen.

Schon immer gab es Seherinnen, weise, oft alte Frauengestalten, die zwischen den Zeilen lesen konnten und denen das, was anderen verborgen blieb, vor dem inneren Auge erschien. Die Seherin kann die Sprache der Tiere und Pflanzen verstehen, in den Wolken Muster erkennen, die ihr den Weg weisen, Steine befragen und aus Blättern lesen. Da sie in Kontakt ist mit der magischen Wirklichkeit, denkt sie in Bildern und Klängen, sieht, was andere übersehen und hört, was andere überhören. Sie besitzt einen heiligen Kessel, aus dem sie Inspiration empfängt und mit dem sie zaubern kann. Sie besitzt die Fähigkeit, sich selbst in Ekstase zu versetzen und aus diesem hochenergetischen, elektrisierten Zustand heraus magische Sprüche und Lieder zu manifestieren, die spontan aus ihrem Inneren aufsteigen. Sie ist verbunden mit der Tiefe ihres Unbewussten, die hinter den Worten und Bildern liegt und bringt daraus Rhythmen und Klänge hervor, die schöpferische Kraft besitzen. Die Seherin ist Meisterin der Improvisation, echt, nackt und gewahr. Sie kennt den Zustand der „Besessenheit", d.h. sie ist in der Lage, sich selbst einer Kraft zu übergeben, die mächtiger ist als sie selbst. Diese Kraft könnte ihr Bewusstsein aber auch zerstören, wenn sie nicht gelernt hätte, darin aufmerksam zu verweilen. Sie ist stilles Zentrum im Orkan, weiß sich ihren Instinktkräften zu übergeben, ohne das Bewusstsein zu verlieren. Wo andere abhängig oder verrückt werden, beginnt ihr Reich der Leidenschaftlichkeit. Die Seherin bewegt sich in Gebieten, die andere meiden. Weil sie selbst schon dem Tod begegnet ist, fürchtet sie diesen nicht, sondern nutzt ihn, um die Grenze zu überschreiten.

Die Seherin hat auch den Hass und die Wut überwunden, d.h. sie kann sich diese eigentlich „giftigen" Kräfte ihres Unbewussten zunutze machen. Sie hat erfahren, wie viel Energie in ihnen steckt und ist zur Raserei fähig, die sie wiederum in tiefere Wahrnehmungsbereiche führen kann. Sie hat Kontakt mit einem Seelenanteil, den viele andere aus ihrem Leben ausklammern. Das zeichnet sie aus und hüllt sie andererseits in eine gewisse Unheimlichkeit: wer sich vor seinen Schattenanteilen fürchtet, hat Angst, ihr zu begegnen. Die Seherin ist die „ver-rückte" Weise, wütend, rasend, heftig begehrend, leidenschaftlich. Sie trinkt rauscherzeugende Substanzen, isst giftige Pflanzen, um in verborgene Inhalte einzutauchen. Sie kann verschlossene Räume betreten, weil sie es schafft, die sogenannten Tabus zu durchqueren. Ist sie angekommen, kann sie aus dem Schicksalswasser Einsichten schöpfen, die aus dem „Außer-sich-sein" resultieren. Es ist die orakelhafte, göttliche Stimme, die sie nun vernimmt und die aus ihr spricht: völlig losgelöst von der „normalen" Wahrnehmung, eine bewusstseinsüberlegene Kraft, die durch das Durchbrechen der Tabus frei wird.

Die Seherin versteht es auch, bewusst zu träumen. Sie kann selbst in der Betäubung wach bleiben und sucht den Tiefschlaf, um die darin verborgenen Geheimnisse und Heilkräfte zu finden. Hierfür braut sie in ihrem Zauberkessel die entsprechenden Getränke wie den Trank des Vergessens, der ekstatischen Glückseligkeit, des Zaubers. Diese Getränke konnten das Bewusstsein außer Kraft setzen, damit das Unbewusste aufwachte, waren aber auch gefährlich, da sie demjenigen, der nicht damit umzugehen wusste, den Wahnsinn oder gar den Tod bringen konnten. Da die Seherin mit den Giften vertraut ist, ist sie auch mit der Heilkunst vertraut. Hat sie die Grenzen überschritten und ist von der anderen Seite zurückgekehrt, kennt sie auch die Heilmittel, die Gegengifte. Schamanistische HeilerInnen sind heute noch Medizinfrauen, ÄrztInnen, ZauberInnen und WahrsagerInnen in einem. Als SchamanIn gilt, wer es geschafft hat, körperlich zu sterben und wieder aus eigener Kraft ins Leben zurückzukehren.

Die Seherin hat auch eine eigenwillige Einstellung zur Sexualität. Sie, die gelernt hat, alle ekstatischen Zustände zu nutzen, verbindet sich mit der transpersonalen Kraft des Männlichen, um ihren Zauber aus der Verschmelzung zu wirken. Für sie findet die Vereinigung auf der tiefsten Seinsebene statt. Sie reitet auf ihrer Leidenschaftlichkeit in die Selbstvergessenheit, um darin bewusst zu bleiben und den Anschluss an die Quelle zu finden.

Wir brauchen die Kraft der Seherin, der Skorpionenergie, um tiefer einzutauchen. Es gibt im Unbewussten viele magische Wirkweisen, die, solange sie nicht bekannt sind, zu unbeherrschten, irrationalen Reaktionen führen, Ängste, Hass und Zorn hervorrufen und zerstörerische Tendenzen freisetzen. Es ist schwer, die Ursachen zu erkennen, weil manche Prozesse vom Bewusstsein allein einfach nicht gesteuert werden können. Alle Süchte und

Abhängigkeiten wohnen in diesem schwer zu betretenden Teilbereich der Seele. Durch Trancetechniken, Hypnose oder Tiefenpsychologie kann jener Teil erschlossen werden. Bewusstheit über das, was magnetisch in uns wirkt und unser Erleben mit einer bestimmten Atmosphäre bezaubert, führt in die Freiheit. Dazu ist es allerdings notwendig, Tabus zu brechen und sich z.B. bewusst in die persönlichen Schambereiche und ausgesprochenen und unausgesprochenen Verbote hineinzubegeben. Nur wenn ich keine Angst davor habe, mein Gesicht zu verlieren, kann ich zulassen, dass ich ganzheitliche Erfahrungen sammle. Denn die verdrängten und unterdrückten Seherinkräfte verleihen meinem Erleben Macht. Ohne diese Macht kann ich nichts Echtes bewirken, bleibt immer ein Teil von mir unbefreit, teilnahmslos und führt damit ein nicht integriertes Eigenleben. Es entstehen dann die inneren Konflikte, die miteinander kämpfenden Persönlichkeitsanteile, die zu keiner Einigung kommen, das Gefühl der Unwahrheit und der Leere, die Aufspaltung von Gut und Böse. Mit der Integration der Seherin kann ich es immer wieder wagen, mich über die Grenzen meiner Erfahrung hinauszubewegen. Ich brauche dazu aber den Mut, es auszuhalten, vielleicht nicht geliebt zu werden, oder muss sogar Ablehnung in Kauf nehmen. Die Seherin kann Rollen und Muster dadurch auflösen, dass sie Illusionen mit ihrer Wildheit durchschneidet. Ihre Welt ist die der reinen, der ungebändigten, der aggressiven, der besessenen, der unkontrollierten Kräfte der Nacht. Sie kennt das sogenannte „Böse“ und hat es besiegt, indem sie sich angstfrei damit identifizierte und erkannte, in der Essenz ist dieser Wahrnehmungsbereich auch leer, rein, einfach Kraft, die zum Leben dazugehört. Weil sie hineinging, ohne Widerstand zu leisten, konnte sie auch auf der anderen Seite wieder herauskommen: gereinigt, mit der Schattenkraft als Verbündeter, mit der Erkenntnis, dass ihre innere „Hölle“ nur solange gefährlich ist, wie sie sie meidet. Durch ihre Reisen gewinnt sie Weisheit, Wärme, Selbstsicherheit und Stärke, wenn nicht gar Unsterblichkeit.

Jede Angst, der wir im Inneren begegnen, ist eine Türe zum Reich der Seherin, wenn wir uns wagen, ihr nachzugehen, bzw. uns nicht aufhalten lassen, sondern hineingehen. Denn jede Angst ist eine Grenze, die wirkliche Erfahrung verhindert, sie bewirkt Trennung und Stagnation.

Die tiefen Ängste, die unser Wesen beherrschen, können auch vom Gesang der Seherin befreit werden. Ihre Stimme und ihre Instrumente sind archaisch. Sie benutzt Trommeln und Flöten, die sie wahrscheinlich selbst baut und mit ihrer persönlichen Magie belebt. Sie schreit, tobt, wütet beim Singen, sie stößt einzelne Laute aus, bis sich vielleicht aus dem Fluss ein Rhythmus bildet. Die Klänge kommen aus ihrem Unterleib, aus dem Wurzelchakra, aus der Welt des tiefen Unterbewusstseins, in der jede Bewegung eine magische Wirkung und Auswirkung hat. Weil sie sich nicht scheut, das, was sie dort antrifft, auszudrücken, wird sie frei und findet letztlich das, was auf dieser tiefen Ebene heilen kann. Ihre Heilmittel sind ungewöhnlich. Vielleicht durchschneidet ein schriller Schrei die Angst, weil der Schrecken bewirkt, dass Raum entsteht. Vielleicht ist es auch ein tiefes Gurgeln oder ein Stöhnen, das blockierte Angst freisetzt. Da die Seherin frei ist von persönlichem Machtstreben, kann sie bei anderen umso leichter spüren, worin sie gefangen sind. Weil sie sich nicht scheut hinzuschauen, kann sie auch ihre Gegengifte einsetzen, die sich meist gar nicht von dem unterscheiden, was der andere fühlt. Ihr Erfolg liegt darin, dass sie perfekt empfangen und spiegeln kann, was den anderen gefangen hält. Indem er sich wiederum in ihr erkennt, wird er frei, auch wenn es schmerzhaft ist, was er sieht.

Die Skorpion-Energie oder Seherin kann sehr grausam sein, denn immer ist sie mit den tiefen Ängsten und Fesseln beschäftigt, die uns innewohnen. Sie möchte diese ans Licht bringen, verwandeln, befreien und weiß aber auch, dass der Weg dahin nur durch die bewusste Wahrnehmung des damit verbundenen Schmerzes einhergeht. Ihre tiefe Liebe wirkt manchmal wie Hass, denn wir wehren uns dagegen, zuzugeben, dass wir das Schattenreich in uns tragen. Wenn sie uns spiegelt, dass wir keine „guten" Menschen sind, sind wir erst mal schockiert. Doch dann kann die Erleichterung kommen, es macht gar nichts. Es ist in Ordnung. Es ist einfach ehrlich.

Der Weg, der zur Seherin führt, ist ein ganz feiner Faden, von dem man jeden Moment wieder herunterfallen kann, weil die kleinste Unaufmerksamkeit in neue Verstrickungen und Abhängigkeiten führt. Je tiefer die Liebe, desto größer auch die Angst, diese wieder zu verlieren. Und genau dahin führt ihr dunkler Weg - in die Freiheit hinter den Abhängigkeiten, dort, wo es keine Worte gibt, aber jede Menge gewaltiger Energie.

- Deutung der Karte auf drei Ebenen -

Seherin weiß

Deine Leidenschaft zum Leben ist erwacht. Wahrscheinlich spürst du eine innere Unruhe und hast Angst, dich von ihr in neue Erfahrungen führen zu lassen. Vielleicht bist du auch einfach sehr wütend zurzeit und richtest deine Aggressionen entweder gegen dich oder andere. Du spürst, dass nichts so richtig stimmt. Etwas fehlt. Möglicherweise du bist erstarrt, zu Tode erschrocken, dein Rapunzelturm droht einzubrechen. Wenn es nichts mehr gibt, wohin du gehen kannst, ist es Zeit, dich deiner inneren Wirklichkeit zu stellen. Welcher Giftstachel sitzt in dir und bohrt sich ins Freie? Weshalb bist du so tief verletzt, dass es dir nicht mehr gelingt, Vertrauen zu zeigen? Etwas in dir braucht dringend Heilung. Doch vorher musst du loslassen, die Kontrolle aufgeben. Es gibt nichts mehr, was du tun könntest. Die Seherin in dir möchte aufgesucht werden. Richte deine Aufmerksamkeit ganz nach Innen, beobachte eine Zeitlang deine Träume, deine Tagträume und das, was dir Angst macht. Versuche, allen diffusen Gefühlen einen Ausdruck zu geben, sie zu trommeln, zu singen, zu flöten. Beobachte, was sich dann ändert. Der Weg hinein wird auch wieder heraus führen, wenn du es schaffst, deine Hoffnung darüber aufzugeben, dass du etwas festhalten kannst, was schon im Begriff ist, sich zu verändern.

Seherin rot

Du fühlst dich voller Energie, voller sexueller Anziehungskraft, als Magierin deines Lebens. Eine Angst aus der Vergangenheit ist von dir gewichen und dadurch steht dir nun eine Menge Energie zur Verfügung. Wahrscheinlich erlebst du gerade eine wunderbare Zeit mit deinem Partner und durch eure Begegnung potenziert sich noch die Kraft. Zurzeit ist es dir ein leichtes, verbindliche Begegnungen zu arrangieren, die etwas bewirken können. Mach dich auf und suche diese Verbindungen. Die Weisheit der Seherin ist in dir erwacht, und du kannst von ihrem tiefen Wissen inspiriert werden, wenn du es wagst, weitere Tabus zu durchbrechen. Übernimm aktive Verantwortung für deine Sexualität. Werde dir bewusst darüber, welche Wirkung du auf andere hast und welcherart die Bindungen sind, die daraus entstehen. Du kannst jetzt dein Leben vollkommen verwandeln, denn du stehst an der Schwelle und deine Wahrnehmung ist klar und tief genug, um zu erkennen, was dich zum Erfolg führen wird. Versuche, Unaussprechliches zu formulieren, damit du dir noch klarer wirst. Die Quelle in dir sprudelt über: nimm die daraus entstehenden Einsichten dankbar entgegen.

Seherin schwarz

♏

Dein intuitives Gespür ist fein ausgebildet. Du erkennst Zusammenhänge und bist in der Lage, zwischen den Zeilen zu lesen. Nichts entgeht derzeit deiner Aufmerksamkeit. Weil du gelernt hast, deine Schattenseite zu integrieren, fällt es dir nicht schwer, auch andere in ihrer Gesamtheit anzuerkennen. Du bist eine wirkliche Heilerin, die sich auf ihr Gespür verlassen kann und die bisweilen Zugang zu außersinnlichen Wahrnehmungen hat. Deine Methoden sind ungewöhnlich. Wahrscheinlich hast du einen ganz persönlichen Stil entwickelt und arbeitest mit dem, was du aus deinem inneren Raum empfängst. Jetzt ist der Zeitpunkt gekommen, wo du dich getrost von erlernten Methoden trennen kannst. Du bist selbst zur Seherin geworden, die ganzheitlich erfassen kann, was im Moment für jemand anderes wichtig ist. Deine eigenen Bedürfnisse sind dir bewusst, und du kannst sie dir erfüllen, weil du ihnen ihre Berechtigung zusprichst. Dein ganzer Körper ist Magie, die du als starke Kraft in dir wahrnehmen kannst. Vielleicht ist es gut, der Seherin in dir ein Opfer zu bringen, ein kleines Ritual auszuüben, was die Verbindung zwischen deiner bewussten Wahrnehmung und ihrer inneren Stimme stärkt. Opfere ihr etwas, das dir lieb ist, eine Gewohnheit oder Ansicht, die du dir aus deinem Leben nicht wegdenken kannst und schau, was passiert...

Schütze

...regieren...

...den Thron besteigen ... sich erheben...

Die große Göttin sitzt auch als Berg oder Hügel auf der Erde und verbindet sich so mit dem Himmel. Der sich über alles andere erhebende Berg ist Göttinnensitz: der Thron, auf dem sich die Gottheit niederlässt, um auf die Erde herabzusteigen, um Kraft ihrer Gesetze zu regieren. Blitz- und Donnergötter konnten sich an diesem Ort mit der Erde verbinden, und auch die Priesterinnen fanden auf der Bergspitze zu ihrer göttlichen Kraft. Das Sitzen an sich bedeutet symbolisch (nach Erich Neumann) auch in Besitz nehmen, ansässig werden, Besitz ergreifen. Er assoziiert mit der großen Mutter den Thron an sich und ihr Schoß birgt das Kind, das diesem entsprungen ist, nimmt es an und adoptiert es. Isis bedeutet auch der Sitz. Macht bekommt einer verliehen, sobald er den Thron besteigt. Die Repräsentanten werden nun von der Göttin „auf den Schoß" genommen. Ursprünglich war der Thron die Göttin selbst. In Tibet ist noch heute Sitte, dass sich die Sitzhöhen der geladenen Gäste an deren Rang orientiert. Je höher ein Mensch angesehen wird, je mehr er realisiert hat, desto höher seine Sitzposition. Ein Mensch, der einen Thron besteigt, sitzt über den anderen. Er wird so besser gesehen und hat auch selbst den größeren Überblick. Auf dem Thron zu sitzen, verleiht Respekt und Macht, überdies überträgt diese Position größere Verantwortung und Autorität. In Erinnerung an die ursprünglich menschliche Form des Thrones, des erhöhten Sitzes, sprechen wir noch heute von Armen, Beinen und Rücken, wenn wir die Teile eines Sessels beschreiben. Der Thron, der Sitz, ist auch Inkarnationsstätte der Göttin. Dort, wo er sich befindet, erscheint sie, um ihre Regentschaft anzutreten.

Krönungszeremonien beinhalten, dass Regierenden eine Krone aufgesetzt wird. Das Haupt trägt nun einen besonderen Schmuck, d.h. der Geist ist zum einen nicht mehr mit persönlichen Interessen beschäftigt, sondern dient nun einer besonderen Macht, sowie dadurch die Verbindung nach oben hergestellt wird. Göttinnen, Götter und KönigInnen tragen häufig eine Krone, einen Haarschmuck oder die Frisur ist nach oben zusammengefasst. Damit wird das Scheitelchakra verlängert und kanalisiert, angeschlossen an die Energie des Himmels, welche Macht und Einsicht verleiht. Ebenso leitet sich der Kopfschmuck ab von der ursprünglichen rituellen Haltung mit erhobenen Armen, die zur Identifizierung mit der Gottheit eingenommen wurde.

Regierende zeichnen sich aus durch ihre Präsenz, sie haben keinen Zweifel daran, am richtigen Ort zu sitzen und verfügen über das Recht, diesen Ort in ihren Besitz zu nehmen. Weil sie sich mit ihrem Regierungssitz und dem daran angeschlossenen Lebensraum identifizieren, können sie die Führung übernehmen. Eine gute Herrscherin kennt die Bedürfnisse ihres Volkes, die realen Konflikte und Probleme und bemüht sich, Lösungen zu finden, die das Reich mit Gesundheit und Fülle versorgen. Sie ist angeschlossen an die Weisheit der göttlichen Kraft und überträgt, was sie durch ihre Visionen empfängt, auf die irdischen Existenzen. Früher waren KönigInnen Göttern gleichgestellt und wurden auch als solche verehrt.

So lässt sich das Schützeprinzip gut verdeutlichen. Führungskraft ist gleichbedeutend mit großer Ausstrahlung. Sie entsteht aus gesundem Selbstvertrauen, Zweifelsfreiheit und aus einem einer Person natürlich innewohnenden Weitblick, einer Vision, die ihr die Fähigkeit verleiht, eine positive Zukunft zu visualisieren und dann darauf zuzuarbeiten. Eine Führungspersönlichkeit ist zum einen in gutem Kontakt zu den Menschen, die sie leitet, und zum anderen besitzt sie eben etwas, das sie von ihnen unterscheidet: eine Vision, die diese auf ein gemeinsames Ziel hin zu sammeln und zu organisieren versteht. Außerdem besitzt sie Risikobereitschaft und vielleicht auch eine größere Hingabebereitschaft, denn um führen zu können, muss man sich auch selbst leiten lassen können. Die Schütze-Regentin, die ihren Thron bestiegen hat, verfügt über solche Eigenschaften. Sie hat in sich genug offenen Raum geschaffen, der sie empfänglich für ihre visionäre Kraft macht und besitzt ausreichendes Vertrauen in ihre innere Führung. Sie kann die Stimme der Weisheit von den Eingebungen, die ihrem persönlichen Erleben eine Richtung geben, unterscheiden und ihr Gewicht verleihen. Dadurch bekommt ihre Rede besondere Kraft, die wiederum Wirkung auf andere hat. Sie ist auch Lichtbringerin, denn aufgrund ihrer klaren Konzentrationskraft vermag sie es, zu konzentrieren und weiterzugeben. Andere fühlen sich von ihrer positiven Ausrichtung angezogen und inspiriert. Sie hinterlässt einen Eindruck, denn sie scheut es nicht, im Mittelpunkt der Aufmerksamkeit zu stehen und sich sichtbar über andere zu erheben. Wenn sie frei ist von Selbstsucht und dem Versuch, sich zur Schau zu stellen, dann springt ihr charismatischer Funke auf andere über. Sie wird zur Repräsentantin der Gemeinschaft, die sie zu begeistern weiß. Sie ergibt sich daraus, dass eine Gruppe von

Menschen Verantwortung für ein gemeinsames Interesse übernimmt. Die Schütze-Regentin bietet auf der einen Seite Schutz, denn sie übernimmt freiwillig die Hauptverantwortung. Sie hat bei ihrer „Inthronisierung" das Versprechen gegeben, ihrer Vision zu folgen, das gemeinsame Ziel über persönliche Belange zu stellen. Damit verbunden ist aber auch, dass sie ihr Privatleben aufgibt, denn nun steht sie unter ständiger Beobachtung. Ihre Rolle oder Position verlangt von ihr Beispielhaftigkeit und Vorbildlichkeit. Als Herrscherin kann sie sich Respekt verschaffen, Ruhm erwerben und ist sie dem Erfolg verpflichtet, denn ihr Auftrag ist, denen, die sie anführt, Licht und Fülle zu bringen. So erklärt sich auch ihr großes Interesse an Fortbildung und ihr philosophisches Verständnis, denn sie spürt, dass ihr andere nur folgen werden, wenn sie selbst dem eingeschlagenen Weg fest verpflichtet ist und nicht stillsteht. So bildet sie immer größere Sicherheit aus, die sich auf die, die sie leitet, überträgt.

Kommt die Schütze-Regentin vom Weg ab, dann sind ihr eine gewisse Eitelkeit und der Hang zur exhibitionistischen Selbstschau nicht abzusprechen. Sie ist dann davon „besessen", andere zu überzeugen, das Heil zu verkünden, das sie selbst noch nicht gefunden hat und sich den Thron zu erkämpfen, obwohl ihr die Vision fehlt. Sie beherrscht dann, anstatt zu führen und besetzt den Raum, der eigentlich anderen zusteht. Einsamkeit und Größenwahn sind die Folge dieser Fehlhaltung.

Findet sie wieder zurück zu der Vision, dann strahlt Großmut und Großzügigkeit aus ihrem Herzen, denn die Regentin hat verstanden, dass Fülle durch selbstlose Investitionen entsteht. Mit ihrer Lebendigkeit und Wärme kann sie ihre Umgebung beleben. Ihr großes Weisheitswissen macht sie zu einer guten Lehrerin, die andere an ihren Visionen mühelos teilhaben lässt. Die Regentin ist in der Lage, Unterstützung und Zutrauen zu vermitteln, weil sie sich selbst auf die Unterstützung, die sie durch ihre Verbindung mit den Kräften des Himmels erfährt, verlassen kann. Ihr zentrales Verhalten entspringt einem einmal ausgesprochenen **JA** zum Leben, zu ihrer Aufgabe und der Verpflichtung, mit der sie versprochen hat, ihr „Volk" zu führen und zu leiten. Ihr wird so große Stärke verliehen, die weiter zunimmt, während sie ihren Visionen Gestalt gibt, indem sie diese verkündet und dafür sorgt, dass sie sich manifestieren.

Die Schütze-Regentin ist also Visionärin, Prophetin, Verkünderin und Führende in einem. Sie arbeitet an Gesetzen, die ihr Reich schützen und die Zusammenarbeit gewährleisten. Immer in Kontakt mit dem übergeordneten Zusammenhang und denjenigen, die sie anführt, ist sie auch Mittlerin zwischen Himmel und Erde. Ohne den Regentinnenaspekt könnten wir nicht über uns selbst hinauswachsen oder einem Projekt zur Blüte verhelfen, denn ohne Begeisterung oder Überzeugungskraft lässt sich kein Ziel durchsetzen. Deshalb ist die Regentin auch zu großer Freude fähig und eine Meisterin im Organisieren von Festlichkeiten. Ihr Ritual ist die Zusammenkunft, die der Danksagung dient. Alle Dankfeste unterstehen ihrer Obhut.

Um den Regentinnenaspekt in uns zu kultivieren, können wir zum Beispiel inspirierende Vorträge, Ausstellungen, Konzerte, Seminare oder ähnliches besuchen. Die Teilnahme an einem Kulturevent versorgt mit der nötigen Begeisterung und der Vision der Gemeinsamkeit, erweitert zu enge Sichtweisen, die sich durch die Gewohnheit des Alltags einstellen. Auch Reisen an unbekannte Orte können den Regentinnenaspekt hervorrufen, denn dort muss man gezwungenermaßen die Führung übernehmen, um klarzukommen. Die Regentin in uns lehrt, Verantwortung zu übernehmen, aktiv teilzunehmen und das Drehbuch selbst zu schreiben, nachdem das Ziel gefunden wurde. Das Ziel findet sie, indem sie sich ihren Visionen öffnet, sich empfangsbereit auf Inspiration einstellt und erst einmal zu Ende träumt, wohin sie gerne möchte, ohne sich von Zweifeln zurückhalten zu lassen. Sie ist der Aspekt, der aufbricht, weil er eine Überzeugung hegt, die er als gut erkannt hat und die er anderen nahe bringen möchte. Die Regentin nährt sich vom Fortschreiten. Ihre Stärke nimmt zu, je weiter sie sich vorwagt. Sie erlebt die Welt als Fülle von Möglichkeiten, die sie wahrnimmt, um ihr Ziel zu erreichen, nämlich das Licht in die Welt zu tragen, das die Dunkelheit der persönlichen Begrenztheit durchbrechen kann. Aus ihrer Sicht heraus gibt es keine Einzelnen, sondern Verbände von Gleichgesinnten, die sich gegenseitig in gemeinsamer Sache unterstützen. Um die Einzelnen daran zu erinnern, verkündet sie unermüdlich mit allen ihrem freien Geist zur Verfügung stehenden kreativen Mitteln das Ziel und scheut sich nicht davor, dafür den Thron zu besteigen, der überall sein kann, wo sie beschlossen hat, ihren „Sitz“ einzunehmen.

- Deutung der Karte auf drei Ebenen -

Regentin weiß

Du bist aufgerufen, deinen Weitblick einzuschalten. Dein Geist sehnt sich nach mehr Freiheit, nach einem Ziel, auf das du dann, wenn du es gefunden hast, hinarbeiten kannst. Im Moment ist deine Welt zu klein für dich geworden. Du wirst so, wie du gerade lebst, nicht genug gefördert und gefordert und Lethargie droht einzusetzen. Es ist an der Zeit, einige Risiken einzugehen, damit du „größer" werden kannst. Wachstum beinhaltet auch Wissenserweiterung. Zu welchem Thema möchtest du gerne mehr lernen? Gibst du dir selbst und anderen genug Raum? Sind die Botschaften, die du verkündest, authentisch? Wahrscheinlich fühlst du dich gerade ziemlich frustriert, weil dir die Begeisterung für dein Leben fehlt. Suche nach Angeboten, die dich wieder inspirieren können, geh ins Kino, zu einem Konzert oder zu einer anderen Veranstaltung. Du brauchst mehr lebendige gemeinschaftliche Erlebnisse. Anstatt um das zu trauern, was dir fehlt, könntest du dich auf das berufen, was du hast und darauf aufbauen. Suche nach Gleichgesinnten, mit denen du dich gemeinsam weiterentwickeln kannst. Nimm dir Zeit, um deine inneren Utopien auszuformulieren, damit du wieder an etwas glauben kannst, für das es sich zu leben und einzusetzen lohnt.

Regentin rot

In dir hat sich ein klares Ziel formuliert, nur ist dir der Weg dahin noch nicht ganz klar. Bleibe mit deiner Aufmerksamkeit noch eine Weile bei der Vision. Formuliere sie aus, male sie oder sprich darüber. Es ist wichtig, dass du Menschen findest, die dich unterstützen. Finde heraus, was die genauen Bedürfnisse deines engeren Umfeldes sind. Wenn du darüber Klarheit hast und genau hinhörst, weißt du auch, in welche Richtung dich dein Weg führt. Denn die anderen sind immer auch ein Spiegel für dich selbst. Vielleicht entdeckst du, dass du Antworten für sie hast. Dann kannst du auch genauso gut Verantwortung übernehmen und sie führen. Wage dich mit deinem Weisheitswissen in die Öffentlichkeit. Biete an, was du zu geben hast. Je mehr Schritte du unternimmst, desto weiter kannst du dich vorwagen. Du bist weise und umsichtig genug, um deine Kraft nicht zu missbrauchen. Die Welt wartet auf dein Angebot. Tritt aus der Anonymität der Unsichtbarkeit heraus und erlaube dir, zu wachsen. Im Moment ist es angesagt, deine Kräfte im offenen Wettbewerb zu messen, damit du deine Lebenstechnik verfeinern kannst. Du weißt genug. Du kannst dich der Öffentlichkeit stellen. Das Glück folgt auf dem Fuße.

Regentin schwarz

Weise und umsichtig erfüllst du deine Vision. Du hast eine Menge Selbstvertrauen bekommen, dadurch, dass du ein Risiko eingegangen bist. Deine Stärke strahlt aus dir heraus und du kannst eine Menge Verbündete hinzugewinnen. Alles in dir drängt nach Wachstum. Vertraue deiner inneren Führung und richte deine Ziele immer wieder auf dein spirituelles Wachstum aus. So wie du in zunehmendem Maß Verantwortung übernimmst, kannst du auch andere erreichen, die es ebenfalls können. Schließe dich mit den Starken zusammen und führe die Schwächeren. Damit erfüllst du deine Aufgabe gut. Unternimm keine Alleingänge. Im Moment ist die kreative Gemeinschaft mit der gegenseitigen Unterstützung, die sie zu bieten hat, wichtiger als Vereinzelung. Alleine kannst du nicht schaffen, was dir vorschwebt. Werde zu einer eingebundenen Regentin, die ihr Reich nach ihren Überzeugungen regiert, aber mit den anderen Regentinnen in regem Kontakt steht. Dein Organisationstalent und kreativer Geist macht dich zu einer fähigen Selbstständigen oder freien Mitarbeiterin. Arbeite weiterhin an deiner Freiheit. Begib dich nicht in Abhängigkeiten. Du kannst einen großen Schritt nach vorne wagen, wenn dir klar ist, wie ein volles Leben für dich aussieht. Arbeite mit deinen Visionen, indem du sie ins Leben trägst.

Steinbock

...bauen...

...bergen...

Aus der bergenden Höhle, die sich dem oppositionellen Krebszeichen zuordnen lässt, entwickelten sich Dolmen, Tempel und Haus, Hütte, Vorratshaus, Dorf und Stadt, heilige Bezirke, die Gräber, Labyrinthe und Steinkreise, „Bauwerke", die durch die Kraft der Menschen errichtet wurden. In ihrer Architektur bildeten sie die Strukturen der verehrten Göttin nach, um so bergenden Schutz zu gewähren. (Eigenschaften der Steinbockenergie). Tor und Türe waren gleichsam der Schoß der Göttin, durch den man das Innere ihres Körpers betrat, um dort im geschützten Raum abgeschlossen in Sicherheit zu sein. Weitere entsprechende Schutzsymbole des Weiblichen sind alle Hüllen (Kleider), Schirme und Schilde. Der Steinbock-Energie lässt sich der Architektin oder Baumeisterin zuordnen, welche Strukturen entwerfen und bauen, die Menschen und ihre Habseligkeiten bergen oder Raum zur Verwandlung (Grabesstätten) bieten. Die Baumeisterin ist zunächst davon motiviert, etwas zu bergen und zu bewahren. Aus diesem Grund beschäftigt sie sich mit Tätigkeiten, die dem Schutz dienen, auch mit Flechten, Knüpfen und Binden, Lederverarbeitung u.ä. Sie entwirft sichere Behausungen, Unterweltshäuser, die die Toten bis zur Wiedergeburt aufnehmen und Oberweltshäuser, die Schutz bei den alltäglichen Arbeiten gewähren. Die ersten Häuser entsprachen in ihrer Struktur den der Göttin geweihten Tempeln. Sie waren kreisförmig angeordnet und konnten somit umrundet werden, genauso wie die heiligen Stätten. Im Zentrum des Runddorfes befand sich dessen Heiligtum. Angelegte Labyrinthe wiederum waren Einweihungswege, die zur zentralen Begegnung mit der Göttin führten, auf die man sich tanzend oder kriechend zu bewegte, um dann von ihr verwandelt zu werden. Dolmen waren Tore, die mit der Wiedergeburt durch den weiblichen Schoß in Verbindung standen. Überquerte man deren Schwelle, war man verwandelt oder erfuhr Heilung.

Dem Steinbock zugeordnet ist die Zahl sieben, die wiederum der Struktur der Mondphasen entspricht. (Sieben Tage = eine Mondphase: zunehmend, abnehmend, voll und neu = 4 x 7 = 28 Tage, ein Monat). Ishtar durchquert sieben Tore bei ihrer Unterweltsfahrt. Osiris besitzt sieben Hallen in der Unterwelt, zu denen sieben Tore führen. Im ägyptischen Totenbuch sind es dreimal sieben, also einundzwanzig Tore der Unterwelt, die die Seele durchschreitet, bis sie in eine neue Wiedergeburt geführt wird. Jedes dieser Tore repräsentiert einen Aspekt der Göttin, die durch ihre einundzwanzig Aspekte in ihrer Gesamtheit ausgedrückt wird. Auch die tibetische Mutter aller Wesen, Tara, besitzt einundzwanzig Aspekte.

Die Baumeisterin war mit diesen Rhythmen vertraut und strukturierte ihre Gebäude nach kosmischen Berechnungen. Häufig legte sie dabei den Siebener-Rhythmus zu Grunde. Sie errichtete Strukturen, die eingebunden waren in die kosmischen Gesetze und gleichzeitig Halt gaben. Ihre Baukunst war sowohl himmlischer Spiegel als auch irdische Manifestation. Dem irdischen Geschehen diente sie, indem sie den Raum begrenzte, dergestalt, dass etwas darin aufbewahrt werden konnte, dieser Schutz bot oder in ihm die lebenswichtigen Rituale abgehalten werden konnten, die die Seele über den Tod hinaus mit der Unterwelt verbanden. Eine der Hauptaufgaben ist damit, Strukturen einzurichten, die einer gesunden Entwicklung Raum geben. Um ihre Aufgabe zu erfüllen, benötigt die Baumeisterin Weisheit, Einsicht in die kosmischen Gesetzmäßigkeiten und die Fähigkeit, Berechnungen zu erstellen und auf einen Bauplan zu übertragen. Sie ist mit den zyklischen Rhythmen des Entstehens und Vergehens vertraut. Ihre Tätigkeit des Bauens gibt Halt und strukturiert den Lebensraum so, dass darin beispielsweise alle alltäglichen Arbeiten verrichtet werden können. Die Baumeisterin kennt die von der Erde gebotenen Materialien und weiß diese sachkundig zu verarbeiten. Sie kann Stein behauen, mit Lehm verbinden, Dächer flechten, Holz bearbeiten und Pflanzen verwerten, um daraus die Lebensräume zu errichten. Des Weiteren besitzt sie die Fähigkeit, das fertige Produkt zu visualisieren, zu planen, um dann schrittweise an seiner Entstehung zu arbeiten. Ihre Projekte sind langfristig angelegt, nicht selten überdauern sie eine oder mehrere Generationen. Die Baumeisterin kennt die Zeit in ihren unterschiedlichen Erscheinungsformen, kennt die Bedingungen, denen ihre Existenz unterliegt und kann deshalb Strukturen errichten, die diese überdauern. Ihr inneres Wesen ist einfach, klar, logisch und orientiert sich an dem, was sie sieht. Sie misst, wägt ab, beobachtet und berechnet, um dann daraus etwas Nützliches zu bauen.

Ihr sind die einzelnen Schritte, die zum Ziel führen, klar. Sie geht bedächtig vor, sorgsam, sucht einen Stein aus, der zum anderen passt und prüft, ob sie sich gegenseitig so viel Halt geben, dass weitere darauf gebaut werden können. Erst dann setzt sie ihre Arbeit fort. Hat sie ein Konzept entworfen, von dem sich herausstellt, dass es sich nicht bewährt, dann fällt es ihr nicht schwer, zum Anfang zurückzukehren und neu zu beginnen, denn sie vermag aus ihren Fehlern zu lernen. Die Baumeisterin ist durch ihre Aufgabe ständig Prüfungen ausgesetzt. Hat sie bestanden, hat auch ihr Projekt Bestand und bewährt sich im Leben. „Durchgefallen“ bedeutet, dass ihre Struktur nicht trägt, keinen Halt gibt und zusammenfällt. Beide Möglichkeiten kann sie direkt erfahren und braucht nicht lange auf das Ergebnis zu warten. Die Baumeisterin befindet sich also in einem stetigen, langsamen Fluss. Während sie geht, errichtet sie und prüft, ob die Struktur auch trägt. Sie hinterlässt dabei „Gebäude“, die ihre Lebenszeit überdauern können. Ihre Taten haben auch in der Zukunft Bestand. Manch einem mag die Baumeisterin konservativ und unspontan erscheinen, weil sie sich auf nichts einlässt, was „wackelig“ ist. Vielleicht wirkt sie auch berechnend und kühl, fast unnahbar, denn ihre Aufgabe verlangt ein hohes Maß an Konzentrationskraft und ungeteilter Aufmerksamkeit. Die große Verantwortung, die sie trägt, ist ihr bewusst. Denn stürzt ihr Gebäude ein, werden viele in Mitleidenschaft gezogen. Aus diesem Grund überprüft sie lieber zweimal ihre Handlungen. Dies gilt auf allen Ebenen ihres Lebensweges. Die Baumeisterin ist der Wahrheit verpflichtet. Um diese zu finden, muss sie stetig die Spreu vom Weizen trennen und auch verzichten lernen. Sie kennt das Geheimnis der inneren Kraft, die zunimmt, je mehr sie sich auf ein einzelnes Projekt konzentriert und sich diesem verpflichtet. Große Verantwortung verleiht auch große Kraft, die aus schwierigen Prüfungen erwächst. Die Baumeisterin ist kompetent. Ihre Kompetenz erwächst aus dem Wissen, dass sie Langstrecken gemeistert hat, Schwierigkeiten begegnet ist, und Schlüsse daraus gezogen hat, Schritte einleitend, die sie allmählich zum Ziel führten. Sie kennt auch Durststrecken, in denen von ihr gefragt ist, zu verzichten, sich zu bescheiden, weil es Hindernisse zu überwinden gilt oder weil sie sich über ihre Grenzen hinaus mit höheren Mächten verbinden muss, um weitermachen zu können. Weil ihr dies bewusst ist, wohnt ihr eine demütige Haltung inne und Bescheidenheit. Ihre Pflicht nimmt sie sehr genau, und genau diese Eigenschaft verleiht ihrem Wesen Struktur und leitet sie auf ihrem Weg, den sie in ihrer klaren, kühlen Art beschreitet.

Die Baumeisterin, wie alle anderen weiblichen Aspekte, trägt auch ein polares Wissen in sich. Weil ihr der Tod vertraut ist, kennt sie den Weg, für den sie sich im Leben verpflichtet hat. So bekommt sie verschiedene Fähigkeiten verliehen, unter anderem Ausdauer, Zielstrebigkeit, Zähigkeit, Enthaltsamkeit, Genauigkeit, bedächtige Achtsamkeit und ein hohes Maß an Verantwortungsbewusstsein, das Folgekonsequenzen in Betracht ziehen kann. Ihre Gefühlswelt hat sie unter Kontrolle, denn auch sie untersteht ihrer prüfenden Wachsamkeit. Mit Glück verbindet sie, wenn sie ihre Aufgabe erfüllt und etwas geschaffen hat, das von Dauer ist.

Entfernt sich die Baumeisterin von ihrem Weg, wird sie zu einer sehr kritischen Instanz, die sich selbst im Weg steht. Sie sucht dann die Perfektion im Außen, um wiederholt enttäuscht zu werden. Sie schließt Kompromisse um der Sicherheit willen, und ihre Entscheidungen trifft sie, allein um festzuhalten und zu bewahren. Sie will dann möglichst viel ansammeln, und ihre Lebensstruktur sichert scheinbar ihren persönlichen Erfolg. Dann erscheint sie kalt und materialistisch, erstarrt, als eigenwillige Alleingängerin, die sich nur schwer mit anderen verbindet und unter ihrer Isolation leidet.

Ist sie ihrem Weg verpflichtet, dann besitzt sie eine sehr klare Entscheidungskraft, die nach eingehender Prüfung direkt zum angestrebten Ziel führt und ihr Wesen strahlt uneingeschränkte Zuverlässigkeit aus. Die Baumeisterin ist dann eine Art Rückgrat ihrer Gemeinschaft, die Säule, an der sich andere anlehnen und aufrichten können. Unerschütterlich widmet sie sich der Arbeit an zuverlässigen Strukturen, die sowohl die Gemeinschaft zu ordnen vermögen als auch ihren Bauwerken Halt geben. Sie schützt und errichtet, plant und sorgt durch ihren präzisen Verstand für Klarheit. Hat sie ihr Werk vollbracht, ordnet sie sich bescheiden in die bestehenden Verhältnisse ein, denen sie sich zugehörig fühlt. Sie ist fähig, alleine Verantwortung zu übernehmen, kennt die Phasen der Einsamkeit, die sie braucht, um zu planen, zu berechnen und zu ordnen und kann sich deshalb eine innere Unabhängigkeit bewahren, die sie davor schützt, vorzeitig falsche Kompromisse einzugehen. Hat sie einmal ja gesagt, verfolgt sie ihren Weg kompromisslos bis zum Ende. So wie sie Stein auf Stein zu setzen gelernt hat, richtet sie auch ihre Schritte aus und verweilt damit ganz in der Gegenwart. Sie hat überprüft, was sie trägt und was nicht. Sie investiert ihre Kräfte in das, was der Prüfung standhielt. So baut sie Strukturen auf, die ihr Leben und das Leben anderer stützen und Halt bieten.

- Deutung der Karte auf drei Ebenen -

Baumeisterin, weiß

Du stehst an einem entscheidenden Wendepunkt in deinem Leben. Eine alte Lebensstruktur zerbricht oder du spürst, dass sie dir keinen weiteren Halt mehr geben kann. Lass es getrost zu und triff neue Entscheidungen, die dich besser ins Leben einbinden können. Nimm dir Zeit, um auf dein Lebensmuster zu blicken. Versuche, das Muster, die Struktur, der du folgst, zu erkennen. Wie viel Unterstützung bekommst du vom Leben? Ist deine finanzielle Versorgung ausreichend? Vielleicht erlebst du gerade eine Durststrecke. Dann prüfe dich selbst. Musst du nur noch ein wenig durchhalten, bis sich der Erfolg einstellt oder bist du auf dem Holzweg? Glaubst du vielleicht an die falsche Sicherheit? Hast du dich auf Menschen eingelassen, die dich nicht unterstützen können? Wann fühlst du beim Arbeiten einen Kraftzuwachs? Wann arbeitest du unter Anstrengung? Wenn dir klar ist, wodurch du Kraft gewinnst, dann entscheide dich bewusst für solche Tätigkeiten. Lass die anderen los, sie sind nur vom Ego inszeniert, weil es sich nicht traut, deinem Selbst die Führung zu überlassen. Wenn du dich im Moment alleine fühlst, dann nutze diese Zeit, um dir Klarheit über dich zu verschaffen. Welches größere Projekt schiebst du vor dir her? Welche Entscheidung möchtest du lieber nicht treffen? Du wirst sehen, ein Schritt ergibt den nächsten, sobald du dir Klarheit verschafft hast. Deine innere Baumeisterin möchte organische Strukturen errichten, die dir wirklichen Halt geben können. Höre auf ihre Botschaft und triff dann die notwendige Entscheidung.

Baumeisterin, rot

Es ist an der Zeit, Abschied von ein paar liebgewonnenen, aber dir nicht mehr dienlichen Gewohnheiten zu nehmen. Es können auch Beziehungsstrukturen sein, die nicht mehr greifen. Stell dir vor, du bist ein Gebäude mit verschiedenen Zimmern, die unterschiedliche Lebensthemen tragen. Richte sie mit dem ein, was dir wirklich zurzeit zur Verfügung steht. Schau, welches Zimmer in Ordnung ist und wo vielleicht noch etwas fehlt. Übergib das, was fehlt, der Obhut deiner inneren Baumeisterin. Welche Vorschläge hat sie, um den Mangel auszugleichen? Frage dich, auf was du getrost verzichten kannst, um das zu bekommen, was du dir wünschst. Du möchtest dich stärker einbinden in deine Lebensstruktur und mehr erden. Das wird dir gelingen, sobald du erkannt hast, was dich unterstützt. Kämpfe nicht weiter um Menschen oder Dinge, die sich von dir entfernen, sondern sei offen für das, was dir entgegenkommt. Hierauf kannst du bauen und Strukturen verfestigen, die dir Schutz geben werden und die dich stützen. Die Wahrheit ist immer einfach. Das, was ist, ist die Wirklichkeit. Versuche die deine anzuerkennen, Schwächen auszugleichen und Stärken auszubilden, indem du mehr Verantwortung übernimmst. Du kannst deinem inneren Urteilsvermögen trauen, wenn dir das Ziel klar ist, auf das du zuarbeitest. Ganz von selbst wirst du aussortieren, was nicht dazu passt, und immer klarer wird sich der Weg herauskristallisieren, der dich zum Ziel führt.

Baumeisterin, schwarz

Du hast eine Entscheidung getroffen, die dein Leben verändern wird. Die Zeit der Prüfung ist vorbei, und der Plan ist erstellt. Deine innere Baumeisterin weiß, wohin sie will und du unternimmst die richtigen Schritte. Gehe da entlang, wo man dir entgegenkommt. Der Kampf ist fürs erste vorbei. Du brauchst eigentlich nur noch wahrzunehmen, wer mit dir gemeinsam bereit ist, weiterzugehen. Hier liegt die Antwort auf deine inneren Fragen. Du brauchst jetzt nicht mehr alleine zu entscheiden, denn deine Lebensstruktur hat sich auf tragfähige Weise mit anderen kompetenten Menschen verbunden. Gemeinsam könnt ihr jetzt euer Werk verrichten und an dir liegt es, die Anforderungen, die an euch gestellt werden, gut zu koordinieren. Du selbst bist zentrales Organ, das Rückgrat der Struktur, die dich hält. Je mehr Verantwortlichkeit du zeigst, desto größer wird deine Kraft. Du bist von einem inneren Licht erfüllt, das dir den Weg zeigen kann. Du fühlst wahrscheinlich, dass es voran geht. Achte bei jedem deiner Schritte darauf, dass du dich sicher und gut aufgehoben fühlst. Richte dir die Umstände so ein, bis in dir das Gefühl entsteht, dass jetzt alles in Ordnung ist. Du brauchst dich im Moment nicht zu beeilen. Es ist wichtiger, dass du solange bei etwas bleibst, bis es für dich stimmt.

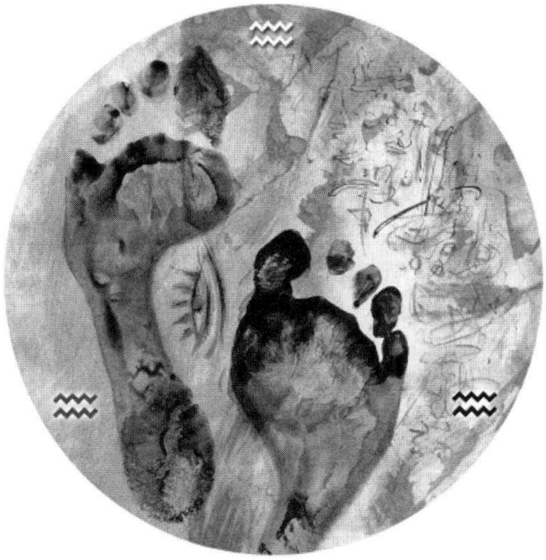

Wassermann

...den Geist beflügeln...

...sich vernetzen...

Schon immer gab es Entwicklungssprünge, „Zufälle“, Einfälle, Erfindungen und Quantensprünge, die den Zeitgeist beflügelten. Deshalb ist dieses Kapitel der Erfinderin als Entsprechung der Wassermannenergie gewidmet. Ihre Qualitäten sind gefragt, wenn etwas schief geht, der Plan der Baumeisterin vielleicht nicht funktioniert oder ein Fehler auftritt, den sie nicht in ihre Kalkulation mit einbezog. Die Erfinderin verfügt über ein kindliches, humoristisches Gemüt. Sie entdeckt ein Loch in der Mauer und erfindet daraus ein Fenster. Beim Probieren der vergorenen Waldbeeren entdeckt sie die Wirkung des Alkohols. Wahrscheinlich assoziiert sie beim Betrachten eines zerbrochenen Gefäßes eine neue Form, die beim Zubereiten von Speisen nützlich ist. Die Erfinderin kann mit allem, was ihr begegnet, etwas anfangen. Ihr fällt das Leben in den Schoß, denn sie ist offen, vorurteilsfrei und erwartungslos. So vermag sie Verknüpfungen herzustellen, die sich aus den verschiedensten Erfahrungsebenen zusammensetzen.

Schon in der Tierwelt treten bestimmte Lernerfahrungen häufig kollektiv auf. „Erfindet“ beispielsweise eine Ente in Südamerika eine neue Art zu tauchen, die ihrer Arterhaltung dienlich ist, kann eine Ente in Asien bald schon das Gleiche. Von den sogenannten morphogenetischen Feldern wissen wir, dass in sie das kollektive Bewusstsein vieler einfließt und so kosmische Kraft oder Informationsfelder angelegt werden, auf die wiederum die Allgemeinheit Zugriff hat. Dies kann als Phänomen der Wassermannenergie betrachtet werden.

Die Erfinderin ist Meisterin der Gedankenkraft. Sie hat direkte Verbindung zum Zeitgeist und gestaltet ihn aktiv mit. Sie ist an das kollektive Bewusstsein angeschlossen, bewegt sich darin aber ganz frei und individuell. Obwohl sie aufgrund ihrer vielfältigen Bildung die traditionellen Regeln kennt, scheut sie sich nicht davor, diese zu sprengen. Für sie zeigt sich von Wert, was zum aktuellen Zeitgeschehen passt. Als Erfinderin kann sie sich bisweilen ganz vom überlieferten Wissen lösen, um offen für neue „Einfälle" zu bleiben. Hat sie zufällig etwas entdeckt, schreckt sie auch nicht davor zurück, eine kleinere oder mittlere Revolution ins Leben zu rufen. Sie schneidet Aberglauben und unsinnigen, überholten Ritualen die Zöpfe ab und überschreitet mit Genuss Grenzen, die andere aus Furcht einhalten. Ihre Kraft wächst, je mehr unvorhersehbaren Ereignissen sie sich aussetzt. Sie ist die Närrin, die sich mit kindlicher Naivität ins Geschehen wirft, auch wenn sie nicht weiß, was sie erwartet. Frei bewegt sie sich, weil sie absichtslos teilnehmen kann. Da sie schnell erfasst, was ihre Umgebung bewegt, weil sie mit ihrer sensiblen Wahrnehmung ja die kollektiven Bedürfnisse empfängt, ist sie ständig bereit, etwas zu erfinden, was die Gruppe weiterbringen kann.

Geschwind sind ihre Bewegungen und eilig, fast flüchtig verläuft die Begegnung mit ihr, denn die Erfinderin ist für das langsame Erdelement fast zu schnell. Humorvoll betrachtet sie die Fixierungen anderer, hat sie doch schon gelernt, sich im Bewusstsein der Vergänglichkeit zu verändern. Ständig damit beschäftigt, die Freiheit zu vertreten, öffnet sie den Raum für neue Erfahrungen und neue Einsichten. Ihr Geschenk ist die Luft zum Atmen, die demjenigen zur Verfügung steht, der gelernt hat, sich selbst und anderen Freiräume einzuräumen. Die Erfinderin zeichnet aus, dass sie auf neutrale Weise Gegebenheiten hinnehmen kann, die andere aufgrund ihrer Bewertungen von richtig und falsch ablehnen. Für die Erfinderin gibt es diese Bewertungen nicht, sie kann das Vollkommene auch im Unvollkommenen erkennen. Ihre Schritte sind arhythmisch, unlogisch, intuitiv und nicht nachzuvollziehen, denn sie bewegt sich auf verschiedenen Ebenen gleichzeitig, weil sie mit dem Phänomen der Synchronizität der Ereignisse vertraut ist. Die Erfinderin kann Schlüsse aus Vorkommnissen ziehen, die anderen unzusammenhängend erscheinen, da sie Verknüpfungen zwischen artfremden Gebieten herstellt. Sie probiert aus und experimentiert spielerisch mit dem, was sie findet. Weil sie nicht auf Erfolg programmiert ist, sondern einfach Spaß am Dasein hat, gibt es für sie auch wenige Niederlagen. Ihr Sinn für das Skurrile, Seltsame, aus der Reihe Fallende macht sie zu einer aufmerksamen Beobachterin und amüsanten Botschafterin, deren Mitteilungen die Sicht von anderen erweitern kann. Auf gewisse Weise steht die Erfinderin über den Dingen, da sie vernetzt, ohne den Zusammenhang aus den Augen zu verlieren. Sie kann teilnehmen, aber vermag gleichzeitig daneben zu stehen, denn sie weiß: begibt sie sich ganz hinein, verliert sie den ihr wichtigen Überblick.

Alle Freigeister, die ihrer Zeit voraus denken konnten, tragen die Qualitäten der Erfinderin oder der Wassermannenergie in sich. Teilweise beliebt, teilweise belächelt, üben sie sich in unverbindlicher Distanziertheit, während sie neue Verknüpfungen herstellen, die die Errungenschaften des Zeitgeists auf ungewöhnliche Weise vernetzen können. Sie zeichnen sich aus durch Ideenreichtum und den Mut zur Ungewöhnlichkeit und lernen, damit zu leben, dass sie manch einer schlichtweg für verrückt erklärt. Sie benötigen Mut und großes Vertrauen, denn das Leben beweist ihnen, dass es auch andere als die bekannten Wege gibt. Jedoch fehlt ihnen häufig der Zuspruch von außen, da sie ihrer Zeit voraus sind. Im günstigen Fall vermögen sie humorvoll auf diejenigen zu blicken, die sich ihren Erfindungen verschließen.

Verliert die Erfinderin ihren Humor, wirkt sie vielleicht auf andere skurril, eigenbrötlerisch und seltsam kontaktlos. Sie leidet dann unter der Isolation des verkannten Genies und wird vielleicht zur scharfzüngigen „Alten", die mit beißender Ironie dem Leben abschwört oder deren Geist sich im schlimmsten Fall verwirrt.

Die Erfinderin braucht mehr als alle anderen den Kontakt, denn aus diesem schöpft sie ihre Einsichten. Sie ist immer unterwegs, möchte keine neue Entwicklung verpassen und gewonnene Einfälle mit anderen vernetzen. Ihr Wesen ist innovativ und unkonventionell, während sie ständig neue Verknüpfungen herstellt. Man kann sich die Erfinderin auch als dem Internet innewohnende Kraft vorstellen, die einerseits den Kontakt zum Wissen der Neuzeit herstellt, andererseits zulässt, dass sich Interessensgebiete miteinander vernetzen. Die Erfinderin erstellt die Links, die Querverweise, aus denen sich dann vielleicht ganz neue Verknüpfungen ergeben, mit unerwarteten Ergebnissen.

Der Geist der Erfinderin lebt in der Gruppe, wobei sie selbst ein wenig daneben steht. Da ihr das Kollektiv so wichtig ist, kann sie auch für es sprechen und dessen gesammelte Erfahrungen ordnen, koordinieren und verbinden. Ihrer Aufmerksamkeit entgeht nichts, denn sie ist auch an das schwächste Glied der Gruppe angeschlossen. Mit Vorliebe setzt sie sich für Minderheiten ein, denn hier gibt es viele Möglichkeiten der Veränderung, die ihren innovativen Geist herausfordern.

Die Erfinderin ist ebenfalls Meisterin des Wortes. Ist sie im Fluss, sind ihre Mitteilungen lebendig, da am Leben orientiert. Das, was die Erfinderin mitzuteilen hat, entbehrt der Weisheit nicht, denn sie ist belesen und gebildet, kennt die Werte der Vergangenheit, mit denen sie sich auseinandersetzt, um sie in eine neue angemessene Sprache zu übertragen. Für die Erfinderin gibt es ein kreatives Miteinander durch die individuelle Entfaltung Einzelner. Sie gewährt großen Freiraum, da sie jeden in seiner Einzigartigkeit anzuerkennen versteht. Durch ihr vorurteilsfreies Wesen kann sie andere so sein lassen, wie sie sind. So ist sie eine gerechte Anführerin, die im Unterschied zur Regentin andere leitet, während sie selbst teilnimmt und begleitet. Die Erfinderin arbeitet gerne im Team. Ihr „delfinischer" Gruppengeist beflügelt und inspiriert. Man trifft sie selten alleine, da ihre Kraft darauf gerichtet ist, Verbindungen herzustellen, die ohne sie nicht möglich wären. Mit frischem Wind versorgt sie alles, was erstarrt und unlebendig geworden ist, und möglicherweise entwickelt sie auch einen richtigen Sturm, um überflüssige Festungen der Baumeisterin wieder einstürzen zu lassen.

Wir brauchen die Qualitäten der Erfinderin, wenn wirkliche Veränderungen im Leben anstehen. Sie ist erst als leise unruhige Stimme zu vernehmen, die sich meldet, wenn z.B. das Leben zu eng wird oder das Sicherheitssystem so stark entwickelt wurde, dass wenig Raum für spontane Aktivitäten bleibt. Sie äußert sich dann als innere Ruhelosigkeit, Rastlosigkeit, nervöses Flattern oder scheinbar unbegründete Hast und Eile, mit der wir Dinge erledigen. Auch kann sie sich als Verwirrung bemerkbar machen, durch plötzlich auftretende Vergesslichkeit oder gehäufte Unachtsamkeit, wobei die vertraute Ordnung durcheinander gerät. Vielleicht inszeniert sie auch ein paar „Unfälle", die uns aus dem Alltagstrott herausreißen und unsere Aufmerksamkeit auf anderes als das Gewohnte richten. Wird sie willkommen geheißen, dann schenkt sie Einsichten, neue Einfälle, neue Kontakte, bereitet den Sprung in eine neue Ebene vor. Ihr wirbelnder Wind bläst Frische in den Alltag und auch einige Neuerungen. Die Erfinderin kann Einsamkeit und Isolationsgefühle erlösen, indem sie den Gemeinschaftsgeist erweckt oder in Form einer Botschaft, die uns plötzlich berührt, neue Gedankenketten initiieren, die zu einer anderen Bewusstseinsebene führen. Immer reißt sie bestehende Strukturen auf, bringt Bewegung in zu Starres und richtet den Geist auf die Bedürfnisse des Zeitgeistes aus. Sie verhilft zu mehr Individualität und fördert die Teamarbeit. Ihre Mittel sind ungewöhnlich, stets so, dass sie einen überrascht. Denn in der Überraschung ist enthalten, dass ich Unerwartetem begegne, ohne mich darauf vorbereiten zu können. Mein spontaner Ausdruck ist gefragt. Darüber hinaus versorgt die Erfinderin uns mit einer gesunden Neugier. Es gibt so viel zu erleben und zu erkunden, dass es sich eigentlich nicht lohnt, sich zu lange in einer Sackgasse aufzuhalten. Immer, wenn das Leben zu ernst und schwer wird, meldet sich die Erfinderin, knüpft neue Kontakte, stellt neue Verbindungen und Begegnungen her. Heißt man diese willkommen und löst sich vom bekannten Plan, bereichert sie das Leben ungemein.

- Deutung der Karte auf drei Ebenen -

Erfinderin weiß

Du bist in einer Situation, da dir wahrscheinlich bewusst wird, dass du mehr Freiraum brauchst. Unruhe und Ungeduld machen sich bemerkbar und du möchtest ausbrechen. Das Neue bereitet sich in deinem Unbewussten vor, ohne dass du genau weißt, welche Richtung du einschlagen sollst. Achte auf spontane Eingebungen oder Einfälle, die sich jetzt gehäuft in dir formulieren können. Lass zu, dass sich deine Sichtweise vielleicht für eine Weile auf den Kopf stellt. Bewahre dir deinen Humor. Ein Teil von dir, die Erfinderin, sucht den Kontakt, neue Möglichkeiten für deinen Selbstausdruck. Vielleicht steht auch ein Ortwechsel an oder ein Berufswechsel oder deine Partnerschaft verändert sich. Es geht darum, dass du selbst mehr Raum bekommst, denn die Gewohnheiten haben sich so stark verdichtet, dass dir die Luft zum Atmen fehlt. Welche deiner Fähigkeiten liegt brach, wird von dir vernachlässigt? Ist es dir in deiner derzeitigen Lebenssituation möglich, sie auszubilden oder musst du etwas verändern, damit du sie leben kannst? Suche nach alternativen Wegen, die dich deiner Ganzheit näher bringen können.

Erfinderin rot

Ein Gruppenprojekt fordert deine Aufmerksamkeit. Gehe nicht weiter alleine vor, sondern suche nach Menschen, mit denen du ein kreatives Team bilden kannst. Die nächste Aufgabe in deinem Leben kannst du nicht alleine bewältigen. Lasse dich von der Erfinderin leiten, sobald du zuverlässige Menschen gefunden hast. Sie wird dich inspirieren als deine innere Stimme, die dir erhellende Einsichten schenken kann, sobald du in Kontakt getreten bist. Probiere einmal neue Vorgehensweisen aus, die anders sind als die dir vertrauten Mechanismen. Beziehe andere Menschen in dein Leben und deine Projekte mit ein, und lass dich von ihnen inspirieren. Im gemeinsamen Vorgehen liegt eine ganz andere Kraft als in dir alleine. Sprich über deine Einfälle, du bist im Moment außergewöhnlich stark inspiriert. Entwirf Utopien für dich und andere und verhelfe ihnen kraft deiner Gedanken zur Geburt. Die magischen Helfer werden sich schon einstellen, sobald du dir selbst klarer geworden bist. Suche bewusst das Gespräch und den Kontakt, den Austausch mit anderen, damit sich der erfinderische Teil in dir richtig vernetzen kann. Scheue dich nicht, auch mal etwas „Verrücktes" zu tun, nur so können sich neue Erlebnisebenen erschließen.

Erfinderin schwarz

Du bist eingebunden in ein gut funktionierendes Netzwerk und hast dich von einer Person, die gut für sich selbst sorgen kann zu einer fähigen Mitarbeiterin entwickelt, der das Wohl des Ganzen am Herzen liegt. Achte darauf, dass dir genug Raum zur Verfügung steht, um deine kreativen Ideen in die Tat umzusetzen und sie weiter zu entwickeln. Du bekommst im Moment eine Menge Unterstützung, und das Leben fordert von dir einen vielgleisigen Einsatz. Da du flexibel bist und dir schnell einen Überblick verschaffen kannst, bist du die geeignete Koordinatorin für euer Anliegen. Du kannst andere inspirieren und durch deine fröhliche Offenheit ziehst du auch die richtigen Menschen an und erzielst die gewünschte Wirkung. Deine Beziehung verläuft derzeit bewegt und abwechslungsreich, experimentiere ruhig mit neuen Umgangsformen oder erfinde neue Strukturen, die euch beide beleben und erfrischen. Wenn du es schaffst, dich nicht zu verzetteln, sondern sofort das zu erledigen, was ansteht, kannst du einen großen Schritt in die unterstützende Freiheit der kreativen Zusammenarbeit machen. Alles in deinem Leben erneuert sich, gehe den damit verbundenen Veränderungen mit offenen Armen entgegen. Übe dich im freudigen Willkommen heißen.

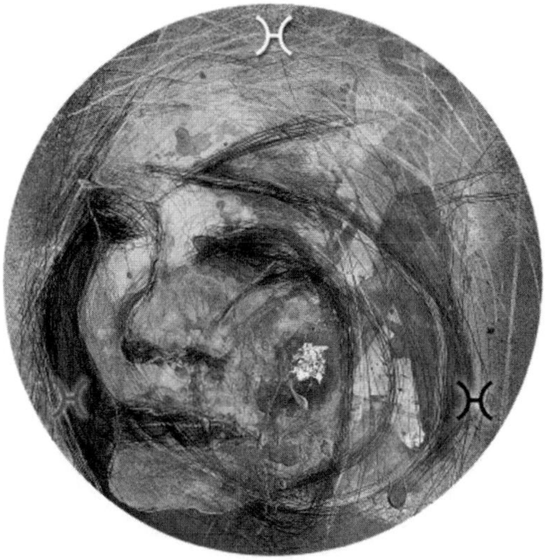

Fische

...Mystik...

...durch schauen ... sich hingeben...

Im ungeborenen Raum verborgen liegt das tiefe Geheimnis um den Ursprung, das sich durch Vertrauen und Hingabe erschließt. Die Mystikerin ist mit diesem Geheimnis beschäftigt. Sie lässt sich bewegen von der ihr innewohnenden Hingabe, die eher am Wesen, der wahren Natur dessen, was ihr erscheint, interessiert ist als an den unzähligen Formen und Gestalten, die ihr begegnen. Ihre Aufmerksamkeit gilt vor allem dem Unbeachteten, dem „Müll" des Alltags, den Zwischen- und Unterwelten, dem Unsichtbaren, das die Wesen und das Leben bewegt. Einer sich aus dem Schlamm erhebenden Lotusblüte gleich, sucht auch sie in der Tiefe, im „Schmutz" nach verwertbarem, zur Transformation geeignetem Material. Der Mystikerin liegen Bewertung und Trennung fern. Sie nimmt, was kommt, begibt sich hinein und verwandelt. Wer sich wagt, ihr in der Tiefe aus ganzem Herzen zu begegnen, erfährt wirkliche Vereinigung.

Schon immer gab es Geschichten von weisen, unauffälligen Frauen, die alltägliche Dinge verrichteten, aber von tiefer Weisheit erfüllt waren. Sie tarnten sich und ihre Weisheit im Schutz der Einfachheit und abgeschiedener Stätten. Nicht selten verwesen dort Exkremente oder finden sich andere unbeliebte Dinge, die normalerweise abschrecken oder Ekel hervorrufen. Sie lehrten diejenigen, die sie erkannten oder die bereit waren, sich ihnen hinzugeben, dass kein Unterschied besteht und die dualistische Sichtweise Wurzel aller Fehlhaltungen ist. Sie waren dazu fähig, Kot in Gold zu verwandeln und umgekehrt, denn sie waren über die Elemente erhaben. Ihre Motivation ist rein, klar, allumfassend: solange du unterscheidest, bist du in Ablehnung und Anhaftung gefangen, ihre Botschaft.

Diese Frauen (im Buddhismus auch Dakinis genannt) prüften diejenigen, die sich ihnen näherten, genau. Manch einem blieb ihre Weisheit verborgen. Sie lehrten das Loslassen von allen vertrauten Vorstellungen und waren Meisterinnen der Vereinigung, in der das Ego letztendlich seine Auflösung erfährt. Sie verstanden die Welt als Spiegel ihrer Geisteshaltung. Weil sie die reine Sichtweise gefunden hatten, konnten sie zur wahren Natur der konditionierten Welt vordringen und ihr erleuchtetes Potential übertragen.

Mystikerinnen gibt es zu allen Zeiten. Häufig sind sie gesellschaftliche Randfiguren, die am sozialen Leben nicht teilnehmen müssen aber können. Sie gehen ein und aus, ganz wie es ihnen gefällt, ihre Gestalt und ihr Aussehen passend zur erteilten Lehre verändernd und streben immer nach Befreiung und Erlösung. Die Mystikerin unterscheidet nicht zwischen der Qualität ihrer Emotionen, sondern nutzt diese bewusst, um sich zu verwandeln. Sie lebt, indem sie sich hineinbegibt und auslebt, ohne jedoch an etwas festzuhalten. So kann sie die reine Energie der Gefühle erfahren. Ihr ist die Tiefe der Begegnung wichtig, nicht die Art und Weise, wie diese zustande kommt. Ihrem Gegenüber zeigt sie recht unbarmherzig, wo es gerade steht. Sie empfängt aus ihrer reinen Haltung heraus den Standpunkt des Egos des Anderen und spiegelt ihn einfach zurück. Entweder ist der bereit, sich zu erkennen und sich dadurch zu verwandeln, oder er läuft schockiert davon. Für die Mystikerin selbst ist unwesentlich, was geschieht, denn sie steht in sich selbst ruhend außerhalb der Zeit und verfügt über ausreichende Gelassenheit, um gewähren lassen zu können. Sie weiß, dass letztendlich früher oder später jeder ihre Türschwelle passieren wird. Mit der ihr innewohnenden Hingabe dient sie dem Leben, obwohl sie diesem eigentlich nicht mehr verpflichtet ist. Mit der Quelle verbunden fließt sie im Zeitgeschehen, ohne davon berührt zu werden. Unsterblich ist das, was sie gefunden hat, ihr innerstes Selbst, das durch ihre Schau zum Vorschein kam. Strahlend ihr Bewusstsein, das ungetrübt in seiner Betrachtung verweilt. Wer es wagt, sich von der Mystikerin berühren zu lassen, wird frei, nackt und gewahr. Ist verzaubert von der plötzlichen Einsicht, dass alles in Liebe verbunden existiert, ohne dass etwas von etwas anderem getrennt wäre. Die Mystikerin bewirkt, dass die Gedanken zum Stillstand kommen und die Wahrnehmung sich hingebungsvoll öffnet. So erfährt der oder die Initiierte die Welt in ihrem ursprünglichen Zustand - mit einer unglaublichen Stille und Offenheit.

Der Weg der Mystikerin ist von Meditation und daraus entstehender Einsicht gezeichnet. Sie ist mit Trancetechniken und den subtilen, feinstofflichen Energien vertraut und weiß sie so zu benutzen, dass andere ebenfalls ihr wahres Selbst erkennen können. Sie ist eine Heilerin auf der tiefsten Ebene, doch sind ihre Heilmittel eher ungewöhnlich. Da sie damit beschäftigt ist, das konzeptuelle Denken zu durchbrechen und darüber hinaus zu führen, kennt sie auch kein allgemeingültiges Mittel, sondern variiert ihre Methoden je nach Umständen. Sie kann sich unsichtbar machen, d.h. im Verborgenen wirken oder als rasende Alte erscheinen, als wunderschönes Mädchen oder zerlumpte Bettlerin. Sie prüft, ob derjenige, dem sie auf den Weg hilft, Mitgefühl und ehrliche Motivation besitzt. Ihr feines Gespür vermag es, durch die Schleier der Illusionshaftigkeit hindurch zu schauen und zum Wesentlichen vorzudringen, da sie sich selbst niemals als getrennt erlebt.

In jedem Menschen wohnt die Mystikerin, die weise Erkenntnisfähigkeit, die in der Stille entwickelt werden kann und Verbindung herzustellen vermag. Allerdings bedarf es einiger Übung, um ihre Botschaften zu empfangen und ihr zu begegnen, da sich ihr Wissen von allem Bekannten unterscheidet. Die Mystikerin nämlich sucht die Unsterblichkeit, die Wahrheit und hat erkannt, dass sie diese nicht findet, solange sie an das, was sich um sie herum als Leben manifestiert, glaubt. Sie hat sich in ausdauernder Sammlung auf ihr inneres Wesen konzentriert und dort etwas gefunden, was die Schleier ihrer Wahrnehmung durchdringen kann. Diese Sicht kann ihr nun keiner mehr nehmen, sie ist wie ein kostbarer Schatz, den sie in sich trägt. Als Heilerin erweckt die Mystikerin und stellt die verlorene Verbindung wieder her. Ihre Weisheit bewirkt, dass man das Gefühl hat, als fiele alles wie von selbst an seinen Platz. Die innere Verwirrung ordnet sich durch ihre reine, nahezu magnetische Ausstrahlung.

Trotz ihrer großen Weisheit arbeitet die Mystikerin unerkannt, im Hintergrund, im Verborgenen. Sie setzt sich mit Themen auseinander, die andere meiden und wirkt vielleicht sogar dumm oder einfältig. In ihrer direkten Einfachheit wirkt sie so alltäglich, dass man sie leicht verkennt. Vielleicht sitzt sie am Straßenrand und sortiert Müll oder stapelt im Wald kleine Äste und Holz. Vielleicht begegnet sie uns auch als Ausgestoßene, als soziale Randfigur, und wir haben Mühe, ihr Achtung zu schenken. Sagt sie etwas, dann dringen ihre Worte jedoch mitten ins Herz und eine kleine Erhellung ist fällig. Für einen Moment wird der Fluss der Gedanken durchschnitten. Verwundert hält man inne.

Die Mystikerin ist ganz frei. Sie ist an keine weltlichen Verpflichtungen gebunden, sondern einzig dem Weg, der zu ihrer wahren Natur führt. Sie kann jede Position einnehmen, ist aber nicht mit ihr verhaftet.

Wir brauchen die Mystikerin, um uns selbst zu finden. Sie verleiht dem inneren Gespür Kraft und hilft der Wahrnehmung, sich zu verfeinern. Sie entfaltet sich in der Meditation oder in Situationen, in denen wir uns selbst vergessen können, weil wir ganz in ihnen aufgehen, auch im Rausch oder in Trance. Plötzlich ist sie da, und mit ihrem Auftauchen ist ein gewisses Glücklichsein verbunden, eine Art Segen, den man empfängt, weil das Ego zur Ruhe gekommen ist. Mit kontinuierlicher Übung, so sagen die Meister und Meisterinnen, lässt sich dieser Zustand halten, indem man sich immer wieder darauf besinnt, dass ein solches Erleben der Wahrheit näher kommt, als etwas im Leben erreichen zu wollen. Die Mystikerin ist die allumfassende Liebe, die von Anbeginn der Zeiten da war und aus der alles entsteht. Mit ihrer Energie zu arbeiten, heißt, sich führen zu lassen, ohne selbst noch weiter einzugreifen, aber aufmerksam zu verweilen. Man kann sich ihr ganz hingeben, wenn man auf Steuerung und Kontrolle verzichtet. Sie führt in Situationen, die der kreativen Entfaltung und der Erkenntnis dienen - in die Freiheit, die sich daraus ergibt, dass man lernt, sich nicht mehr zu unterscheiden.

Kein Außen, kein Innen, kein wichtig, kein unwichtig, wenn ich den Müll genauso betrachte wie eine schöne Blume, bin ich frei, denn ich brauche mich nicht mehr damit aufzuhalten, Blumen zu züchten, während ich Müll beseitige. Ich erkenne dann, dass der Müll als Kompost Voraussetzung für das Wachstum der Blume ist und ihm deshalb genau die gleiche Anerkennung gebührt. Es ist viel einfacher, anzunehmen als abzulehnen. Denn in der Ablehnung ist enthalten, dass ich Widerstände aufbaue, die wie ein Panzer wirken und abschirmen, das kostet Energie. Auch das Ansammeln, Aufbewahren und Absichern kostet Energie, ebenso das Urteilen und Bewerten. Mit solchen Haltungen ist verbunden, dass ich etwas bekomme, weil ich auf etwas anderes verzichte oder es vermeide, also muss ich ständig aufpassen, dass mir nichts verloren geht. Die Haltung der Mystikerin ist eine ganz andere. Sie erkennt die Fülle in ihrer Vielfältigkeit an. Weil sie nicht unterscheidet, gibt es für sie immer von allem genug. So kennt sie kein Gefühl des Mangels. Alles ist Ausdruck ein und derselben Kraft. Die Mystikerin erkennt, dass jedes manifestierte Bindeglied in seiner eigenen Wahrnehmung gefangen ist, deshalb an unterschiedliche Konzepte glaubt und daher auf verschiedene Art und Weise sucht, seine Bedürfnisse zu befriedigen. Sie jedoch hat hinter den Zusammensetzungen der Elemente Kontakt zur reinen, ihnen innewohnenden Kraft. Deshalb kann sie diese auch ganz nach Bedarf zusammensetzen, wie es ihr gefällt. Die Mystikerin ist im Inneren ganz klar, für sie gibt es keine Verwirrung. Deshalb ist sie im Fluss und verwandelt sich so, wie sie sich im Spiegel erkennt.

- Deutung der Karte auf drei Ebenen -

Mystikerin weiß

Falls du im Moment nicht so richtig funktionierst, mach dir keine Sorgen, sondern gib dir Zeit, um dich zu entspannen. Du bist wahrscheinlich erschöpft vom Kampf und versuchst dich mit aller Kraft aufrecht zu halten. Aber eigentlich ist im Moment das Nachgeben gefragt. Nachgeben, aufgeben, loslassen, damit du die Botschaften aus deinem Unbewussten empfangen kannst, die sich nur im gelösten Zustand offenbaren. Es ist ganz wichtig, dass du wieder zu dir selbst findest, zu dem, was dich ausmacht. Sammle deine Kraft wieder ein, die du zu weit ins Außen gestreut hast, sonst verlierst du dich noch weiter. Besinne dich auf deine Weisheit, versuche meditative Praktiken und Traumreisen, vielleicht auch Visualisationsübungen in deinen Alltag zu integrieren. Auch Atemübungen können dir im Moment weiterhelfen. Bleibe bei dem ganz Einfachen. Es genügt, wenn du alltägliche Dinge verrichtest, während du dich auf dein Inneres konzentrierst. Im Moment ist es nicht angesagt, irgendetwas in der Außenwelt zu bewegen, die Mystikerin möchte dein Inneres bewegen. Gib dich ihr hin, nimm ein Bad und denke an sie oder führe eine andere einfache rituelle Handlung aus, mit der du sie einlädst. Du sollst wieder in Kontakt treten, Trennung auflösen und dich verbinden. Das geht nur, wenn du lernst, geschehen zu lassen, ohne weiter einzugreifen. Übergib deine Probleme einfach der Führung deiner Lehrer oder Lehrerinnen, geistigen Helfer oder höherem Selbst und wünsche dir, dass sich ein Weg findet, auf dem du dich tiefer einlassen kannst. Warte, was geschieht.

Mystikerin rot

Du bist im Fluss. Verbunden mit der inneren Quelle kannst du dich vertrauensvoll auf deine derzeitigen Lebensumstände einlassen. Du liebst, und du wirst geliebt. Das ist ein gutes Gefühl, und vielleicht erfüllt dich sogar Dankbarkeit. Inszeniere ein kleines Ritual, mit dem du dich beim Kosmos bedankst, für das, was du gerade erfahren kannst. Du sitzt im richtigen Boot, und da du gelöst bist, kannst du so navigieren, dass auch Stromschnellen oder Steine kein Hindernis sind. Deine Wahrnehmung ist feinfühlig abgestimmt auf die Bedürfnisse deiner Umwelt und du spürst, was von dir gebraucht wird, und wie du helfen und heilen kannst. Achte darauf, dass dir bei dem, was du tust, unterstützende Energie zufließt, dann bist du auf dem richtigen Weg. Löse dich von allen Vorstellungen, die du mit dir und einem guten Mensch verbindest, damit du nicht in eine Helferrolle verfällst. Du gibst dann, ohne zu empfangen, weil es eben nur eine Rolle ist, die du spielst. Vielleicht ist es auch hilfreich, im Moment bewusst die „Zwischenwelten" aufzusuchen. Orte, die du als zwielichtig empfindest, um der dort befindlichen direkten einfachen Weisheit zu begegnen. Widme deine Aufmerksamkeit dem, was du als „schmutzig" und „eklig" klassifizierst. Versuche, den darin enthaltenen Schatz zu finden. Du kannst daraus den Gewinn der ganzheitlichen

Erfahrung ziehen und Beurteilungen auflösen, die deiner persönlichen Entwicklung im Weg stehen. Schau, dass du die Liebe, die du im Moment empfindest an die unterschiedlichsten Plätze trägst und beobachte, was passiert... Richte dir eine regelmäßige Tageszeit ein, um zu meditieren oder dich dir selbst zu widmen, indem du malst, schreibst, singst oder tanzt. Eine Gewohnheit, die dafür sorgt, dass du dich mit dir selbst ohne Erfolgsdruck beschäftigst, um tiefer zur Weisheit der Mystikerin vordringen zu können.

Mystikerin schwarz

Etwas geschieht, das dir Vertrauen gibt. Dieses Vertrauen begründet sich in dir selbst und in dem, wohin du Zuflucht genommen hast. Du bist von einem inneren „Wissen" erfüllt, das dir versichert, dass du auf dem richtigen Weg bist. Du nimmst vielleicht im Moment stärker wahr als sonst, was in deiner nahen Umgebung vor sich geht, wie die Atmosphäre ist und wovon die Menschen deines Umfeldes motiviert sind. Weil du selbst in gutem Kontakt mit deiner inneren Wahrheit bist, kannst du einfach durch dein Dasein anderen Rat und Hilfe geben. Sie fühlen sich von deiner Ruhe und Ausgeglichenheit angezogen und können sich deiner Akzeptanz und Unterstützung sicher sein. Während du dich weiterbewegst, sind deine Handlungen angemessen und geerdet und du empfängst die tieferen Botschaften der Mystikerin. Vielleicht bist du auch dabei, zu entdecken, dass sich mit den Möglichkeiten, die das Leben bietet, spielen lässt, wenn du dich selbst nicht mehr so wichtig nimmst. Je mehr du loslassen und geschehen lassen kannst, desto einfacher wird sich das manifestieren, was für dich genau richtig ist und zu dir passt. Denn im Moment sollst du lernen, ganz du selbst zu sein. Du lernst, dass deine Kreativität aus einer inneren Gelöstheit entspringt und dich nährt, weil du hingebungsvoll am Zusammenhang arbeitest und dich deiner Aufgabe mit ganzem Herzen widmest. Zweifel und Ängste sind überwunden und können sich dir nicht mehr als Hindernisse in den Weg stellen. Das, was du tust, dient wirklich einem höheren Zweck. Folge deinen Einsichten und lasse zu, dass deine tiefe Liebe sich mit allem verbindet, was dir im Moment begegnet. So kann wirkliche Transformation stattfinden. Gib dem Leben eine Chance, sich auf dich zu zu bewegen, indem du darauf verzichtest, hinter etwas herzulaufen. Da, wo du im Moment bist, ist genau der richtige Ort für die Entfaltung deiner Person. Lasse andere kommen und teile deine Einsichten. Du brauchst nichts zu manipulieren.

Die Wirkstätten der weisen Frauen

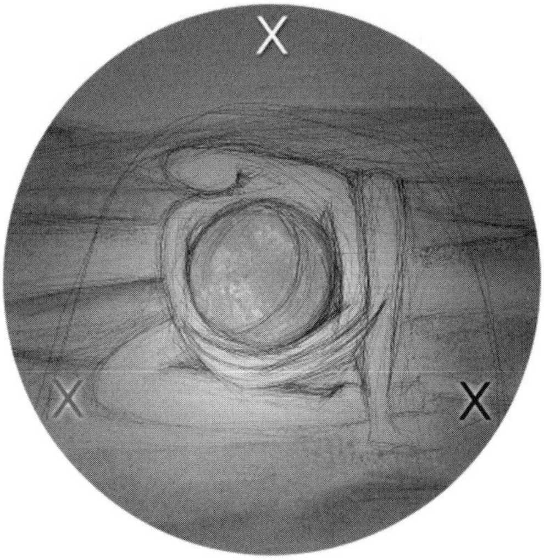

...ihre Wirkstätten

Die Häuser im astrologischen System bezeichnen Lebensräume, die durch ihre verschiedenen Themen, die sie in sich tragen, dazu verhelfen, dass wir bestimmte Lektionen lernen. Der Raum oder Ort, an dem Lernprozesse am besten stattfinden, gibt den Rahmen vor, in dem wir das Potential des Göttinnenaspektes entfalten, ihre Künste ausüben können.

Im folgenden Abschnitt werden Orte beschrieben, an denen die Göttin wirkt, heilige Plätze, die sich ebenfalls auf unser Alltagsleben übertragen lassen. Es sind Räume, in denen bestimmte Lektionen gelernt werden, weil sie die optimalen Bedingungen für bestimmte Erfahrungen bereitstellen. Ein Raum ist immer eine Begrenzung, der zur Konzentration verhilft, Energie sammelt und schützt. Je nachdem, welche Aufgaben erfüllt werden sollen, ändert sich natürlich auch der Raum, denn in der Wüste kann ich z.B. nicht meine Schwimmfähigkeiten vervollkommnen, dafür aber z.B. lernen, mit wenig auszukommen und mich auf das Wesentliche zu konzentrieren.

Im Spiel weisen die Orte auf Aufgaben, die erfüllt werden möchten. Man muss sich auf die Orte zu bewegen, sie aufsuchen. Dazu ist meist eine innere Entscheidung und Willenskraft notwenig.

Die Wildnis

...initiiert werden...

...das erste Haus...

In der Wildnis lassen sich Erfahrungen machen, die ein anderer Ort nicht bietet. Treten zum Beispiel junge Aborigines in ihre Pubertät ein, müssen sie eine Prüfung bestehen, die sie zum Mann macht. Sie werden alleine in die Wildnis geschickt, um ihre ganz persönliche Melodie zu finden, den Klang, der zu ihnen gehört oder das Lied, das ihren Lebensweg in den kommenden Jahren von Innen heraus führen wird. So ganz auf sich selbst gestellt müssen sie lernen, sich selbst zu schützen, sich von dem zu ernähren, was sie finden und sich gleichzeitig auf sich selbst konzentrieren. Sie sind dabei ohne Hilfe oder Unterstützung von außen. Die Prüfung testet gleichzeitig den Mut, den spontanen Einfallsreichtum und die Selbstständigkeit des Reifenden. Bestanden ist sie, wenn die persönliche Eigenheit, die die Individualität ausmacht, gefunden wurde und sich als Klang oder Melodie ausdrückt, als ganz „persönliche Note", die den Prüfling dann von Innen heraus führt. Dieses Ritual initiiert zwar die männlichen Aborigines beim Eintritt in ihr Mannsein - da es für mich aber ein sehr schönes Ritual ist, soll es hier Erwähnung finden - aber sicher ist es auch für Frauen geeignet, um sie auf ihrem Weg zu begleiten.

Im ersten Haus, der Wildnis, stellt sich die Aufgabe, Bewusstheit über das Ich zu erlangen durch die Ausbildung des individuellen Wertes. In der Wildnis ist man alleine. Jede noch unbekannte Situation im Leben kann wie die Wildnis sein. Sie ist ein Lebensraum, in dem viele Gefahren lauern und in dem man viele Fehler machen kann. Die Wildnis ist jedoch ebenfalls ein Gebiet, in dem sich Erfahrungen sammeln lassen, die unmittelbare Erfolgserlebnisse in sich tragen. Die Wildnis fordert von derjenigen, die sie betritt, Abenteuerlust und Wagemut, spontane Entscheidungen und unmittelbares Reagieren. Begibt man sich hinein, kann man sich kennen lernen. Das Geschenk ist individuelle Freiheit und bewusste Aufmerksamkeit, die sich ausbilden, während man sich in unbekannten Gefilden zu bewegen lernt. In der Wildnis überleben die Starken und Gesunden, während die Schwachen und Kranken Schwierigkeiten haben, da sie durch das fehlende soziale Netz der kulturellen Eingebundenheit nicht versorgt werden. Deshalb ist eine der Aufgaben des ersten Hauses, sich auf das zu besinnen, was man selbst als seine Stärke empfindet und darüber den individuellen Wert auszubilden. Das erste Haus oder die Wildnis fordert Aktion, die aktive Beteiligung, das Einbringen der persönlichen Kraft. Droht Gefahr, verhilft die eigene Stärke zur Überwindung derselben. Sei es Schnelligkeit, Klugheit, Mut, Besonnenheit, Kontaktfreudigkeit oder eine Eigenschaft, die vielleicht erst dann zum Vorschein kommt, wenn man der Gefahr ausgesetzt ist... Die Wildnis fordert auch dazu heraus, bei sich selbst zu bleiben und mit der inneren Aufmerksamkeit ganz wach im Moment zu leben. Im Raum des ersten Hauses wird die eigene Person immer wieder mit sich selbst konfrontiert, um ihre persönliche Stärke zu finden. Denn erst, wenn ich mich selbst wahrnehme und ein Ich-Bewusstsein ausgebildet habe, bin ich bereit, mich auf den Weg zu machen. Wer bin ich? Diese Frage stellt sich auch in der Wildnis und ich kann an meinen Taten und meinem Verhalten ablesen, was es mit dieser Frage auf sich hat. Vielleicht finde ich heraus, dass ich Angst habe im Dunkeln und lerne deshalb, ein sicheres Feuer zu machen. Womöglich fürchte ich mich vor der Stille und beginne deshalb, laut zu singen. Vielleicht verfeinert sich auch mein Gehör, weil ich Angst vor sich nähernden wilden Tieren habe. Meine Schritte verfolge ich wahrscheinlich mit bedächtiger Aufmerksamkeit, weil ich mich vor Schlangen fürchte. Möglicherweise ändert sich auch mein Geschmack, weil mir die Wildnis andere Speisen anbietet als die gewohnten, und meine Augen schärfen sich, damit ich Dinge finde, die mir auf dem Weg nützlich sind. All diese Veränderungen kann ich besonders gut in der Wildnis wahrnehmen und dabei aufmerksam beobachten, wie ICH bin und zu was ich fähig bin. Jede Sekunde, jede Minute und jeder Tag, den ich in der Wildnis überlebe, ist ein Erfolg, der neue Erfahrungen in sich trägt, über die ich mich erkennen kann. Daraus erwächst Selbstbewusstsein und Unabhängigkeit, auch der Glaube an selbständige Handlungen und die persönliche Entscheidungsfreiheit. In der Wildnis bin ich nur für mich selbst verantwortlich, muss nur vor mir selbst Rechenschaft ablegen und habe nur das eine Ziel - zu überleben. Das Geschenk, das ich in diesem Lebensraum erhalte, ist Bewusstheit über meine spontanen Fähigkeiten, die sich durch die ständigen Herausforderungen ausbilden.

Bewegt sich die Göttin in der Wildnis, im ersten Haus, dann äußert sie sich als noch ungerichtete, impulsive Kraft, die sich im Kräftemessen mit anderen erst ausrichtet und allmählich verfeinert. Sie identifiziert sich mit der Wildnis, ihrem Lebensraum und entwickelt darüber ihre besonderen Fähigkeiten. Das unbekannte Terrain, das sie sich erobert, gehört ihr von dem Moment an, in dem sie es betritt. Geht sie weiter, erschließt sich ihr ein neuer Raum mit neuen Möglichkeiten. Immer ist jedoch von ihr gefordert, die Führung zu übernehmen und ihre Macht nicht an andere wie beispielsweise wilde oder giftige Tiere abzugeben, sondern die Stärkste zu bleiben. So erfährt sie eine Art Selbstinitiation, wird in ihre eigene Kraft eingeweiht, die sie gleichzeitig in der Wildnis ausbildet.

Die Initiation

Stärke bildet sich aus, je mehr unbekannte und wohlmöglich angstbesetzte äußere und innere Gefilde man sich erobert. Darüber entsteht Selbstbewusstheit und Vertrauen in die eigenen Kräfte. Erfolg resultiert aus der Gewissheit, Meisterschaft erlangt zu haben, d.h. in diesem Zusammenhang, so viele Ängste gemeistert zu haben, bis die innere und äußere Wildnis durchquert ist. Kann man sich für die an den Tag gelegte Stärke und den persönlichen Einsatz anerkennen, ist man sich der eigenen Person bewusst, dann wird man von der Wildnis in ihr Geheimnis eingeweiht: du selbst bist ganz alleine verantwortlich für alles, was dir widerfährt. Du bist diejenige, die Impulse setzt und die Richtung bestimmt. Deine aktiven Handlungen sind Ausdruck deiner inneren Haltung und von deiner Aufmerksamkeit hängt es ab, ob du dich in der Wildnis durchsetzt oder von ihr überwältigt wirst. Nur du allein kannst deine Stärke ausbilden, indem du dich Herausforderungen stellst. Sei es, dass du sie dir selbst auswählst oder sie an dich herangetragen werden.

Starke Frauen sind sich selbst schon häufig begegnet. Sie haben sich des Öfteren in die Wildnis hineingewagt und immer wieder neue Fähigkeiten entdeckt. Weil sie sich trauten, wiederholt zu überprüfen, wie sie in unbekannten Situationsräumen agieren und reagieren, können sie ihre Kräfte mutig mit anderen messen und gehen oft als Gewinner hervor. Das erste Haus fordert den ganz persönlichen Einsatz der individuellen Stärke, um zum Ziel zu kommen. Deshalb ist es wichtig, sich diese in der Wildnis zu „erkämpfen". Ist sie gefunden, ist man bereit für einen neuen Namen, der die Bedeutung dieser Kraft ausdrückt. Die eigentliche Initiation ist die, sich selbst passend zu benennen, um sich daran zu erinnern, was einen bewegt und voranbringt. Solltest du dich gerade in der Wildnis, also in deinem ersten Haus befinden, dann ist es vielleicht Zeit für eine neue Namensgebung. Konzentriere dich auf deine innere Kraft und versuche einen passenden Namen für dich zu finden.

Das Ritual der Wildnis

In der Wildnis kann man allerlei finden, was Kraft verleiht. Gehe einen Tag lang in die Natur, konzentriere dich dabei auf deine innere Stärke und suche nach Gegenständen, Steinen, Federn, Pflanzen u.ä., die du spontan damit assoziierst oder von denen du das Gefühl hast, dass sie dir Kraft geben können. Hast du genug gefunden, kannst du sie zusammenstellen und sie so anordnen, dass es für dich passt. Jetzt hast du ein Arrangement gebildet, über das du meditieren kannst. Stell dir vor, wie sich dadurch deine innere Kraft vermehrt, sich verbindet und stelle sie dann der Göttin oder dem Kosmos oder allen anderen fühlenden Wesen zur Verfügung. Die Erfahrungen, die du im ersten Haus, in der Wildnis gesammelt hast, sollten geerdet werden, damit sie dir zur Verfügung stehen, wenn du sie brauchst. Behältst du deine Kräfte für dich, stauen sie sich, laufen vielleicht Amok und werden zu

Hindernissen, die dir selbst im Weg stehen. Vielleicht findest du auch, wie die Aborigines, einen Klang, der sich durch dich ausdrücken möchte und der zu deinem individuellen Wesenskern passt. Gib dann der Natur zurück, was du von ihr ausgeliehen hast.

Die Freude über die gewonnene Bewusstheit teilen

Mit dem Geschenk der in der Wildnis gesammelten Erfahrung hast du dich zu einer autonomen Anführerin entwickelt, die authentisch reagieren kann. So überträgt sich deine Kraft ganz von selbst auf andere, je ehrlicher du in deinem Selbstausdruck wirst. Daraus entsteht Freiheit und Freude, denn es ist schön, „ich selbst" zu sein. Dieser Freude wiederum entspringt ein Ja zum Leben, das den Geist positiv ausrichtet. So kann sich der Erfolg wie von selbst einstellen, als Nebenprodukt der gefundenen Kraft.

- Deutung der Karte auf drei Ebenen -

Wildnis weiß

Deine momentane Aufgabe verlangt von dir, dass du dich auf deine innere Stärke berufst. Nur, wenn du bereit bist, dir selbst ehrlich zu begegnen und dich mit deiner ganzen Person einzubringen, kannst du die notwendigen Erfahrungen sammeln, die dich weiterbringen. Es ist wichtig, dass du lernst, dich mit deinen Handlungen zu identifizieren. Dein aktiver Einsatz führt zur Selbsterkenntnis und zur Weiterentwicklung. Du solltest dich im Moment nicht darauf beschränken, zu reagieren, sondern von dir aus die nächsten Schritte einleiten. Wenn es sein muss, begnüge dich eine Weile mit dem Alleinsein, um herauszufinden, wo deine Stärken liegen. In dir läuft gerade ein wichtiger Initiationsprozess, bei dem dich die Wildnis in ein Geheimnis einweiht, wenn du es wagst, sie zu betreten. Das Kind in dir meldet sich zu Wort und möchte mit unvorbereiteten Antworten spontane Erfahrungen sammeln. Wenn du es schaffst, unvoreingenommen zu handeln, kannst du eine Menge neuer Einsichten gewinnen. Widme die kommende Zeit dir selbst und deinem kreativen Ausdruck. Lebe, ohne etwas von dir zurückzuhalten. Suche nach Aufgaben, mit denen du dich identifizieren kannst. Stelle dich Herausforderungen, die deinen Mut und deine Entschlusskraft testen.

Wildnis rot

Du bist in der Wildnis initiiert worden und hast dank einer neuen Erfahrung Kraft in dir gefunden, die dir bisher nicht so stark bewusst war. Damit kannst du dich jetzt verbinden und neue Erlebnisse werden dieser Erfahrung folgen. Du betrachtest dich selbst mit anderen Augen und besitzt eine Menge Selbstvertrauen, das dir ein autonomes Leben ermöglichen kann. Du bist aufgefordert, die Führung zu übernehmen und dich für dich selbst einzusetzen. Deine individuellen Sichtweisen sind gefragt, teile sie also kompromisslos mit. Sei ehrlich zu dir selbst und handle auch entsprechend, so kannst du Hindernisse überwinden und vorankommen. Auch körperlich fühlst du neue Kräfte, suche dir eine geeignete sportliche Tätigkeit, bei der du fit bleibst. Jetzt kannst du die Dinge und dich selbst bewegen, indem du mutig nach vorne gehst. Die Winterzeit mit ihrer reflektierenden Innenschau ist vorbei, setze nun um, was dir klargeworden ist. Was du jetzt initiierst, kann dich in den kommenden Monaten tragen. Beginne.

Wildnis schwarz

Du hast die Möglichkeit für einen Neuanfang, wenn du bereit bist, dich anders einzulassen als bisher. Nutze deine innere Kraft, von der dir große Mengen zur Verfügung stehen, und setze sie für neue Erfahrungen ein. Wenn du die Herausforderung, die sich dir momentan stellt, annimmst, kann du zu einer ganz neuen Person werden. Es ist an der Zeit, etwas von dir zu zeigen, das du sonst lieber im Verborgenen hältst. Trägst du es trotz Herzklopfen in die Welt, dann werden Pfeile fliegen, die auch ihr Ziel treffen. Gehe das Wagnis ruhig ein, jetzt ist die Zeit für den Durchbruch gekommen. Hab keine Angst, du wirst es schaffen. Du kannst dich freuen, denn das Leben ist bereit, dich in deiner Einzigartigkeit anzuerkennen und dir das Geschenk der Freude über diese Bewusstheit zu machen. Je unabhängiger du deine Entscheidungen momentan triffst, desto freier wird sich deine Kreativität entfalten. Du besitzt etwas, das keine andere und kein anderer hat: dich selbst und deine Eigenarten. Diese sind kostbar. Nutze sie weise, um damit die Projekte ins Leben zu rufen, die dir am Herzen liegen.

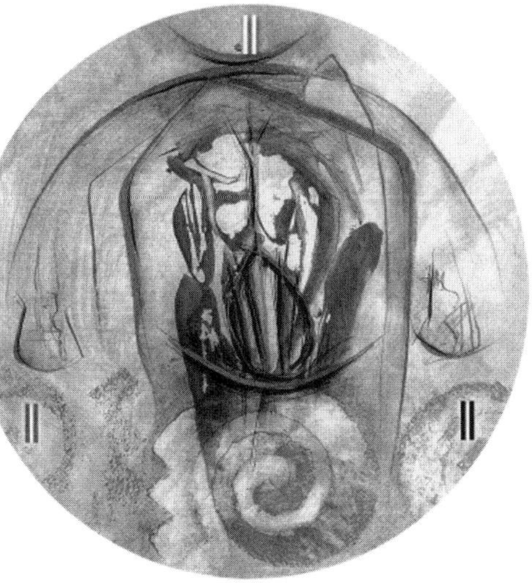

Die Niederlassung

...den Boden bereiten...

...das zweite Haus...

Die Niederlassung bereitet den Boden für ganz andere Erfahrungen als die in der Wildnis gesammelten. Beschließt ein Mensch, sich niederzulassen, dann sucht er zunächst nach einem Ort, der optimale Bedingungen bereitstellt, um seine Entwicklung zu schützen und ihn zu ernähren. Das zweite Haus stellt diese und andere Aufgaben. Eine Niederlassung zeichnet sich aus durch ihren begrenzten Raum, in dem das Leben stattfindet, Arbeiten verrichtet, Speisen eingenommen und Vorräte angelegt werden können. Es ist entweder ein Haus, ein Zelt, eine Höhle oder ähnliches, das einen mit einem Dach über dem Kopf und schützenden Wänden versorgt. Der Wunsch, sich niederzulassen, entspringt dem Bedürfnis nach Sicherheit, die gewährleistet, dass man Fuß fasst, seine Wurzeln ausbildet, einen Lebensraum vorbereitet, der einen trägt und Schutz bietet. So ist auch die Aufgabe des zweiten Hauses, sich mit diesem Thema zu beschäftigen. Frühzeitliche Menschen sorgten dafür, dass sich die Göttin in ihrem Lebensraum niederließ. Ihr Sitz war entweder ein Berg, ein Baum oder ein Gebäude, das ihr zu Ehren errichtet wurde. Ein Ort, der nur der Göttin geweiht war und den man aufsuchen konnte, um sich von ihr Rat und Hilfe zu erbitten, der den Suchenden Zuflucht gewährte und die ihm innewohnende Kraft schützte.

Im zweiten Haus ist man damit beschäftigt, die Lebensbasis einzurichten. Die Entscheidung, sich niederzulassen, fordert ebenso dazu auf, sich mit den Bedingungen und Gesetzmäßigkeiten des Ortes auseinanderzusetzen, jenen zu erkunden und dann Möglichkeiten zu finden, sich die Gegebenheiten zunutze zu machen. Es ist beispielsweise notwendig, den Boden zu prüfen und zu bestellen, damit darauf die nährenden Pflanzen wachsen, Materialien zu suchen, mit der die Behausung gebaut werden kann und sie so zu verarbeiten, dass sie auch bewohnbar sind.

Die Arbeiten und Aufgaben des zweiten Hauses sind einfach, aber grundlegend wichtig. Hat man sich niedergelassen, findet man als nächstes eine tägliche Routine, mit der alles erledigt wird, was der Erhaltung und Bewahrung dient und die eine gewisse lebensunterstützende Ordnung in sich trägt. Hat sich so ein bestimmter Rhythmus eingespielt, kann man von hier aus Beziehungen zur Nachbarschaft aufbauen. Die Niederlassung fordert ihre Bewohner dazu auf, sich den ökologischen Gesetzmäßigkeiten anzupassen und mit ihnen zu arbeiten. So können Innuit keine Kokosnüsse anbauen oder Afrikaner brauchen keine Fellmützen zu tragen. Die erlernten Fähigkeiten und Bedürfnisse orientieren sich an den Gegebenheiten der Umwelt. Jeder Ort, jede Niederlassung fordert andere Anpassungen und birgt andere Anforderungen in sich. Deshalb ist es wichtig, einen stimmigen Ort zu finden, der mit den Bedürfnissen des persönlichen inneren Wesens übereinstimmt und die eigenen Fähigkeiten bei ihrer Ausbildung unterstützt. Manche Menschen halten sich viele Jahre in Umständen auf, die nicht zu ihnen passen, nur weil sie sich irgendwann einmal an einem Ort niederließen. Dort errichteten sie so viele Sicherheiten, dass es ihnen schwer fällt, diesen wieder verlassen zu können. Sich niederzulassen bedeutet, sich erden und damit unbeweglicher zu sein. Es beinhaltet eine gewisse Schwere, die sich dadurch einstellt, dass man sich innerhalb bestimmter festgelegter Grenzen bewegt. Weise spirituelle Führer raten beispielsweise alle drei Jahre den Wohnort zu verändern, da sich sonst die Gewohnheiten zu stark verfestigen und den Geist durch diese Anhaftung begrenzen.

Die Niederlassung ist die Basis des Familienlebens. Sie ist der Raum, in welchem ein solches stattfinden kann, der die Zusammenkunft und gemeinschaftliches Erleben ermöglicht. Sie schützt den Einzelnen und die Kleingruppe, ist der Rahmen einer Beziehung oder einer Familie. Je nach Bedürfnis wählt man eine passende „Behausung", die mit ihrem Raum schützt, was einem am wichtigsten erscheint. In diesem Raum sammelt man dann weitere Dinge an, von dem man glaubt, sie zu brauchen. Die Sicherheitsbedürfnisse der Einzelnen sind verschieden und können ebenfalls von Zeit zu Zeit variieren, aber das grundlegende Bedürfnis nach Sicherheit ist bei jedem gleich.

Finanzielle Sicherheit ist ebenfalls ein Thema des zweiten Hauses. Sie ergibt sich daraus, dass ich eine oder mehrere meiner Fähigkeiten anbiete, um damit einen Wert zu tauschen. Ich stelle etwas her, was ich gebe, um dafür eine angemessene „Bezahlung" zu empfangen. Soviel Wert, wie ich mir selbst zugestehe, kann ich auch von anderen entgegen nehmen. Diesen Wert zu finden ist ebenfalls die Aufgabe des zweiten Hauses oder der Niederlassung. Lebe ich in einem sicheren Raum, kann ich darin auch verschiedene Fertigkeiten ausbilden. Dann habe ich eine Bleibe, und meine Aufmerksamkeit ist nicht mehr, so wie in der Wildnis, mit ständig neuen Herausforderungen konfrontiert. Im geschützten Raum steht mir auch mehr Zeit zur Verfügung und ich kann mich also länger mit einer Sache beschäftigen.

Ein weiteres Thema des zweiten Hauses ist damit das „Dabeibleiben", die ausdauernde Beschäftigung mit einem Material, das ich bearbeite, damit es mir beim Verrichten der täglichen Arbeiten hilft. Im zweiten Haus stellt man nützliche Dinge her, Werkzeuge oder Kleidung, Gefäße: Notwendiges, um zu überleben. Man düngt und bereitet den Boden des Feldes auf das Wachstum vor. Man studiert die Bedingungen, die die Örtlichkeit mit sich bringt und richtet sich dann gemütlich ein, um erst einmal in Sicherheit zu sein.

Dies ist eine weitere Aufgabe des zweiten Hauses: die gründliche Vorbereitung und das Anfertigen von nützlichen Dingen. Auf geistige Prozesse übertragen stellt sich beim Niederlassen die Aufgabe, Grenzen anzuerkennen und sich innerhalb dieser so zu bewegen, dass man mit seinem praktischen Verstand den Raum belebt. Der Geist bildet also seine praktischen Fähigkeiten aus, die als Reaktion auf die Bedingungen und Anforderungen, die die Umwelt stellt, erwachsen.

Hat die Göttin sich niedergelassen, ruht sie in sich und verweilt in Erkenntnis. So kann sie ihre Umgebung prüfen und sich selbst. Sie kann darüber reflektieren, wie sie die Bedürfnisse der Wesen, die ihren Raum bewohnen, nährt und unter welchen Bedingungen sie am besten gedeihen. Sie kann Gesetze erfinden, die die Grenzen der Einzelnen schützen und unter denen eine Ordnung entsteht, die eine allgemeine Weiterentwicklung ermöglicht. Daraus kann sich eine grundlegende Moral entwickeln, die richtig und falsch definiert und damit festlegt, was Gut und Böse ist. Weil die Göttin sich niedergelassen hat, ist nun auch ihre Wahrnehmung auf den Ort ihrer Niederlassung beschränkt. Ihr Schutz gilt den Nahestehenden und deshalb entwickelt sie im Wechselspiel mit den herrschenden Bedingungen besondere Eigenschaften, um sie ernähren zu können. Aus diesem Grund gibt es auch so viele verschiedene Göttinnen, denn jeder Lebensraum verlangt andere Gesetze und Fähigkeiten von der übergeordneten kollektiven Kraft. Ändert sich der kollektive Bewusstseinsstand, ändert sich damit auch die Kultur und deren Erkenntnisfähigkeit. Einem göttlichen Archetyp werden dann neue Eigenschaften zugeordnet.

Das zweite Haus stellt auch die Aufgabe, ein Körperbewusstsein zu entwickeln, das den Raum öffnet für sinnliche Erfahrungen. Sind Lebensraum und Existenz gesichert, „läuft“ der Alltag, gibt es regelmäßige Mahlzeiten und die Speisenzubereitung wird ebenfalls reichhaltiger. Darüber entwickeln sich der Geschmack und der Geruch. Der Mensch lernt, zu unterscheiden, was gut schmeckt und was nicht. Aufgrund der Vorräte, die er sich angelegt hat, ist er nicht mehr darauf angewiesen, alles wahllos in kürzester Zeit zu verschlingen. Er hat mehr Zeit zur Zubereitung der Speisen und zum Essen. Darüber kann sich auch ein tieferes Bewusstsein ausbilden. Die Nächte verlaufen ungestörter in einer Niederlassung, und deshalb können sich jetzt auch Techniken entwickeln, die das Liebesspiel bereichern. In einer sicheren Umgebung, im geschützten Raum, können die Sinne tiefer erfahren werden. Im zweiten Haus erwirbt man sich Bewusstsein über die Befriedigung der grundlegenden Bedürfnisse. Man lernt, die eigene Bedürftigkeit anzuerkennen und für sie zu sorgen, indem man praktische Schritte unternimmt, die die innere Bedürftigkeit in Fülle verwandeln. Man lernt, den Erdgöttinnen gleich, den inneren Reichtum so zu entwickeln, dass man mit diesem seinen Lebensraum füllt und bewahrt. Man lernt, sich zu ernähren, den eigenen Lebensraum zu schützen und sich über den Körper bewusst zu werden. Man lernt, zu beobachten, Schlüsse zu ziehen und die inneren Gesetze den Bedingungen des Lebensraumes anzupassen, eine Moral auszubilden, mit der man überleben kann.

Das zweite Haus wird traditionell dem Alter von sechs bis zwölf zugeordnet. Ein Kind kommt in die Schule und lernt, Regeln zu befolgen, sich zu disziplinieren, Leistungen zu erbringen und sich in einer sozialen Gruppe zu bewegen, die von ihm verlangt, dass es sich einfügt. Es bekommt Aufgaben gestellt, die es sich nicht selbst aussucht (Hausaufgaben) und lernt, sie zu erledigen, obwohl es vielleicht keine Lust hat. Es lernt so, sich in die Lebensstruktur seines Lebensraumes einzufügen und Fähigkeiten zu entwickeln, die den Grundstein seiner Ausbildung legen und auch die Basis für sein weiteres Leben bilden. Wird es in dieser Zeit von seiner Familie unterstützt und lernt, sich so einzufügen, dass seine persönlichen Wertvorstellungen trotz allem akzeptiert werden, dann bildet sich eine Sicherheit aus, auf die es sich noch Jahre später berufen kann. Es begegnet in diesen Jahren seinen Selbstzweifeln und Unsicherheiten. Es wird „bewertet", mit anderen verglichen und daraus ergibt sich ein bestimmter Rang. Es lernt aber auch, sich durchzusetzen, seine Kräfte zu messen und sich selbst realistisch zu beurteilen. In dieser Lebensphase sind Jungen und Mädchen sich noch sehr fremd. Es geht erst einmal darum, sich innerhalb des eigenen Geschlechts seinen Platz zu erobern. Für Jungen sind väterliche Bezugspersonen wichtiger und für Mädchen mütterliche. So kann sich im zweiten Haus auch das Bewusstsein über das eigene Geschlecht ausbilden.

Das Ritual der Niederlassung

Suche einen bequemen Platz in deiner Wohnung, an dem du dich gerne niederlässt. Versuche, zu formulieren, warum du dich in deiner Wohnung sicher fühlst. Welche Atmosphäre trägt dazu bei. Was sind die grundlegenden Merkmale, mit denen du deine Sicherheit definierst? Dann dehne dein Bewusstsein ein wenig aus. Wie fühlt sich die direkte Nachbarschaft an? Wie sicher fühlst du dich mit dem, was deine Niederlassung umgibt? Nach welchen Regeln leben diese Menschen, was ist ihnen gemeinsam wichtig? Wie passt du dich ihnen an, auf welche Weise? Passt dieses Verhalten zu dir? Dann dehne dein Bewusstsein weiter aus. Auf das Bundesland, in dem du lebst, auf das Land, auf den Kontinent und auf die Erde. Versuche, jeweils die kollektiven Regeln, die gemeinsam eingehalten werden, zu spüren und zu benennen. Dann kehre zurück, in die Begrenztheit deiner Wohnung. Was ist dein spontanes Bedürfnis, das sich jetzt meldet? Erlaube dir, dieses Bedürfnis zu erfüllen. Unternimm etwas, was diesen Beschluss bekräftigt, eine Handlung.

- Deutung der Karte auf drei Ebenen -

Die Niederlassung weiß

Deine Aufgabe ist es, im Moment für mehr Sicherheit in deinem Leben zu sorgen. Bist du mit deinem derzeitigen Lebensraum zufrieden? Sind die Gegebenheiten so, dass du dich geborgen fühlen kannst? Du hast das Bedürfnis, dich mehr zu erden und wünschst dir Stabilität. Die kannst du herstellen, indem du dich stärker in deinen Lebensraum einbindest. Sorge dafür, dass sich auch deine Beziehungen stabilisieren und lerne, besser für dich selbst zu sorgen. Überprüfe, die Ansprüche, die du ans Leben stellst und deine Erwartungen, die du hegst. Richte dir dein Leben so ein, dass du dich gut versorgt fühlst und unternimm die entsprechenden Schritte in diese Richtung. Höre auf deinen Körper, der sich ebenfalls zu diesem Thema bemerkbar macht. Bau dir den Raum, in dem du dich niedergelassen hast, so um, dass du gerne darin bleibst. Das Leben lässt sich einrichten, sobald die innere Bedürftigkeit anerkannt wird. Triff weise Entscheidungen, die dir Sicherheit geben können. Gehe nur soweit, wie es geht, denn du wirst dir auch deiner Begrenztheit bewusst. Aus einem kleinen, sicheren Schritt ergibt sich der nächste. Überstürze nichts, sondern warte lieber ab, bis du klar formulieren kannst, wie du dir ein Leben, das dich trägt, vorstellst.

Die Niederlassung rot

Du lebst in sicheren Verhältnissen und kannst dich in deinem Revier entspannen. Achte darauf, dass du es nicht zu stark verteidigst, da du sonst stagnieren könntest. Du verfügst über Kenntnisse und Fähigkeiten, die du den Umständen entsprechend anwendest. Du kannst getrost noch mehr Verantwortung übernehmen, denn dein Fundament ist sicher. Vielleicht steht es jetzt an, dich mit deinem Körper auseinander zu setzen, auf ihn zu achten und ihm einen höheren Stellenwert zu geben. Darüber kannst du tiefere Einsichten gewinnen. Auch sind dir Lebensregeln klar geworden, nach denen du leben möchtest. Du weißt, was du erwarten kannst und schätzt deine Möglichkeiten im Moment realistisch ein. Du hast dich niedergelassen, um deine selbstgestellte Aufgabe zu erfüllen. Geduld und Ausdauer sorgen dafür, dass du sie auch beenden wirst. Du lernst, dich selbst so zu versorgen wie auch andere. Meditiere über das Prinzip von Ursache und Wirkung und überprüfe deine Motivation. Jetzt ist eine gute Zeit, um etwaige Korrekturen durchzuführen. Besinne dich auf das, was du hast und baue darauf weiter auf. Du kannst zufrieden sein mit dir und dem, was du bisher erreicht hast. Genieße diesen Zustand. Deine Aufgabe ist es, zu bewahren und zu stabilisieren.

Die Niederlassung schwarz

Über deine Körperwahrnehmung kannst du im Moment viel lernen. Widme deinem Körper mehr Aufmerksamkeit als sonst. Vielleicht gibt es auch eine Form der Körpertherapie, die du grade lernst oder ausübst, und du machst große Fortschritte bei der Entdeckung der Zusammenhänge zwischen Körper und Geist. Deine Aufgabe ist es im Moment, herauszufinden, wie alles von einander abhängt und sich gegenseitig bedingt. Schlüsse, die du dabei ziehst, können dir wertvolle Einsichten in die Struktur des Lebens geben. Beschäftige dich mit dem Aufbau von Lebensstrukturen, mit kollektiven Lernprozessen und mit den Gesetzmäßigkeiten, nach denen etwas geschieht. Du kannst viel darüber lernen, wie etwas entsteht. Dieses Verständnis wird dir helfen, den Ort, an dem du dich niedergelassen hast, weise zu lenken. Deine Aufgabe ist es, alles dir Anvertraute zu schützen und zu nähren. Das kannst du, sobald du erkennst, was dich trägt und nährt. Sicherheit erwächst aus Kenntnis um den eigenen Wert. Je mehr du deine Fähigkeiten praktisch anwendest, desto mehr kannst du lernen. Stelle das, was du kannst, ins Leben, wende es an und lasse dich prüfen. Du kannst dabei sehr viel dazulernen.

Der Wissensraum

...den Geist schulen...

...das dritte Haus...

Nachdem die körperlichen Bedürfnisse befriedigt sind und man sich sicher eingerichtet hat, kann man sich nun in das dritte Haus, den Raum des Wissens, bewegen und dort lernen. Im Wissensraum tritt man in Kontakt, Interessengemeinschaften schließen sich, und durch den Austausch finden geistige Verknüpfungen statt. Bewegung kommt in die Entwicklung und dadurch entstehen Fragen, die beantwortet werden möchten. Vielleicht gibt es in der Dorfgemeinschaft eine Frau, die etwas so gut kann, dass es den anderen auffällt und sie diese bitten, es ihnen beizubringen. Die ersten Lehrerinnen waren (und sind) mit Sicherheit Mütter, die ihren Kinder spielerisch mit dem Sprechen vertraut machten, mit ihnen malten oder bastelten. Da ein Kind selten alleine kommt, hatten sie wahrscheinlich schon bald eine kleine Gruppe um sich versammelt, in der sich zuvor unbekannte Lern- und Lehrerfahrungen sammeln ließen. Gruppen haben den Vorteil, dass die Teilnehmer sich gegenseitig inspirieren, durch Nachahmung und Austausch, kurz, dass ganz andere Aneignungsprozesse stattfinden können als das alleine möglich ist. Man lernt, zuzuhören, selbst ein Thema vorzustellen, die Ansichten anderer kennen, zu vergleichen und zu unterscheiden. Im Wissensraum zeigt sich, dass der Geist beweglich ist, er kann Nachrichten aufnehmen und verwerten.

Das erworbene Wissen lässt sich einsetzen, um Zusammenhänge zu finden, um etwas zu erforschen und um Bewusstheit über das Leben zu gewinnen.

Die ersten Lehren, die überliefert wurden, waren Geschichten, die dazu beitrugen, dass sich das Verständnis über Himmel und Erde entwickelte. Lernen Kinder frühzeitig, dass ihr Leben im Zusammenhang steht und eingebunden ist in eine kosmische Gesetzmäßigkeit, dann entwickelt sich ein freundliches, soziales Bewusstsein. Im Wissensraum lässt sich über das Leben nachdenken und zu neuen Schlüssen kommen. Da das Leben in seiner Fülle und Vielseitigkeit die verschiedensten Lerngelegenheiten bietet, gibt es auch unterschiedliche Wissensräume und LehrerInnen, die das, womit sie sich selbst auseinandersetzen, der Allgemeinheit zur Verfügung stellen.

Nicht nur im Kindes- und Jugend-, sondern auch im Erwachsenenalter sind Bildungsprozesse möglich und erforderlich. Bildung im humanistischen Sinne ist ein lebenslang unabschließbarer Prozess der Entwicklung zu den eigenen Möglichkeiten, von denen man zuvor vielleicht noch gar nichts ahnte. Bildung meint aber nicht die Ausbildung von Egozentrik und Selbstbezogenheit, sondern muss vielmehr verstanden werden als nie endende selbsttätige Herausbildung der individuellen, einzigartigen und unersetzbaren Eigentümlichkeit und Originalität. Niemand erreicht deshalb je einen ruhevollen Endzustand, ist zu keinem Zeitpunkt vollendet, fertig oder gar „gebildet". Bildung ist keine Privatangelegenheit und dient nicht der Selbsterbauung, sondern ist ein fortdauernder gesellschaftlicher Prozess von sich wechselseitig durch ihre Einzigartigkeit inspirierenden Individuen. Verhinderung von Bildung eines Einzelnen ist demnach weniger ein die Allgemeinheit nicht weiter berührendes privates Missgeschick, sondern eine die ganze Menschheit beeinträchtigende Unterdrückung desjenigen, der in dieser individuellen Gestalt nie wiederkehren wird.

Je mehr man es versteht, sich noch unbekannte Wissens- oder auch Erfahrungsbereiche zu erschließen und anzueignen, desto höher ist die Wahrscheinlichkeit, die eigene einzigartige und unersetzbare Individualität herauszubilden.

Im Gegensatz zu Bildung wird in modernen Gesellschaften dem Wissenserwerb und Qualifizierung ein hoher Stellenwert zugeschrieben. Zentraler Gedanke ist hier der Erwerb von speziellen, anwendbaren und verwertbaren Fertigkeiten und Fähigkeiten. Solche Lehr-Lernaktivitäten dienen nicht im Geringsten der Herausbildung der individuellen einzigartigen Persönlichkeit eines jeden Einzelnen. Der Einzelne soll vielmehr lernen, sein Wissen und seine Qualifikation funktionalen, instrumentalisierbaren Interessen unterzuordnen. Bildungsprozesse hingegen initiieren eine Sensibilität, solche interessengebundenen Inanspruchnahmen zu erkennen und sich gegen diese kritisch auf allen gesellschaftlichen Ebenen zur Wehr zu setzen.

Sollen Menschen systematisch unterdrückt werden, nimmt man diesen als erstes ihre Sprache und verändert dann das Ausbildungs-, Schul- und Hochschulsystem. So verlieren die Menschen die Fähigkeit, sich authentisch auszudrücken und sind nicht mehr autonom. Sie werden dann einem anderen, nicht vertrauten System unterworfen. Weil sie sich darin nicht zurecht finden, bleiben sie in der schwächeren Position gefangen.

Verschiedene Länder haben verschiedene Ausbildungssysteme mit unterschiedlichen Schwerpunkten entwickelt. In den westlichen Staaten werden nach wie vor fast ausschließlich patriarchale Denk-, und Wissensbestände tradiert. Zudem gibt es leider auch heute noch Staaten, in denen Frauen Bildungsmöglichkeiten gänzlich vorenthalten werden. Sie haben deshalb keine Möglichkeit, selbst über ihre Existenz zu bestimmen.

Da Wissen bekanntlich Macht verleiht, erlebt sich ein Mensch, der sich im je herrschenden Ausbildungs-, Schul- und Hochschulwesen nicht oder nicht genügend qualifizieren konnte, häufig als abhängig. Er oder sie ist auf die Anweisungen derjenigen angewiesen, die das Glück hatten, die notwendigen materiellen und ideellen Bedingungen vorzufinden, um sich qualifizieren zu können. Sein oder ihr Tätigkeitsfeld ist dadurch stark eingeschränkt. Nehmen Frauen oder Männer jedoch das Angebot des dritten Hauses, des Wissensraumes wahr und ergreifen sie die Möglichkeit, sich zu qualifizieren, erweitern sie ihr Aufgabengebiet, ihre Verdienstmöglichkeit und Bewegungsfreiheit, gesetzt den Fall, die herrschenden kollektiven sozialen und ökonomischen Rahmenbedingungen erlauben dies.

Qualifizierung und Wissenserwerb ist notwendige Voraussetzung für ein bewegliches, d.h. mobiles Leben. Allzu oft beschränken sich die vielgepriesenen Mobilitätschancen, die vermeintlich durch Qualifizierung eröffnet werden, jedoch lediglich auf die je vorfindbaren Erwerbsmöglichkeiten.

Wohingegen früher die weltliche Ausbildung an eine religiöse angeschlossen war, haben sich heute die geistigen und weltlichen Ausbildungswege getrennt. Es kann nur je ein begrenzter Ausschnitt an Wissen erworben werden, das sich nicht notwendigerweise mit ganzheitlichen, spirituellen Weisheiten verbindet und vereinen lässt. Aus diesem Grund hat vielleicht manch einer das Gefühl, dass ihm sein Wissen nichts nützt. Er oder sie muss dann alternative Wege finden, um die Lücken zu füllen.

Das dritte Haus stellt die Aufgabe, den Wissensraum aufzusuchen, damit der Geist sich weiterentwickelt. Taucht es im Kartenspiel auf, gibt es dir den Hinweis, noch einmal in der einen oder anderen Weise die „Schulbank“ zu drücken und dich über ein bestimmtes Gebiet genauer zu informieren. Das Sich-Aneignen von Unbekanntem bietet auch immer neue Kontaktmöglichkeiten. Häufig ist damit verbunden, dass Menschen ins Leben treten, die wiederum dazu beitragen können, dass geistige Prozesse eingeleitet werden, die sonst nicht stattgefunden hätten.

Über das dritte Haus entwickeln sich also der Kontakt, das Lernen, die Kommunikation und die Bildung. Freundschaften entstehen aufgrund eines geteilten Interessengebietes und durch den Austausch bleibt das erworbene Wissen lebendig. Die Göttin hat einen Raum gefunden, in dem sie ihre Lehren anderen zuteil lassen werden kann. Sie wird in diesem Haus menschlich, d.h. sie kommuniziert mit denjenigen, die sich mit ihrem Wissen vertraut gemacht und auseinandergesetzt haben. Ihre Sprache sprechen Botschafterinnen, die in Tempeln oder angegliederten Schulen ihre Worte verkünden.

Das Ritual des Wissensraumes

Lade einige Freunde, die deine Interessen teilen, ein und feiere mit ihnen ein kleines Fest. Stell den Abend unter ein bestimmtes Thema, das du tiefer verstehen willst und teile ihnen dieses Thema zuvor mit. Experimentiere dann spielerisch mit den Antworten, die du findest. Tausche dich mit deinen Freunden über deine bisherigen Erfahrungen aus. Vielleicht könnt ihr auch in der Gruppe zum Thema die Karten legen oder ein anderes Spiel spielen, welches das Verständnis erweitern kann. Beschließe den Abend, indem du für dich mündlich oder schriftlich zusammenfasst, was wichtig war.

- Deutung der Karte auf drei Ebenen -

Der Wissensraum weiß

Deine Aufgabe ist es, dich weiterzubilden und deine wahre Interessensgemeinschaft zu finden. Höre auf die Botschaften, die an dich herangetragen werden. Du kannst jetzt ein neues Wissensgebiet erschließen. Vielleicht unternimmst du auch eine Reise, die dich mit neuen Eindrücken versorgt. Du kannst im Moment viel lernen, wenn du dich bewegst. Tritt bewusst in den Austausch und finde alternative Kontakte. Begib dich in Situationen, die deinen Geist anregen. Jetzt ist eine gute Zeit, um eine Lehrzeit anzutreten. In deinem Geist weht ein frischer Wind, du kannst ihn beleben, indem du ihn mit einer Informationsfülle versorgst und dich mit einem neuen Wissensgebiet beschäftigst. Darüber erreichst du vielleicht eine neue Kommunikationsebene.

Der Wissensraum rot

Suche den geeigneten Ort, um dein Wissen weiterzugeben. Kontaktiere andere Menschen mit ähnlichen Interessen und arbeite auf eine Zusammenarbeit hin. Jetzt ist eine gute Zeit zur freien Mitarbeit. Falls du selbstständig bist, gelingt es dir, neue Kontakte zu knüpfen, um dein Betätigungsfeld zu erweitern. Begib dich an Orte, die du noch nicht kennst und unter Menschen, die du erst noch kennen lernen musst. Hier wirst du den Anschluss finden, der dich weiterbringt. Vielleicht steht auch ein Wohnungswechsel an. Du kannst dich als Lernende und Lehrende gleichzeitig verstehen. Achte darauf, dass beide Rollen in ausgewogenem Verhältnis stehen. Dir erschließt sich jedenfalls ein neues Wissensgebiet. Versorge dich mit fehlenden Informationen, wenn dir dein Ziel klar ist, auf das du dich zu bewegen willst. Teile dich durch Schreiben oder Reden mit. Nimm teil und begib dich unter Menschen.

Der Wissensraum schwarz

Deine Aufgabe wächst, je mehr deine Kommunikationskünste zunehmen. Im Wissensraum angekommen, liegt es an dir, dein Wissen zu teilen. Du kannst jetzt in Verhandlung treten und bessere Bedingungen für dich aushandeln. Berufe dich auf deine Kompetenz und arbeite mit Menschen, die deine Interessen teilen, zusammen. Tritt mit anderen selbständigen Menschen in Kontakt und tausche deine Erfahrungen aus. Es ist eine gute Zeit, an Supervisionsgruppen, qualifizierenden Maßnahmen oder anderen Gruppen teilzunehmen, die dich auf deinem Gebiet weiterbringen können. Von dir ist Flexibilität gefragt und schnelle Reaktion. Bewege dich mehrgleisig, damit du wirklich ausgelastet bist. Du kannst geschäftlich dazugewinnen, wenn du mehrere Dinge gleichzeitig zu erledigen lernst. Deine Lernfähigkeit und dein intellektuelles Leistungsvermögen sind momentan erhöht. Achte jedoch darauf, dass du dich nicht verzettelst. Du hast die Wahl zwischen verschiedenen Möglichkeiten. Entscheide so, dass dein Herz auch dabei ist. Fröhlich und leicht kannst du Erfahrungen sammeln, wenn du ihm folgst.

Die Höhle

...den Innenraum betreten...

...das vierte Haus...

Im vierten Haus wird das erworbene Wissen jetzt mit dem Gefühl verbunden, damit es in die Gesamtpersönlichkeit integriert werden kann. Die Höhle bietet hierfür gute Möglichkeiten. In eine Höhle kriecht man hinein, darin ist es dunkel und geheimnisvoll: sie ähnelt dem Geburtsraum. Sie birgt eine ihr eigene Atmosphäre und zeichnet sich durch Abgeschlossenheit aus. In einer Höhle können wir uns selbst auf einer tieferen Ebene begegnen und uns unserem Inneren zuwenden. Höhlen waren häufig der Göttin geweiht. Die Höhle dient dem Schutz, aber auch der Vertiefung. In ihr können Opferrituale, Geburts- und Todesrituale abgehalten werden. Die Bemalung der Wände trug dazu bei, dass sich die Besucher konzentrierten und über Symbole in tiefere Wahrnehmungsebenen oder Mysterien eingeweiht werden konnten. Da sich Höhlen auch verschließen lassen, kann man sich darin ungesehen versammeln oder verbergen. Hier erfuhren ihre BesucherInnen Einweihungen in das Geheimnisvolle, in geheimes Wissen, dass nicht jedem zugänglich ist. Es sind Geladene, die sich in einer Höhle zu einem vereinbarten Zeitpunkt treffen, um ein gemeinsames Ritual auszuführen oder ein Geheimnis zu teilen. Solche Zusammenkünfte verbinden die Seelen der TeilnehmerInnen auf der gefühlsmäßigen, magisch-mystischen Ebene, ein ganz anderer Kontakt entsteht als im dritten Haus, dem Wissensraum. Im vierten Haus vereint sich das kollektive Unterbewusstsein zu einem Ganzen, das durch die magisch-mystische

Handlung Verbindung zu archaischen Kräften herstellt. In die Höhle eingelassen werden nur Menschen, die vertrauenswürdig sind.

Aber auch alleine wird die Höhle besucht. Sie dient dann als Aufenthaltsort, um meditative Versenkung zu praktizieren oder als Raum, der spirituelle Einsichten ermöglicht. Früher war es üblich, dass sich weise Menschen über einen gewissen Zeitraum zurückzogen, eine Höhle aufsuchten und darin verweilten, bis sie zur Einsicht gelangt waren oder die Wahrheit gefunden hatten. Sie wurden von entfernt wohnenden Dorfbewohnern mit Essen versorgt, ohne dass sie gestört wurden.

Im vierten Haus, der Höhle, stellt sich die Aufgabe, die verlorene Rückbindung herzustellen. Sie ist Zufluchtstätte, nicht nur äußerliche, sondern auch innerliche. In ihrem abgeschlossenen Raum kann man sich prüfen und zu einer einfachen Wahrheit läutern. Man ist für eine Weile davon befreit, an der Betriebsamkeit des gewöhnlichen Lebens teilzunehmen und kann seine innerlichen Beziehungen zum göttlichen Kern aufnehmen. In der Höhle begegnet man seinen Ängsten, verdrängten Gefühlen, irrationalen Gefühlsmustern und der inneren Schau. Sie bietet sich durch ihren Bauchcharakter dazu an, mit Altem abzuschließen und zu warten, bis Neues geboren ist. Vertrauen und Hingabefähigkeit können in ihr gefunden werden. Denn wenn ich alleine in der Höhle bin, muss ich mich früher oder später in die Kraft, die mich von innen führt und leitet, ergeben. Wenn ich in ihr an einem gemeinsamen Ritual teilnehme, dann geschieht das Gleiche.

Zusammenfassend lässt sich sagen, dass die Höhle nur entweder alleine oder im sehr engen Kreis betreten wird. In der Höhle findet ein Prozess statt, der sich auf Vertrauen gründet und dazu dient, das Unterbewusstsein für innere Botschaften zu öffnen und sich der Göttin zu übergeben. Nicht bewusste Inhalte kommen hier zum Tragen sowie Symbole. Mystische und rituelle Handlungen können die Seelenkräfte erwecken und über das irdische Dasein hinaus erheben. Dadurch werden innerliche Lernprozesse eingeleitet, die sich vom Verstand nicht unbedingt erklären lassen. So bildet das vierte Haus also die verborgenen, unsichtbaren Inhalte des Menschen aus.

Woher komme ich? Diese Frage beschäftigt schon immer die Menschen. In der Höhle sucht man Anschluss an die Quelle. Doch haben in diesem Aufgabenraum auch Fragen um die irdische Herkunft Platz. Wo stehe ich in meiner Familie? Wie bin ich eingebunden in meine Umgebung? In welcher Atmosphäre lebe ich und wie beeinflusst all das meine Wahrnehmung und mein Verhalten? Sobald diese Fragen geklärt sind, kann man sich wirklich der tieferen inneren Person zuwenden, die unter den übernommenen Vorstellungen und Verhaltensweisen wirkt. Es stellt sich dann heraus, dass diese Persönlichkeitsschicht ein großes Maß an Vertrauen besitzt und magische Kräfte hat, die es zu entwickeln gilt. Nun beginnt die Faszination des Zaubers. Im vierten Haus lernt man nämlich auch, dass Symbole, Amulette, Steine und Gegenstände besondere Kräfte haben, die man sich zunutze machen kann. Solange sie nicht für persönliche Zwecke missbraucht werden, können sie Entwicklungen unterstützen. In der Höhle beginnen diese Kräfte zu wirken und treten allmählich ins Bewusstsein.

Auf der alltäglichen Ebene stellt die Höhle oder das vierte Haus die Aufgabe, sich mit der persönlichen Gefühlswelt und den Mustern, die daraus gewoben werden, auseinanderzusetzen. Wichtig ist hier die Klärung der persönlichen Mutterbeziehung, da diese den Grundstein für das Vertrauen ins Leben legt. So wie wir von unserer Mutter geliebt werden, so lieben wir auch selbst. Wir stellen ähnliche Bedingungen wie sie, wenn wir beginnen zu lieben. Keine Mutter liebt bedingungslos, sondern besitzt aufgrund ihrer Lebensgeschichte Erwartungen, die sie an das Kind weitergibt, wenn sie ihre eigene Vergangenheit nicht geklärt hat. So ist es im vierten Haus auch wichtig, sich mit bestehenden Familienmustern auseinander zu setzen, damit man nicht unbewusst Rollen übernimmt und ausagiert, die schon seit Generationen in der Familie ausgebildet wurden. Familienaufstellungen nach Bernd Hellinger oder anderen können dazu beitragen, diesen Bereich zu klären. Über das vierte Haus lernen wir, die Vergangenheit zu bewältigen und darüber zum inneren Vertrauen zu gelangen. Das Geschenk ist, tiefere Bindungen eingehen zu können als zuvor.

Die Höhle des vierten Hauses konfrontiert uns auch mit Schmerzen und Verletzungen des inneren Kindes. Wir erfahren, wo es Heilung braucht und werden uns über dessen Bedürftigkeit klarer, wenn wir uns mit ihm auseinandersetzen. Jeder bewältigte Schmerz bewirkt, dass Mitgefühl mit der eigenen Person und anderen entsteht und erweitert das Verständnis. Je bewusster gefühlsmäßige Prozesse beobachtet werden können, desto größere Handlungsfreiheit entsteht, weil die Reaktionen nicht mehr mechanisch ablaufen, sondern von bewussten Entscheidungen gelenkt werden können. Stehe ich in Kontakt mit meinem inneren Kind, dann weiß ich auch, wie ich seine Bedürfnisse selbst befriedigen kann und brauche das nicht mehr von anderen zu erwarten. So verliere ich immer seltener den Kontakt.

Die Wahrheit des vierten Hauses ist einfach. Sie erweckt das Bewusstsein, eingebunden zu sein in ein großes Ganzes, innerhalb dessen immer Kontakt besteht, weil alles miteinander verbunden ist. Ist man zu dieser Einsicht gelangt, kann sich gelöstes Vertrauen entwickeln und Hingabe an das Leben. Man kann sich dann führen lassen, geschehen lassen, mit dem Fluss schwimmen, anstatt dagegen anzukämpfen. Fließend sind die Übergänge zwischen den Lektionen des Lebens und zwischen den Wesen des Universums. Trennung entsteht durch das Ego, durch den Wunsch zu kontrollieren, einzuordnen und zu bewerten. Sind wir mit unserem Gefühl verbunden, sind wir auch gleichzeitig eingebunden. Wir spüren dann, was gut ist, weil das „Gute" auch gut für alles ist.

Das Ritual der Höhle

Nimm dir Zeit und suche deine Höhle auf, einen Raum in dem du ungestört bist. Sorge darin für eine Atmosphäre, in der du dich geborgen und gut aufgehoben fühlst. Stelle Kerzen auf und vielleicht eine Duftlampe, Kekse oder andere Nahrungsmittel, die du gerne magst. Nimm dir einen Spiegel und betrachte dich über einen längeren Zeitraum (mindestens 15 Minuten) mit der Frage „Wer bin ich?", die du ruhig wiederholt laut an dich richten kannst. Achte darauf, dass du in Augenkontakt mit dir selbst bleibst. (Du kannst diese Übung auch mit einem Partner oder einer Partnerin durchführen, der/die dir gegenüber sitzt.) Schreibe alle deine Antworten auf.

Dann sage dir selbst, dass du dir vertraust, während du den Augenkontakt nicht verlierst. Was geschieht? Sage dir, warum du dir vertrauen kannst. Schreibe alle deine spontanen Antworten auf.

Dann beschließe dein Ritual, indem du die Nahrung aufnimmst, die du dir bereitgestellt hast, und nimm bewusst war, wie schön es ist, dass du dich selbst nähren kannst. Danke dir dafür.

- Deutung der Karte auf drei Ebenen -

Die Höhle weiß

Deine Aufgabe heißt im Moment: mit deinen kindlichen Gefühlen in Kontakt treten. Ein unverarbeitetes Ereignis in deiner Vergangenheit macht dir im Moment das Leben schwer und beeinflusst deine emotionalen Reaktionen. Versuche, das, was gerade passiert, in Zusammenhang zu bringen mit dem, was dir schon einmal passiert ist. Vielleicht hast du dein Vertrauen verloren oder bist steckengeblieben, nicht im Fluss, weil du deine Augen lieber verschließen möchtest, als in die Situation hineinzugehen. Wenn du dich mit dem „alten" Schmerz konfrontierst und Verständnis für dich selbst aufbringst, kannst du dir selbst einen großen Schritt näher kommen. Die Göttin in dir möchte die Höhle betreten, damit die Gefühle freier fließen können. Gib ihnen nach, auch wenn es traurige oder zornige sind und überlege dir, auf welchem Weg du sie am besten heilen kannst. Setze dich mit Familienstrukturen auseinander, von denen du möglicherweise momentan stark beeinflusst bist und in deren Bann du stehst, weil sie dir nicht bewusst sind. Du kannst so deine Bedürftigkeit spüren, aber auch Unabhängigkeit entwickeln. Es ist eine gute Zeit, Selbsterfahrungsgruppen aufzusuchen. Auch der Kontakt mit Kindern kann dich in Kontakt mit deinem eigenen inneren Kind bringen.

Die Höhle rot

Dir werden die Zusammenhänge zwischen der Vergangenheit und deiner gegenwärtigen Lebenssituation bewusst. Du setzt dich mit deinen Gefühlen auf effektive Art auseinander und bist offen für die Botschaften, die deinem Inneren entströmen. Gib ihnen nach und lass dich von ihnen leiten. Deine Wünsche treten an die Oberfläche, so dass dein Bewusstsein diese klar formulieren kann. Du bist auch an das kollektive Unbewusste angeschlossen und spürst, was deiner Umgebung fehlt und was sie braucht. Deine Aufgabe ist es, dir deiner Lebensatmosphäre bewusst zu werden und selbst dazu so beizutragen, dass du dich geborgen und gut aufgehoben fühlst. Was brauchst du, um dich wohl zu fühlen? Versprich dir, dass du dafür sorgen wirst, es auch zu bekommen. Dein Vertrauen in deinen Weg wächst, je mehr du auf deine innere Stimme hörst. Da, wo du dich wohl fühlst, geht's lang. Erlaube dir, deinen Träumen Raum zu geben und erlaube dir, dass du dazu beitragen kannst, sie zu erfüllen. Im vierten Haus bist du dazu aufgefordert, dein Unbewusstes sprechen zu lassen und deinem Gefühl zu folgen.

Die Höhle schwarz

IV

Deine Aufgabe ist es, deine Wahrnehmung zu vertiefen und die Höhle aufzusuchen, um in ihr zu meditieren und so mit deiner wahren Natur in Kontakt zu treten. Nimm dir ausreichend Zeit, um Traumreisen oder Meditationen durchzuführen. Im Moment ist deine Gefühlswelt geschmeidig und im Fluss, so dass du die guten Gefühle nutzen kannst, um tiefere Einsichten zu gewinnen. Beziehe auch andere, hilfsbedürftige Menschen in deine Meditationen mit ein. Du kannst ihnen Kraft senden oder was immer du ihnen geben möchtest. Deine gefühlsmäßige Wahrnehmung ist im Moment sehr stark ausgeprägt, so dass du ihr trauen kannst. Nutze die Höhle, um anderen zu helfen, bitte sie hinein und heile sie mit deinen weisen Methoden. Du hast vieles in dir geklärt, so dass du nun deine Kräfte anderen auf kompetente Weise zur Verfügung stellen kannst. Wahrscheinlich sind deine Heilungsmethoden ungewöhnlich, arbeiten mit dem Unbewussten oder mir Trancemethoden. Bilde auch deine subtile Wahrnehmung weiter aus, werde dir deiner hellseherischen oder hellhörenden Fähigkeiten bewusst, denn du kannst dich ausgesprochen gut in andere Menschen einfühlen. Stärke immer wieder dein Vertrauen in deine Fähigkeiten, indem du sie anwendest und ausprobierst. Gehe nur so weit, wie du es verantworten kannst, und respektiere deinen inneren Widerstand, der dir manchmal Einhalt gebietet. Wenn du deinen Anvertrauten deine authentischen Gefühle mitteilst, ist dies Teil der Therapie. Vertraue auf deine Gefühle.

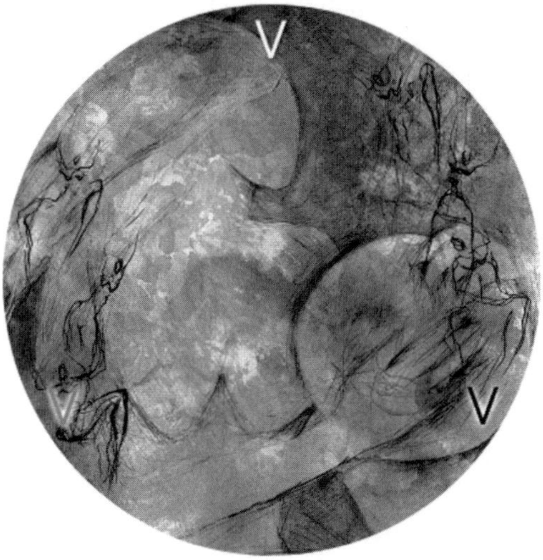

Der Tempel

...die Göttin anerkennen...

...zum Dasein erwachen...

...das fünfte Haus...

Tempel oder andere heilige Gebäude, in denen eine Gottheit verehrt wurde und wird, gibt es schon sehr lange. Sie sind die zentrale Stelle, um einer zentralen Kraft Huldigung zu erweisen. Früher bildeten die Tempel den Mittelpunkt der Dorfgemeinschaft. In ihnen wurde auch getanzt und gesungen, Theater gespielt oder musikalische Darbietungen wurden zu Ehren der Gottheit erbracht. Der Tempel repräsentierte die Göttin, in deren Körper man eintrat, um von ihr inspiriert zu werden. Die Eingangstüre war der Schoß, durch den man ihren Innenraum betrat und in dem die Lichtgeburt stattfinden konnte. In ihrem Körper traf man sich zur Feier und zum Gebet. Im Unterschied zur Höhle befinden sich die Tempel auf der Oberfläche der Erde. Sie ragen in den Himmel und verbinden so das bewusste irdische Leben mit den kosmischen Energien. Das Tageslicht strömt durch die Öffnungen des Tempels ein - was darin stattfindet, geschieht bewusst und ist aktiver Ausdruck einer inneren Haltung. Im fünften Haus stellt sich die Aufgabe, zu einem Selbst zu erwachen und kreative Ausdrucksformen zu finden. Sei es durch Kunst oder Performance, die das kulturelle

Bewusstsein erwecken. Im Tempel kann das geschehen. Seine BesucherInnen werden hier an ihr göttliches Selbst erinnert, durch die Worte der Priesterin und durch die Kunstwerke, die die Göttin in ihrer Aktivität zeigen, inspiriert. Der Geist kann sich so sammeln, ganz auf die Gottheit ausrichten und so von ihr inspiriert werden. Durch wahre Inspiration entsteht Freude und Begeisterung, ebenfalls Aufgaben des fünften Hauses. Indem das Ego zu einem Selbst erwacht, nimmt auch die persönliche Ausstrahlung zu. Immer, wenn wir persönliche Ziele in das spirituelle Wachstum einbinden, wächst auch die innere Freude, denn jetzt ist auch das Herzensbewusstsein mit dabei. Die Freude überträgt sich auf andere und verleiht einer Person eine gewisse Autorität, der man gerne folgt, weil man spürt, dass sie in Weisheit begründet ist.

Im fünften Haus, im Tempel, erfährt das Herzensbewusstsein Anerkennung. Wir lernen, auf unser Herz zu hören und die damit verbundenen Aktivitäten kristallisieren sich heraus. Solche Aktivitäten sind niemals anstrengend, sondern tragen zur inneren Bereicherung bei und haben etwas Leichtes an sich, auch wenn sie sich manchmal schwierig gestalten. Es sind kreative Prozesse, die sich durch Lebendigkeit und Frische auszeichnen. Sie werden getragen von der Sicherheit, auf dem richtigen Weg zu sein und das Selbstbewusstsein wächst, während man seine Aufgaben erledigt. Sie führen in größere Selbstständigkeit und vermehren das Selbstwertgefühl, weil man weiß, dass man etwas tut, das dem Wohle aller dient.

Über das fünfte Haus lernen wir auch, zu differenzieren. Äußerer Reichtum ist an den inneren Reichtum gebunden. Wenn ich mich selbst reich fühle, kann ich diesen Reichtum auch materialisieren, suche ich den Reichtum im Außen, indem ich beispielsweise an etwas arbeite, wobei ich mich selbst verleugnen muss, dann erschöpft mich diese Arbeit und bewirkt, dass ich mich doch arm fühle. Aus Großzügigkeit entsteht ebenfalls Reichtum, je mehr ich gebe, desto mehr bekomme ich zurück. Die Göttin hat Spaß an Menschen, die sich für ihre Werte einsetzen und im kosmischen Energiefeld ist alles im Überfluss vorhanden. Schafft man es, sich mit seinem Herzensbewusstsein an diese Fülle anzuschließen, öffnen sich auch Wege, sie zu empfangen. Jedoch geschieht der Anschluss aus einer großzügigen Haltung heraus, niemals aus dem Gefühl des Mangels. Es ist zum Beispiel ein Unterschied, ob ich um Geld bete, weil ich glaube, ich habe zu wenig oder ob ich mich selbst darauf berufe, was ich gut kann, dann meine Fähigkeiten dem Kosmos anbiete und mir dabei wünsche, dass diese Fähigkeiten auch ausreichend zu meiner Ernährung beitragen. Nachdem ich den Wunsch ausgesprochen habe, brauche ich eigentlich nur noch aufmerksam darauf zu reagieren, was mir angeboten wird, um dann dort das, was mir zur Verfügung steht, einzusetzen. Und die Fülle vermehrt sich, je stärker ich dabei zu unterscheiden lerne, was wirklich meinem Herzen entspricht und wenn ich diesem Weg dann folge.

In jedem Menschen schlummern unbewusste Talente, Fähigkeiten, die sich aufgrund der individuellen Lebenserfahrungen herausbilden konnten und die so vertraut sind, dass man sie selbst gar nicht mehr wahrnimmt. Sobald mir diese Fähigkeiten bewusst werden, kann ich sie auch nutzbringend einsetzen und mich für meinen Wert anerkennen: ich „verkaufe“ mich dann nicht mehr unter meinem Wert. Schätzt man sich selbst, schätzen einen auch andere. Im fünften Haus lernen wir, wofür wir uns schätzen können. Trifft man aus dieser Position heraus auf Menschen, die einen kritisieren oder nicht anerkennen können, berührt einen das wenig. Man ist dadurch geschützt, dass sich die persönlichen Werte in etwas Stabilem gründen - dem Gefühl, ein gefüllter Kelch zu sein, der überfließt und niemals versiegt. Letztendlich ernährt mich das Bewusstsein, dass ich reich bin, schöpferisch und kreativ, das sind Eigenschaften, die mir keiner nehmen kann, sobald ich lerne, sie anzuerkennen.

Das fünfte Haus, der Tempel, ebnet auch den Weg zum inneren Tempel. Weil ich mich selbst kenne, schätze und die darin verborgene kosmische Göttinnenkraft anerkenne, erfahre ich mich selbst als „heilig" (engl: holy kommt von whole, ganz), d.h. als unzerstörbar, in gewisser Weise unsterblich. Ich bin aus dieser Sichtweise heraus glücklich, weil voll, gefüllt und es reicht aus, ich selbst zu sein.

Im fünften Haus lernt man auch, wie man selbst ist, wenn man sich nicht verstellt. Man lernt, sich über Rollen bewusst zu werden und zu sich selbst zurückzukehren. Es genügt, wenn ich so bin wie ich bin, denn dann bin ich authentisch, lebendig, autonom in meinen Entscheidungen und frei. Das ICH, meine individuelle Lebenserfahrung, mit der ich mich identifiziere, wird so zum Verbündeten des Herzens, denn - ich - lerne, dass das Glück zunimmt, je weiter ich mich öffne und mit der Herzensenergie, die mich nährt, verbinde. Nun ist das „Ego" besiegt, d.h. eigentlich ist es nur integriert und arbeitet jetzt Hand in Hand mit der spirituellen Entwicklung. Um „heilig" zu sein, braucht man kein guter Mensch zu werden oder sich auf eine bestimmte Art zu ernähren, Gebete zu sprechen oder immer brav zu sein. Heiligkeit entsteht aus dem Bewusstsein und der Anerkennung meiner Selbst in seiner Gesamtheit, dadurch das ich hundertprozentig weiß, dass ich in Ordnung bin und von daher das Gefühl habe, überzufließen. Denn wenn ich die Energie, die mich am Leben hält, nicht dafür verschwende, etwas in mir zu unterdrücken oder mich umzuerziehen, entsteht ganz von selbst ein energetischer Überfluss, den ich über meine mir anerkannten Fähigkeiten abgeben kann, da ich ja immer versorgt werde. So entsteht ein glückliches Gefühl. Das, was man abgibt, bewirkt auch wieder bei anderen Glück, und so trägt man also zum allgemeinen Reichtum bei, was wiederum als noch größerer Reichtum zurückkehrt.

Das fünfte Haus ist also zuständig für das Glück, die Fülle, den Selbstwert, das Selbstbewusstsein, die Kreativität, das autonome Handeln und die Anerkennung des eigenen Daseins - das Erwachen des Selbst. Hier lernen wir auch die Seiten kennen, die wir in uns unterdrücken. Über diese Bewusstheit kann Freiheit erlangt werden. Vielleicht beginnen wir, für unsere Freiheit zu kämpfen, geraten in Machtkämpfe oder sind plötzlich nicht mehr mit unserer Lebensposition einverstanden. Das sind gute Anzeichen, dass unbewusste unterdrückte Persönlichkeitsanteile größere Autonomie suchen. Auch die gesunde Aggression einer Rebellin, die für die Freiheit von Minderheiten kämpft, kann im fünften Haus erwachen. Heiligkeit ist nicht immer friedlich und sanftmütig.

Steht die Göttin im fünften Haus, dann kannst du sie in ihrer Fülle erfahren, sobald du dich von deinen gewohnten Gefühlen der Begrenzung löst und einfach dein Herz weit öffnest. Es bedarf keiner besonderen Anstrengung, um zu SEIN.

Das Ritual des Tempels

Nimm dir Zeit, um etwas Kreatives zu tun. Sammle erst ein paar deiner guten Eigenschaften, deiner Fähigkeiten und deiner Talente. Schreibe diese auf (falls dir keine einfallen, dann rufe eine(n) oder mehrere FreundInnen an und frage nach, wahrscheinlich sind dir nur keine bewusst). Sobald du eine kleine Liste zusammengestellt hast, konzentriere dich darauf, und danke dir selbst für das, was du gefunden hast. Sprich aus, dass du dich für jede Einzelne anerkennst. Warte, bis du wirklich merkst, dass du dich über dich selbst freuen kannst. Sobald diese Freude aufsteigt, male ein Bild, das dich in der Erfahrung der Fülle zeigt. Ein Bild der Fülle, die du mit deiner Person verbindest. Du kannst das Malen auch durch Musik unterstützen, die dich beschwingt und bewirkt, dass dein Herz höher schlägt. Hänge das Bild an den zentralsten Ort im Haus und versprich dir, dich jeden Tag daran zu freuen.

- Deutung der Karte auf drei Ebenen -

Der Tempel weiß

Deine Aufgabe ist im Moment, dich mit deiner Freude auseinander zu setzen. Auf was hast du Lust? Warum lebst du im Moment so, dass diese fast erloschen ist? Setze dich mit deinem Selbstwert auseinander und mit den Rollen, die du angenommen hast, ohne wirklich dahinter zu stehen. Dein wahres Selbst ist zurzeit von Wolken verhüllt. Deine Aufgabe ist es, zu unterscheiden und dann zu verbinden. Überlege dir, was du von Herzen gern tust, und wo du nur deine Pflicht erfüllst, weil du glaubst, das würde von dir erwartet. Was spürst du deutlich, traust dich aber nicht, es zu tun, weil du denkst, es hätte sowieso keinen Sinn? Was verbindest du mit innerem Reichtum? Wie sehen die Juwelen aus, die du in dir trägst? Gib ihnen Namen und suche deine Talente. Wofür möchtest du sie wirklich einsetzen? Unternimm nichts, bevor du dir deine Selbstachtung zurückerobert hast und du deinen Wert realistisch einzuschätzen gelernt hast. Sonst unterwirfst du dich Machtverhältnissen, in denen du unterdrückt wirst und dich beweisen musst, ohne dass dies anerkannt wird. Du brauchst dich für die Liebe nicht weiter anzustrengen. Es genügt, dass du anerkennst, dass du da bist und einen Weg findest, der dich dahin bringt, dass du dir selbst sagen kannst: ich bin ok.

Der Tempel rot

Deine Aufgabe ist es, deinen inneren Tempel einzurichten und zu verschönern. Nutze deine Kreativität, um etwas zu schaffen, was dir Spaß bereitet. Du kannst lernen, selbstständig zu handeln und autonom zu entscheiden, sobald du unterschieden hast, was in deinem Leben zu dir gehört und wo du nur auf die Erwartungen anderer so reagierst, wie du glaubst, dass ein gut erzogenes Kind reagieren muss. Du kannst damit aufhören, dich zum Guten verändern zu wollen, denn du bist schon gut genug, nur mangelt es dir an der Anerkennung - die du dir selbst aussprechen solltest. Du brauchst im Moment auch nicht mehr in Wettbewerb mit anderen zu treten, besser ist, wenn du lernst, dass jeder so sein darf, wie er ist und dass dies ausreicht. Du brauchst auch nichts zu beweisen, lass alle Anstrengungen fallen, die dich auf eine Art in den Mittelpunkt rücken, bei der du dich verleugnen musst. Entwickle deinen spontanen Herzensgeist, deine Lebendigkeit, erlaube dir, ungehörig zu sein und aus der Rolle zu fallen, wenn dir danach ist. Niemand möchte einen perfekten Menschen, alle lieben authentisches Verhalten. Du kannst viel über die Liebe und Selbstliebe erfahren, wenn du bereit bist, dich aus deiner „guten" Rolle zu lösen. Besinne dich auf deinen inneren Reichtum und verteile großzügig das, was du vorfindest.

Der Tempel schwarz

V

Deine Aufgabe ist es, dein Glück mit anderen zu teilen. Du bist autonom, entscheidungsfähig und spürst in dir die zentrale Kraft des Herzens. Suche nach kreativen Wegen, das, was du in dir vorgefunden hast, auch anderen zugänglich zu machen. In dir leuchtet ein inneres Licht, das dich mit lebendiger Energie und Freude erfüllt. Es ist der Spaß am eigenen Schaffen, die Lust, mehr zu tun, weil es glücklich macht. Du bist dabei, deinen Weg zu finden und darüber entwickelt sich viel Selbstsicherheit. Achte darauf, dass du verteilst, während du sammelst und halte öfters einmal inne, um zu schauen, ob deine Handlungen wirklich deinem spirituellen Wachstum dienen. Die kreative Leidenschaft ist erwacht, dein Selbst ist dir bewusst. Du kannst das Glück darüber bewahren, wenn du dich mit deinen Aktivitäten weiter in den Dienst des inneren Tempels, deines Herzensbewusstseins stellst. So wist du mit deiner wahren Familie zusammenwachsen und Unterstützung finden, bei der ihr euch gegenseitig bereichert. Wobei nimmt deine Kraft zu? Folge allem, was deine Kräfte vermehrt. So befreist du dich von überholten Rollenbildern und lässt sie als leere Hüllen auf deinem Weg zurück. Da, wo das Herz höher schlägt, geht's lang.

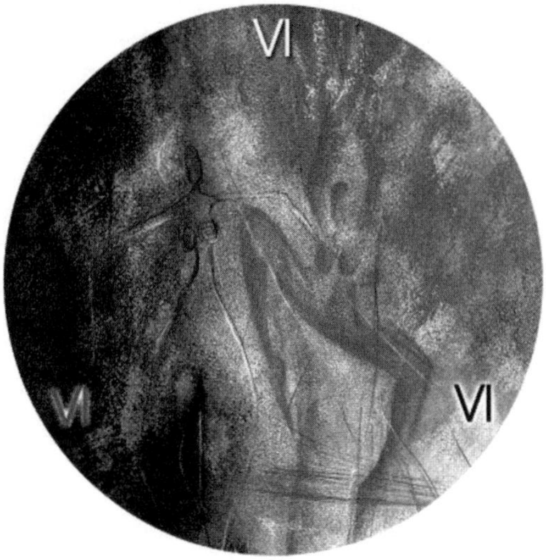

Das Heilige Feuer

...einfache Wahrheiten finden...

...das sechste Haus...

Das heilige Feuer war unentbehrlich für alle Rituale, Feste und spirituellen Prozesse. Mit dem Feuer kamen die Wärme und die Kraft der Verwandlung durch chemische Prozesse. In ein Feuer kann man Dinge hineinwerfen, die man nicht mehr braucht und loslassen möchte. Man kann beispielsweise auch Wünsche aufschreiben und das Papier dem Feuer bzw. der kosmischen Energie zur Verwandlung übergeben. In einem Feuer kann man Töpfe aufhängen und Speisen zubereiten oder Medizin präparieren, räuchern oder backen. Ebenso kann man um ein Feuer tanzen oder darüber springen, wie zum Beispiel in der Mittsommernacht. Man kann auch einfach hineinschauen und in den züngelnden Flammen Bilder erkennen oder über etwas sinnieren. Das heilige Feuer unterscheidet sich von den gewöhnlichen dadurch, dass bestimmte Hölzer verbrannt werden, Düfte entstehen und besondere Energien verbrannt werden. Es dient zum Opfer und zur Sammlung, so wie es Irdisches zu Himmlischem transformiert. Wer rituell um ein Feuer sitzt, ist bereit, sich zu reinigen und zu läutern, zu teilen, zur Einfachheit zurückzukehren und zu opfern. Ist das Feuer verbrannt, kann man mit der Asche den Boden düngen oder auflockern. Es gibt bei einem sauberen Feuer keine unverwertbaren Rückstände. Darüber hinaus kann man in einem Feuer Leichen verbrennen und so die körperliche Hülle der Hitze übergeben.

Das Feuerelement galt als der Erde, dem Weiblichen innewohnend und wurde durch die männliche Energie befruchtet, so dass die Kundalinienergie durch die erhöhte Libido steigen konnte. Das sechste Haus stellt die Aufgabe, das innere Feuer zu finden und befruchten zu lassen, damit daraus etwas entsteht, das man ernten kann.

Im sechsten Haus sind wir dazu aufgefordert, den Tempel zu erwärmen, das Herzensbewusstsein zu bewahren, indem wir uns darum kümmern und dafür Sorge tragen, dass es nicht verlischt. Dies geschieht durch die Liebe zu den alltäglichen Dingen, die Sorgfalt, die wir darauf verwenden, jeden Akt in einen Dienst an der Göttin zu verwandeln. Es geht darum, zu erkennen, dass ALLES, ohne Unterschied, der Aufmerksamkeit bedarf und dass durch Achtsamkeit jeder Augenblick in einem kostbaren Moment verwandelt werden kann. Diese Wirkung erzielen auch psychotherapeutische Übungen, besonders die einfachen, die darauf gerichtet sind, dass man innerhalb eines unkomplizierten Handlungsablaufs erkennt, wie man strukturiert ist, und aufgrund dessen auch Kleinigkeiten verändern kann, die die Gesamtharmonie störend beeinflussen. Meistens sind es die kleinen unbeachteten Dinge, die Störfelder aufbauen oder sich durch Anhäufung in Hindernisse verwandeln. Im sechsten Haus sind wir dazu aufgefordert, uns ihnen zu widmen und sie durch sorgfältige Zuwendung zu befreien. Das heilige Feuer wirkt heilend. Damit verbunden werden auch die Selbstheilungskräfte im sechsten Haus aktiviert. Sobald das innere Feuer entfacht ist, findet Transformation statt. Niedere Instinkte werden zu einer höheren Weisheit geläutert, denn sie erheben sich durch die entstandene Wärme in die höheren Chakren und stehen mit ihrer kräftigenden, stärkenden Energie auch den feinstofflicheren Bereichen zur Verfügung. Das sechste Haus sensibilisiert das Selbst und stellt es auf die Bedürfnisse der Umwelt ein, so dass man Lösungsmöglichkeiten findet und erkennt, wer oder was der Heilung bedarf. Das heilige Feuer brennt immer, verlöscht niemals und brennt umso stärker, je aufmerksamer wir uns darum kümmern. Erst durch eine innerliche Opferbereitschaft erfüllt sich der höhere Sinn. Im sechsten Haus lernen wir, uns ganz in den Dienst zu stellen. Sensible Antennen bilden sich aus, die empfänglich sind für das, was nicht stimmt. Das innere heilige Feuer sorgt dafür, dass Ideen zur Heilung entstehen.

Im buddhistischen Boddhisattva-Gedanken ist die Aufgabe des sechsten Hauses gut erfasst. Es ist das Versprechen, solange nach der Erleuchtung zu streben, bis diese auch erlangt ist und darüber hinaus der Welt zur Verfügung zu stehen, bis auch das letzte Wesen Erleuchtung gefunden hat. Aus dieser Sicht heraus entsteht das Wissen, dass man sich nicht so ohne weiteres aus der Affäre ziehen kann. Die Probleme der Welt sind auch meine eigenen, solange, bis eine Lösung gefunden ist. Wenn ich lebe, bin ich auch dafür verantwortlich, was um mich herum geschieht. Ich kann immer etwas tun und selbst mit Kleinigkeiten dazu beitragen, dass eine bessere Welt entsteht. Als der Dalai Lama gefragt wurde, wie man am besten die Erde schützen, unterdrückten Menschen helfen und Sorge tragen kann für andere, war seine Antwort sinngemäß folgendermaßen: „Nimm dir jeden Morgen fünf Minuten Zeit und erinnere dich daran, dass alle das Gleiche wollen, nämlich glücklich sein und geliebt werden, und dass wir alle miteinander verbunden sind. Dann atme weitere fünf Minuten, beim Einatmen sprichst du dir selbst deine Wertschätzung aus und beim Ausatmen bringst du allen anderen deine Wertschätzung entgegen. Wenn dir Menschen einfallen, bei denen es dir schwer fällt, sie wertzuschätzen, erweitere dich und schätze sie trotzdem. Erhalte dir diese Haltung während des ganzen Tages und dehne sie auf alle Menschen aus, die du triffst. Übe dich darin, auch die „geringsten“ Menschen zu schätzen (Angestellte, Bettler, Reinigungsskräfte usw.) genauso wie die „wichtigen". Schätze die Menschen, die du magst und die du nicht magst. Setze diese Übung fort, egal, was dir passiert oder was dir jemand antut."

Mit dieser Haltung bewahrt sich das innere heilige Feuer und trägt Licht in die Welt. Es sind häufig die einfachen Dinge, die die Welt auf lange Sicht verändern. Im sechsten Haus lernt man zu dienen, und mit diesem Dienst trägt man dazu bei, dass sich gesundes Bewusstsein manifestieren kann und Heilung stattfindet. Heile ich mich selbst, heile ich andere mit, heile ich andere, heile ich auch mich selbst, denn das Heilen an sich ist eine wunderbare Energie, die sich auf alle Beteiligten überträgt. Die Göttin selbst hat ein Interesse daran, dass die Erde und alle sie bewohnenden Wesen geheilt werden, da es ja Teile von ihr sind. Deshalb unterstützt sie diejenigen, die zum Heilwerden beitragen, mit ihrer weisen Energie und verleiht ihnen besondere Fähigkeiten, damit sie noch besser heilen können. Wenn wir uns überwinden können und wirklich den kleinen, unwichtigen Dingen unsere Pflege und Fürsorge angedeihen lassen, dann schulen wir unsere Achtsamkeit und es entsteht gleichzeitig ein sicheres, zuverlässiges Netzwerk von Handlungen, die harmonisch ineinander greifen. Um mit Tich Nan Hat zu sprechen: „Friede, Schritt für Schritt. Die strahlend rote Sonne ist mein Herz. Jede Blume lächelt mir zu. Wie grün, wie frisch alles wächst. Wie kühl der Wind weht. Friede, Schritt für Schritt. Das macht den endlosen Weg zur Freude." Es ist sicherlich wert, sich in einer solchen Haltung zu üben oder sich zumindest immer mal wieder daran zu erinnern.

Das sechste Haus ist also das Aufgabenfeld der Aufmerksamkeit und bringt die Entscheidung mit sich, sich in den Dienst zu stellen, und sich dem Alltäglichen zuzuwenden. In ihm bilden wir Fürsorge und Mitgefühl aus und den brennenden Wunsch nach Wahrheit und Klarheit. Wir entwickeln ein ethisches Reinheitsgefühl, verspüren das Bedürfnis nach einem „sauberen" Leben, das von einer geklärten Motivation getragen ist. Dadurch entwickeln wir Bescheidenheit und Zufriedenheit. Denn wenn ich keine Ziele verfolgen muss, dann kann ich mich auch dem widmen, was mich unmittelbar umgibt. Ich brauche dann nirgendwo hin, sondern kann mich mit dem auseinandersetzen, was ist. Ich entdecke eine fürsorgende Liebe in mir, die zunimmt, je mehr ich mich kümmere, und das macht zufrieden.

Am heiligen Feuer sitzen und eine geweihte Mahlzeit einnehmen, richtet die Aufmerksamkeit auch auf die Ernährung. Die Nahrung, die ich aufnehme, versorgt mich mit Energie, und diese hält wiederum meinen Geist lebendig. Bei der Nahrungsaufnahme entscheidet auch die innere Einstellung darüber, ob ich mich satt fühle, zur Überfüllung neige oder mich mit zu wenig versorge. Weniger wichtig ist, was man isst als wie man isst. Sicher ist es schöner, gesegnetes Essen zu verspeisen als einfach aus Notdurft etwas in sich hineinzustopfen. Ernähre dich so, dass du dich innerlich wohlfühlst.

Im sechsten Haus können wir ernten, was wir gesät haben. Während im zweiten Haus der Boden für das Wachstum bereitet wurde, kann nun das zur Reife Gelangte geerntet werden. Ist die Existenz in sicheren, lebensbejahenden Werten begründet, dann ist gesundes Wachstum die Folge. Eine reiche Ernte ist garantiert und diese kann dann wieder verteilt oder getauscht werden. Da ja nicht jeder Mensch das Gleiche „anbaut", entsteht daraus ein soziales Netzwerk, das auf fairem Tausch beruht. Die Ausgleichsökonomie matriarchalischer Gesellschaften beruhte auf diesem Prinzip. Heide Göttner-Abendroth beschreibt diese Ausgleichsökonomie folgendermaßen: „Sie folgt dem Prinzip, dass, falls ein relativer Wohlstand bei dem einem oder anderen Clan auftaucht, der Überschuss dann wieder ins Gefüge hineingegeben wird, damit sich der relative Reichtum ausgleicht..." So richtet z.B. der reichste Clan das Jahresfest für die Gemeinschaft aus, zu dem die anderen ärmeren geladen sind, und gewinnt dadurch soziale Anerkennung und Ehre. Im nächsten Jahr ist ein anderer Clan der reichste und handelt genauso. Man gibt also seinen Reichtum (die reiche Ernte) und erntet dafür soziale Anerkennung. Reihum wird Jahr für Jahr geteilt, denn relativer Wohlstand gleicht sich immer wieder aus. Der Gewinn hierbei ist allen zuträglich, denn wenn einer dieser ins soziale Netz eingebundenen Clans mal völlig verarmt, wird er ebenso von den anderen wieder aufgefangen, da Ehre aus sozialer Fürsorge erwächst. So entsteht „ein gegenseitiges Hilfesystem, das nie gebrochen wird. Falls sich ein Individuum oder eine Gruppe herausnimmt, ganz gegen die Spielregeln Güter zu horten, isoliert es oder sie sich sozial. Es hilft ihnen dann niemand mehr." (Weibliche Stimme, Nr. 6)

Im sechsten Haus sind wir dazu aufgefordert unsere sozialen Werte zu überprüfen und ethische Gesichtspunkte zu entwerfen, nach denen wir zufrieden leben können. Es stellen sich Fragen, wie man ein gesundes soziales Netzwerk für sich aufbauen kann und mit welchen Menschen man einen Tausch eingehen will und unter welchen stimmigen Gegebenheiten dieser stattfinden kann. Am heiligen Feuer sitzen diejenigen, die zum Teilen bereit sind.

Das Ritual des heiligen Feuers

Entzünde ein Feuer. Sammle dich und schaue in die Flammen, bis du merkst, dass sich dein Geist beruhigt. Erinnere dich an Schmerzen oder Unfälle, die dir im Leben zugestoßen sind. Male sie auf, gib ihnen jeweils ein dir passend erscheinendes Symbol. Kannst du erkennen, was das Geschenk des jeweiligen Schmerzes für dich war? Wie hat dir der jeweilige Heilungsprozess weitergeholfen? Überprüfe deinen jetzigen Zustand. Gibt es Wunden, die geheilt werden möchten? Schreibe auf Zettel, was du heilen möchtest und übergib die Zettel dem Feuer. Worin liegt deine persönliche Heilkraft?

- Deutung der Karte auf drei Ebenen -

Das heilige Feuer weiß

Es stellt sich dir die Aufgabe, dir deiner sozialen Rolle bewusst zu werden. Unterstützt du mit deinem Dienst patriarchale Systeme? Lässt du dich benutzen und ausbeuten, oder tauschst du den Wert deiner Ernte auf angemessene Weise? Hortest du deinen Reichtum oder teilst du, während du ihn empfängst? In welches soziale Netzwerk bist du eingebunden? Musst du immer drauflegen, oder erweisen dir andere auch mal einen kostenlosen Dienst? Überprüfe deine ethischen Werte und versuche, dein Leben so einzurichten, dass es mit ihnen übereinstimmt. Stell dir vor, du sitzt am heiligen Feuer in einer Gemeinschaft, die dich unterstützt, so wie du sie. Genieße den Halt, den du auf diese Weise hast. Formuliere so klar wie möglich, welche gemeinsamen Werte diese Gemeinschaft begründet. Es ist deine Aufgabe, dich den Kleinigkeiten zuzuwenden, deine fürsorgliche Seite auszubilden und deine Arbeit in den Dienst zu stellen. Alles, was du tust, ist von Bedeutung, löse dich von Unterscheidungen zwischen wichtig und unwichtig. Je sorgfältiger du mit dir und anderen umgehst, desto zufriedener wirst du sein.

Das heilige Feuer rot

Deine Aufgabe ist es, dich zu vernetzen. Am heiligen Feuer hast du dich geläutert und bist auf eine einfache Wahrheit gestoßen, nach der du jetzt leben kannst. Rufe dir die Ausgleichsökologie der matriarchalischen Gemeinschaft in Erinnerung und überlege, ob du vielleicht auch einen solchen Kreis aufbauen kannst. Dein soziales Bewusstsein kannst du erweitern, indem du entsprechende Schritte unternimmst, dich an bereits bestehende Gruppen anschließt oder neue gründest. Im Moment arbeitest du nicht alleine, sondern für andere. Im Gemeinschaftsgeist ist enthalten, dass man sich gegenseitig unterstützt. Was sind Werte, nach denen du leben kannst? Wie sieht für dich ein gesundes Arbeitsverhältnis, ein gesundes, ganzheitliches Leben aus? Überprüfe, wo du vielleicht immer wieder die gleichen Fehler machst und erkenne... Überarbeite das Verhältnis von Geben und Nehmen, in dem du stehst und suche einen Ausgleich, der Gewinn auf beiden Seiten garantiert. Beobachte das Wachstum in der Natur und die Selbstverständlichkeit, mit der uns die Erde mit dem Lebensnotwendigen versorgt. Bilde in dir die gleiche Selbstverständlichkeit aus. So bewirkst du, dass auch du in Umstände kommst, die dich versorgen. Setze dich mit dem, was an dich herangetragen wird, gründlich auseinander und entscheide erst nach eingehender Prüfung, auf was du dich einlässt. Du kannst jetzt ein altes Verhaltensmuster durchbrechen, wenn du gründlich beobachtest, wie du im Moment reagierst.

Das heilige Feuer schwarz

VI

Du bist aufgefordert, soziale Verantwortung zu übernehmen. Auf natürliche Weise setzt du dich fürsorglich und selbstlos ein und bewirkst damit, dass auch andere so handeln. Deine kluge Weisheit bewirkt aber auch, dass du dich nicht verschenkst, sondern faire Verhandlungen führst. Dein Betätigungsfeld liegt im Moment hauptsächlich im sozialen Bereich. Du kannst deine heilenden Kräfte einsetzen und hast damit Erfolg. Kehre immer wieder zu deinem inneren heiligen Feuer zurück und stärke und reinige dich darin. Lasse dich auch von deiner männlichen Energie befruchten, damit deine Leidenschaft für die Sache, für die du eintrittst, dir noch mehr Kräfte verleiht. Du kannst mit deinem gewachsenen sozialen Bewusstsein und deiner innerlichen Klarheit dafür sorgen, dass sich deine inneren Werte auch im Außen manifestieren und sich gesunde Beziehungen stabilisieren. Entweder übst du einen Heil- oder Sozialberuf aus oder du sorgst gerade dafür, dass deine Lebensstruktur gesundet. Je aufmerksamer du dich beobachtest und darauf achtest, dass alle deine Handlungen bewusst ablaufen, desto besser lernst du, für dich selbst und andere zu sorgen. Stelle dir immer wieder vor, wie für dich ein gesundes Leben aussieht und arbeite dann daran, damit du es auch bekommst.

Das Atelier

...kreativ in Kontakt treten...

...das siebte Haus...

Obwohl das Atelier ein eher zeitgemäßer Ort ist, passt es doch gut zu den Aufgaben, die das siebte Haus stellt. Sie beinhalten u.a. kreative Entwicklungen, Entfaltung der ästhetischen Sinne und das Finden einer ausgewogenen Sichtweise. Ateliers der alten Zeit waren Orte, an denen Kunst geschaffen wurde, welche der Göttin geweiht war. Künstlerische Aktivitäten entwickelten sich aus dem inneren Kontakt, den die Künstlerin mit ihr einging. Sie waren Ausdruck der gefühlten Einheit und ermöglichten es auch anderen, über die Betrachtung in Verbindung zu treten.

Das siebte Haus macht die Beziehungen bewusst, in denen sich die einzelne Person bewegt. Hier wird klar, dass wir uns nur über einen anderen Menschen wirklich erfahren können, da dieser uns spiegeln kann, wie wir sind, sobald wir bereit sind, das auch zu erkennen. Wenn ich eine Beziehung eingehe, dann ist dafür eine besondere Anziehungskraft ausschlaggebend, die sich prickelnd, belebend und frisch anfühlt (oder auch anders), jedenfalls bewirkt diese Anziehungskraft, dass ich bereit bin, zu verweilen und mich näher einzulassen. Wahrscheinlich weil mein ganzes Wesen erfasst, dass der andere genau das hat, was mir im Moment fehlt und dass durch das Zusammentreffen beide sich als Ganzheit erfahren können. Da wir ja die Ganzheit suchen, bleiben wir. Es entsteht eine tiefere Beziehung, die solange hält, wie das Gefühl der Ganzheit andauert. In den Begegnungen, die während der Dauer einer Beziehung stattfinden, liegen die Schlüssel zur tieferen Erfahrung des Einswerdens (des zwölften Hauses). Verlaufen die Begegnungen bereichernd für beide, dann entsteht dadurch ein Energieüberfluss und die Kreativität erwacht. Jetzt wirkt die Beziehung nicht mehr nur befruchtend auf zwei Menschen, sondern dehnt sich darüber hinaus auf alle anderen Menschen aus. Alle guten Projekte haben auch eine erotische Komponente, die fasziniert und bewegt. Reine „Schönheit" wirkt schnell langweilig, ist sie jedoch mit dem gewissen Etwas versehen, dann wird sie davon belebt. Erotik wiederum entsteht aus einer inneren Beziehungsbereitschaft. Nimmt man der Religion die Sexualität, verwandelt sie sich in starre Dogmen, die Gut von Böse streng scheiden und recht erzieherisch-autoritäre Züge aufweisen oder in Fanatismus, der das Leben verneint. Besteht die Möglichkeit, erotische Beziehungen an die Quelle anzuschließen und die Vereinigung von zwei Menschen zu transformieren, dann findet wirkliche „Rückbindung" (religio) statt.

Im siebten Haus lernen wir, uns unserer erotischen Anziehungskraft bewusst zu werden und mit ihr auf schöpferisch-kreative Weise zu arbeiten. Das Atelier stellt nun den Raum zur Verfügung, in dem die Kreativität ihren Ausdruck finden kann. Durch den künstlerischen Beitrag komme ich zu mir selbst und trage die gefundenen Inhalte nach außen. Ich drücke das aus, was ich aus Liebe übrig habe. Es ist mein Geschenk an die Welt. Die Aufgabe ist also, zuerst in Beziehung zu treten, dann zu begegnen, die erotische Anziehungskraft zu erwecken, um sie dann sichtbar in die Welt zu tragen.

Wenn man verliebt ist, möchte man gerne mit allen sein Gefühl teilen. Plötzlich sieht die Welt viel heller aus, farbiger, freundlicher. Man wird toleranter, ist bereit, über manches hinwegzusehen und hat das Gefühl, die Balance gefunden zu haben. Die persönliche Ausstrahlung ändert sich, aus dem sonst herrschenden Ich-Gefühl wird ein Wir-Gefühl, und das wiederum nehmen auch andere wahr. Verliebte werden überall freundlich und entgegenkommend behandelt, weil sie ihr Glück ausstrahlen und es nach dem Spiegelprinzip auch wieder zurückkommt. Aufgrund solcher positiven Erfahrungen wächst das Gefühl der inneren Harmonie, und daraus kann Schönes geschaffen werden, wenn man sich die Mühe macht und versucht, es im Atelier abzubilden, aufzuschreiben, zu vertonen oder auf andere Art auszudrücken. Liebe entsteht aus dem Kontakt, der Verbundenheit mit einem Gegenüber, aus der befruchtenden, inspirierenden Begegnung. Damit solche Begegnungen stattfinden können, gibt es das siebte Haus.

Eine weitere Aufgabe, die sich im Atelier erfüllen lässt, ist der Erwerb einer ausgeglichenen Haltung. Um künstlerisch tätig zu sein, braucht man eine harmonische Basis, das Gefühl der Ausgewogenheit. Dieses entsteht u.a. durch eine erfüllte Beziehung mit einem Menschen, aber auch durch die liebevolle Begegnung mit anderen. Wenn ich lerne, nicht mehr zu stark zwischen mir und anderen zu trennen, sondern die Gesamtsituation zu erfassen, indem ich mein Gegenüber mit einschließe, dann ergibt sich daraus automatisch, dass ich kreativ daran teilnehme. Ich bringe mich dann so ein, dass Verbindungen entstehen, die aus einem wohlwollenden Austausch bestehen. Da ein solcher bereichert, kann daraus wiederum etwas Kreatives erwachsen. Das siebte Haus ist der Lebensraum der Musen. Ihr Anliegen ist, die Welt zu bezaubern und Beziehungen herzustellen, durch die sich eine übergeordnete Energie überträgt.

Kunst ist immer ein in-Beziehung-Treten, das künstlerische Werk ein Mittler zwischen Künstler, Inspiration und Publikum. Wenn der Kontakt zustande kommt, dann wirkt durch ihn die bezaubernde Kraft der Göttin, man kann sie als bleibenden Eindruck mit nach Hause tragen. Jeder kreative Prozess ist im Idealfall von der Göttin inspiriert und der oder die Künstler/in tut gut daran, sich an sie zu erinnern, damit die Quelle nicht versiegt. Im siebten Haus lernen wir auch, dass der Welt eine natürliche Ästhetik innewohnt, eine Harmonie, die sich aus den Polaritäten ergibt und die man wahrnehmen kann, wenn man lernt, beide Seiten einer Medaille gleich zu gewichten. Schwierigkeiten ergeben sich meistens daraus, dass man einen Standpunkt vertritt und auf ihm beharrt. Sobald man lernt, auch die oppositionelle Sichtweise in Betracht zu ziehen, ist das Problem meist schon gelöst. Aus der buddhistischen Sichtweise heraus entwickeln sich viele Schwierigkeiten aus dem Erleben der Polarität, bzw. daraus, dass man sich meist auf eine Seite stellt und die andere ablehnt. So gibt es z.B. keine Opfer ohne Täter und keine Armut ohne Reichtum, keine Größe ohne Kleines usw., aus dem Vergleich erst entsteht das Gefühl der Trennung. Die Trennung wiederum bewirkt Ablehnung und Anziehung und verursacht, dass sich bestimmte Verhaltensmuster ausbilden, die eben nicht ausgeglichen und ganzheitlich wirken, sondern einiges ausschließen oder vermeiden, während sie anderes verfolgen. Das Ganze hat allerdings wenig mit dem Erleben der Wirklichkeit zu tun, sondern ist eben die subjektive Reaktion auf dieselbe. Im siebten Haus sollen wir lernen, durch objektive Betrachtung eine Haltung einzunehmen, die „sowohl-als-auch" beinhaltet. Unser Augenmerk nicht auf die Polarität richten, sondern auf das übergeordnete verbindende Thema, um uns mit einem ausgewogenen Verständnis in das Ganze einzugliedern. Keine leichte Übung.

Das Ritual des Ateliers

Schmücke deinen Lebensraum mit Blumen, Kerzen, Düften, bis du dich richtig wohlfühlst. Nimm ein Bad und pflege dich. Lege dir schöne Musik auf und genieße die entspannte Atmosphäre. Stell das Telefon ab. Sorge dafür, dass du eine Weile nicht gestört wirst. Dann suche dir Papier und Farben und male, was dir in den Sinn kommt. Ein Bild, das für dich Harmonie ausdrückt. Lass dir Zeit. Wenn das Bild fertig ist, meditiere darüber. Was kann dich aus dem Gleichgewicht werfen? Was geschieht, wenn du dich von dir selbst, deiner Mitte entfernst? Betrachte dann wieder das Bild und schau, ob du durch es wieder zu dir zurückfindest. Schreibe jemandem, den du liebst, warum du ihn oder sie liebst. Werde dir darüber bewusst, dass die Liebe eine Kraft ist, die alles zu heilen vermag. Widme das Bild der Liebe.

- Deutung der Karte auf drei Ebenen -

Das Atelier weiß

VII

Dir stellt sich die Aufgabe, für eine Weile das Leben leichter zu nehmen als normalerweise. Das geschieht, wenn du dich mit schöngeistigen Dingen beschäftigst und dafür sorgst, dass du dich ausreichend inspirieren lässt. Deine Beziehungen können eine neue Dimension bekommen, wenn du dich von deinen Standpunkten lösen kannst und dein Gegenüber mehr in deine Betrachtungsweise mit einbeziehst. Im siebten Feld geht es darum, Kompromisse zu finden und das Ganze in Betracht zu ziehen, nicht Recht zu haben. Gib deinem Schönheitssinn Ausdruck, vielleicht ist es eine gute Zeit, um ein Zimmer neu einzurichten oder die Wohnung zu renovieren. Das Außen ist immer auch ein Spiegel für das Innere, du kannst dein Inneres beleben, indem du äußerliche Verbesserungen einleitest. Überlege dir, was du brauchst, um dich ausgeglichen zu fühlen. Harmonische Entwicklungen kannst du einleiten, wenn du selbst deine Mitte wieder gefunden hast. Im siebten Haus lernst du, in Beziehung zu treten, zu dir selbst und zu anderen. Achte darauf, dass diese Beziehungen von Wohlwollen getragen sind.

Das Atelier rot

VII

Durch dein ausgeglichenes Wesen kannst du Frieden stiften, selbst an schwierigen Stellen. Deine Beziehungen haben eine harmonische Ebene erreicht, von der aus du nun kreativ sein kannst. Du hast die Aufgabe, dich künstlerisch auszudrücken, damit das, was du in dir gefunden hast, auch anderen zugänglich wird. Im Moment bist du von den Musen geküsst, schaffe dir genügend Freiraum, um eine geeignete Form für deine Inspirationen zu finden. Du bist ein Kanal für die Liebe, die dich erfasst, und sie möchte an vielen Orten verteilt werden. Begib dich in Situationen, die dein ästhetisches Bewusstsein ansprechen und die dich mit Menschen zusammenführen, die dir wohlgesonnen sind, denen du gerne begegnest. Hier kannst du lernen und dich weiterentwickeln. Halte dich bewusst von störenden Einflüssen fern, im Moment ist keine Zeit zum Kämpfen. Du kannst durch deine innere Ausgewogenheit an einer freundlicheren Sichtweise über die Erde mitarbeiten und dich für friedliche Ziele einsetzen. In deiner Beziehung bahnt sich eine schöne Zeit an, eine richtige Partnerschaft, die sich aus zwei Menschen zusammensetzt, die sich gegenseitig Achtung und Liebe entgegenbringen. Gib auch dieser genügend Raum.

Das Atelier schwarz

Wahrscheinlich bist du im Moment in einer bereichernden Partnerschaft und genießt die erotische Anziehungskraft, die euch beide verbindet. Übersprudelnd sind deine Gefühle, die dich beflügeln und dir einen angenehmen, leichten Lebensfluss ermöglichen. Viele Wahlmöglichkeiten tauchen auf, und du kannst jetzt einen Weg wählen, der von Aphrodite inspiriert ist. Wählst du ihn, dann ist natürliches Glück und tiefe Eingebundenheit die Folge. Suche dir den richtigen Ort, um dein kreatives Potential ausdrücken zu können. Wähle die Menschen, zu denen du dich hingezogen fühlst und arbeite mit ihnen gemeinsam an einem schönen Projekt, das positive Ziele trägt. Jetzt ist die Zeit, geeignete Formen für deine inneren Überzeugungen zu finden. Je stärker du dich auf die Liebe und die Überwindung von Gegensätzen konzentrierst, desto harmonischer wird sich dein Lebensraum gestalten. Der Weg ist da, wo Freude und Bewusstheit warten.

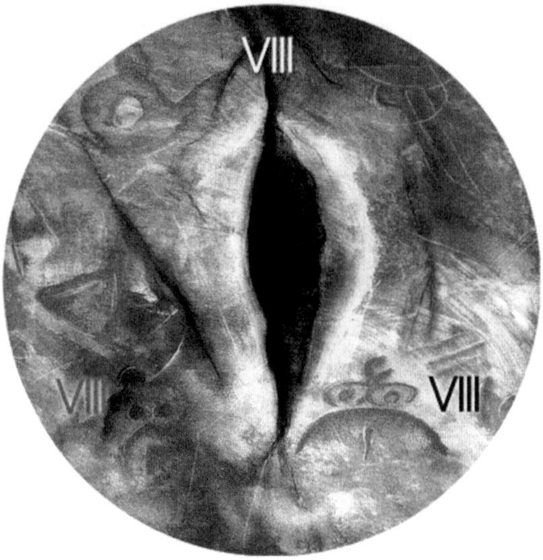

Der geheime Ort

...sich verwandeln...

...das achte Haus...

Im achten Haus stellt sich dann die Aufgabe, alle bisherigen gesammelten Erfahrungen so zu verwandeln, dass Raum für eine tiefe Einsicht in die Natur des Geistes entsteht. Damit dies geschehen kann, sind verschiedene Loslöseprozesse notwendig. Bis zum siebten Haus sind wir damit beschäftigt, das Ich zu erkennen, auszubilden, Selbstbewusstsein zu erlangen und für die Begegnung reifen zu lassen. Im achten Haus steht nun eine nicht ganz einfache Prüfung an, nämlich das Leben und die geschaffenen Werte auf ihren Wahrheitsgehalt hin zu untersuchen. Normalerweise beschäftigt man sich mit dem Ansammeln: man sammelt materielle Werte, Erfahrungen, Eindrücke und sucht diese zu bewahren, abzusichern und sie vor Angriffen zu schützen. Das Ich ist damit beschäftigt, an sich zu binden, sich zu binden und sich über die eingegangenen Bindungen zu identifizieren: ich bin, was ich habe, was ich denke und was ich fühle. So bildet man Strukturen aus, die diese Identifikation bestätigen. Auf diese Weise verdichtet sich die Erlebniskette immer enger und reduziert sich auf subjektive, beschränkte Erfahrungen dessen, was man für sich als wahr erkannt hat. Das achte Haus rüttelt an dieser Wahrheit. Nicht selten verliert man etwas „Wichtiges" und wird mit den verdrängten Gefühlen wie Eifersucht, Trauer, Hass, Habgier und Machthaberei konfrontiert. Das achte Haus stürzt das Ego erst einmal in eine

Krise, indem es Raum für Erfahrungen gibt, die das Loslassen erfordern. Loslassen geschieht aber nicht, ohne dass man sich bewusst wird, wo man zu stark festhält. In jedem Menschen schlummern die sogenannten Schattenkräfte, unerlöste Instinktanteile der Persönlichkeit, die, weil sie im Verborgenen schlummern, nicht gern gesehen, sondern normalerweise mit den verschiedensten Rollen überspielt werden. Dennoch vermögen es die Schattenanteile aufgrund ihrer Unbewusstheit, auf ganz subtile Weise dem Leben eine eindeutige Richtung zu geben, auch wenn sie falsch ist. Weil sie vom Ego nicht anerkannt werden, führen sie eine Art Eigenleben, die den Fluss des Lebens erheblich behindern können. Um ihnen begegnen zu können, braucht es Mut und die Einsicht, dass alles, was mir geschieht, die Projektion meines eigenen Geistes ist.

Ein einfaches Beispiel ist: ich habe ein neues Auto und bin stolz darauf. Mein Ego identifiziert sich mit der Freude über den Besitz und beginnt, das Auto zu behüten, damit ihm nichts geschieht. Einige Tage später habe ich einen Unfall. Der andere ist schuld. Ich bin aufgebracht und sauer, weil er mir mein Auto zerstört hat und entwickle Rachegefühle und bringe ihn dazu, dass er mir den Schaden zahlt. Soweit, so gut, ein normaler Ablauf, der fair scheint. Versäume ich aber, die Verantwortung für meine „bösen" Gefühle, die der Rache, des Hasses, des Ärgers zu übernehmen, dann entkommen diese unter dem Deckmäntelchen des Gefühls, dass der andere ja schuld war und leben weiter in mir, mit dem Gefühl, Recht zu haben. Einige Wochen später geschieht ein zweiter Unfall, diesmal hat der andere wieder Schuld und entkommt. Ich bekomme keinen Schadensersatz und meine Gefühle, die sich nicht von der ersten Situation unterscheiden, bleiben jetzt offen im Raum stehen, denn sie fühlen sich um den fairen Ausgleich betrogen. So wird meine geistige Haltung allmählich vergiftet und scheinbar ist wieder der andere schuld. Dabei übersehe ich, dass der Fehler schon zu Beginn entstanden ist, nämlich zu dem Zeitpunkt, als ich mich mit dem Gefühl identifizierte, dass „mein Auto" mir gehört. In Wahrheit ist das Auto zu mir gekommen ohne Garantie, dass es auch für immer bei mir bleibt. Es begleitet einfach nur eine Weile mein Leben. Könnte ich es wieder mit der gleichen Freude loslassen, wie ich es empfangen habe, gäbe es kein Problem. Und wer weiß, vielleicht bewahrt mich der Unfall vor einem noch größeren, bei dem ich selbst auch noch zu schaden käme...

Immer wenn wir das Gefühl haben, etwas verteidigen zu müssen, weil wir es unbedingt behalten wollen, ist Vorsicht angesagt. Denn das Behaltenwollen verhindert, dass sich das Leben wandeln kann. Wenn ich Recht behalten will, verhindere ich neue Einsichten, wenn ich mein Zuhause behalten will, verhindere ich, woanders neue Erfahrungen zu machen, wenn ich an einer Beziehung festhalte, verhindere ich, dass vielleicht tiefere Erfahrungen in einer zukünftigen gemacht werden, wenn ich an meiner Freiheit festhalte, verhindere ich, mich einzulassen usw.

Das achte Haus lehrt, dass nur über die Zerstörung, über das Loslassen Umwandlung geschieht. Es ermöglicht uns, dem Schmerz zu begegnen, der dort liegt, wo ich zu stark festhalte. Gelingt es mir, in den Schmerz hineinzugehen, indem ich anerkennen kann, was mir geschieht, liegt dahinter die Erfahrung einer Freiheit, einer tiefen Liebe, die sich dadurch auszeichnet, dass sie sich nicht über die Bindung an ein Objekt auszeichnet, sondern als reine Kraft erfahren werden kann. Es ist erleichternd, loszulassen, denn die Angst vor Verlust kann verhindern, dass man sich ganz einlässt, weil man zu beschäftigt ist, sich im sicheren Bereich zu bewegen, während man festhält. In einer Beziehung sieht das häufig so aus, dass man sich nicht wagt, auch seine unbeliebten Gefühle mitzuteilen, aus Angst, dann nicht mehr geliebt zu werden. Aber genau so manifestiert sich früher oder später das, wovor man Angst hat, weil es lebt, ohne in die Gesamtpersönlichkeit integriert zu werden. Bin ich im Innersten davon überzeugt, dass mich mein Partner früher oder später verlassen wird, dann manifestiert sich eine solche Szene auch irgendwann, weil ein Teil von mir darauf hinarbeitet, diese Erfahrung zu sammeln, während die anderen Teile damit beschäftigt sind, sie zu verhindern. Hieraus entsteht ein unbewusster Konflikt, der dem anderen misstraut und sich gleichzeitig zu versichern versucht, dass es eine solche Erfahrung nicht gibt. Enge Strukturen werden errichtet, die irgendwann einmal die Beziehung lähmen werden, weil sie nicht lebendig sind. Gelingt es mir, das Verlassen-Werden so zu desillusionieren, dass es möglich sein kann, aber nicht muss, dann kann ich weitaus mehr angstfrei zulassen als wenn das nicht geschieht. Ich weiß dann, wovor ich Angst habe und erkenne gleichzeitig, dass ich nicht „sterbe", wenn es tatsächlich geschieht. Die tiefen Verletzungen sind immer mit dem Gefühl, sterben zu müssen, verbunden. Sie sind dort angesiedelt, wo man das Gefühl hat, sich ganz stark schützen zu müssen, dort, wo die ganz starken Süchte und Abhängigkeiten sitzen.

Hier gewinnt der geheime Ort an Bedeutung. Er befindet sich zu einem Teil im Inneren, nämlich dort, wo man nicht hinschauen möchte, wo man selbst Täterin, Opfer, Rächerin, Hassende, Machtlüsterne, Eifersüchtige, Rasende, Hassende ist. Weil man nicht hinschaut, können die damit verbundenen Gefühle nicht befreit werden und zur Gesamtpersönlichkeit dazu gehören, und deshalb hat man so wenig Kontrolle darüber, wenn sie hervorbrechen.

An geheimen Orten, Friedhöfen, Leichenhäusern, in Bordellen oder abgelegenen Häusern wurden früher solche Erfahrungen bewusst gesammelt. Man lernte dort, den Tod als Wirklichkeit anzuerkennen und die triebhafte Instinktwelt anzuerkennen und zu verwandeln. In einem Bordell ist möglich, was nicht in eine „sichere" Beziehung gehört. Man kann seine „verbotenen" Fantasien ausleben und darüber erfahren, wie die nicht integrierten sexuellen Triebe strukturiert sind. Natürlich ist es nicht notwendig, dafür extra ein solches aufzusuchen. Man kann sie auch einfach so zulassen und darüber lernen. Immer, wenn man selbst ein Tabu auslebt, kommt man den Schattenanteilen näher, und sie verlieren dadurch ihre unbewusste Macht, die sie ausüben. Je mehr man sich ihnen annähert, desto stärker wird die Erfahrung der inneren Kraft, die einem jetzt zur Verfügung steht, weil sie nicht mehr mit dem gleichen Kraftaufwand verdrängt werden muss. Um sich mit den eigenen „niedrigen" Trieben auseinander zu setzen, braucht es sehr viel Vertrauen, Ehrlichkeit und einen geschützten Raum, der solche Erfahrungen zulässt. Das ist der geheime Ort, ein Platz, der nicht zum Alltagsleben dazu gehört, der aber aufgrund seiner Intimität Raum gibt für „gefährliche" Erfahrungen, die normalerweise vom Ego tabuisiert werden. Wagt man sich hinein in den geheimen Ort, dann kann man dort Erfahrungen sammeln, die wirklich das Leben transformieren. Man trifft dort seine Lust, die sich über die Bereitschaft befreit, nicht anständig zu sein, das innere „Tier" auszuleben, den „Schweinehund" zu befreien. Das Geschenk ist die Erfahrung der Leere, die Gelöstheit, die ganz von Innen kommt, weil nichts mehr verdrängt werden braucht. Die Gefahr ist, sich wieder mit dieser Lust zu identifizieren und so ganz außer Kontrolle zu geraten, wenn man nicht vorher prüft, ob der geheime Ort so sicher ist, dass man sich darin ganz unsicher fühlen kann. Die gefährlichen Gefühle sind die, die am meisten Sucht erzeugen. Es sind die Leidenschaften, die man sich erfüllen „muss", bei denen man sich obszessiv und magnetisch angezogen fühlt, ohne etwas „dagegen tun zu können", auch wenn der Verstand dagegen arbeitet. Schafft man es, diese auszuleben mit dem Bewusstsein, sie auch wieder loslassen zu können, dann hat man sich verwandelt und die darunter liegende Weisheit manifestiert sich in einer liebenden Einsicht, die aus dem durchlebten Schmerz geboren wird. Deshalb ist der geheime Ort der Ort der Transformation. Transformation ist eine Verwandlung, die stattfindet, nachdem man durch ein Tabu hindurchgegangen ist und einen geistigen Gewinn verzeichnen kann. Es ist eine der schwersten Übungen, sich dort hineinzuwagen und auch wieder herauszukommen. Ohne sie ist aber der Geist nicht fähig, sich selbst zu erkennen.

Das Ritual des geheimen Ortes

Suche dir einen passenden „geheimen Ort“ und begib dich dort hinein, entweder alleine oder mit einem Menschen, dem du dein ganzes Vertrauen schenken kannst. Stell dir vor, du besuchst deine innere „Schattenkraft“. Male diese, gib ihr eine Form und einen Namen. Spüre, was er oder sie für Eigenschaften hat. Wobei empfindet die Schattenkraft Lust? Möchte sie mächtig sein oder sich rächen oder andere quälen? Lass deiner Fantasie freien Lauf, bis du sie näher kennen gelernt hast. Male ihr Sprechblasen und schau, was sie zu sagen hat. Falls du dich schämst, lasse es zu. Beobachte, welche Erleichterung es bereitet, sich mit der Schattenkraft auseinander zu setzen. Bitte deinen Partner, ihren Part für dich zu übernehmen, damit du ihr näher kommen kannst. Wenn du alleine bist, sprich ihr trotz allem deine Anerkennung aus. Beobachte, wie sich die Kraft in dir jetzt anfühlt, wenn du ja zu ihr sagst. Tritt dann in Kommunikation und versuche, dich mit der Kraft der Schattenkraft so anzufreunden, dass sie dir zu deinem Schutz zur Verfügung steht. Suche in den kommenden Tagen immer wieder am geheimen Ort das Gespräch mit ihr und schau, was sich verändert.

- Deutung der Karte auf drei Ebenen -

Der geheime Ort weiß

VIII

Dir begegnet die Erfahrung des Loslassens. Falls du dabei bist, etwas Wichtiges zu verlieren, so lasse den Schmerz darüber zu und untersuche den Teil von dir, der die Wirklichkeit nicht anerkennen kann und trotzdem weiter festhält. Du kommst am geheimen Ort mit deinen Schattenanteilen in Berührung, mit dem, wovor du schon immer die Augen verschließen wolltest. Im Moment geht das nicht mehr. Betrachte dich selbst und kämpfe nicht mehr länger gegen das an, was du siehst. Gib nach und lass deine Gefühle frei fließen. Beobachte deine damit verbundenen „schwarzen" Gedanken. Erkenne sie an und lass sie zu, damit du Klarheit bekommst. Eine überlebte Ansicht in dir ist im Begriff, zu sterben, unterstütze den Transformationsprozess, indem du loslässt und bewusst aufgibst, das Geschehen weiter zu manipulieren. Die Wiedergeburt kann stattfinden, sobald du dich ganz gelöst hast. Der Weg heraus führt auch gleichzeitig wieder in etwas hinein. Stehe dir nicht selbst im Weg, indem du weiter die Augen verschließt. Die Wahrheit ist nicht immer schmerzfrei, aber dafür führt sie in tiefere Erlebniswelten. Du kannst eine reiche Erfahrung machen, wenn du die Kontrolle an dein höheres Bewusstsein übergibst und um Führung bittest.

Der geheime Ort rot

VIII

Die Dimension deiner Erfahrung nimmt zu, je tiefer du in die dir unangenehmen Gefühle eintauchen kannst. Untersuche sie und nimm dich ihrer an. Schaffe dir einen geheimen Ort, an dem du ungestört bist und sei ehrlich zu dir selbst. Dir ist etwas ins Bewusstsein getreten, dass die Wirklichkeit verändern kann, wenn du bereit bist, die damit verbundenen Schmerzen in Kauf zu nehmen. Eine dir liebgewonnene Gewohnheit möchte geopfert werden, damit du umfassendere Erfahrungen machen kannst. Am geheimen Ort kannst du dich verwandeln, sobald du erkannt hast, dass das, was dir im Moment Unbehagen bereitet, nicht von Außen kommt, sondern von deiner innerlichen Reaktion und Ablehnung. Auch wenn das, was du wahrnimmst, nicht besonders schön ist, dann kann dein Erschrecken dich zum Aufwachen führen. Überprüfe, was dich bedroht und warum. Versuche, das Phantom in einen Ansprechpartner zu verwandeln, der für dich greifbare Formen bekommt. So kannst du falsche Überzeugungen und Glaubenssätze finden und loslassen. Befreiung und tiefere Selbstliebe sind die Folge dieses Lernprozesses.

Der geheime Ort schwarz

Deine Leidenschaftlichkeit macht dir im Moment vielleicht Angst. Und doch kann sie zum Weg der Befreiung führen, wenn du dich darauf einlässt, ohne zu manipulieren und ohne deine Bewusstheit zu verlieren. Jetzt braucht deine innere Beobachterin Kraft, denn du bist dabei, eine sehr tiefe automatisch ablaufende Struktur deiner Gewohnheiten zu erkennen. Habe keine Angst davor, sondern begib dich mit einer gewissen Neugier hinein, um zu erkennen, worin du gefangen bist. Agiere aus, was dich bewegt, aber löse dich gleichzeitig davon, indem du dir eingestehst, dass auch das, was im Moment läuft, eine Illusion ist. Allerdings eine, die du durchleben musst, um weiterzukommen. Am Ende des Tunnels wartet das Licht, du wirst wieder sehen können, wenn du aufmerksam durchgegangen bist. Verdränge nichts, sondern lebe so intensiv wie möglich das, was du fühlst, denn du kannst tiefer hineingehen als zu anderen Zeiten. So befreist du dich von einem Druck, der schon lange in dir war. Nimm an, was dir gezeigt wird und befreie dich von Schuldgefühlen oder Scham, während du teilnimmst, ohne dich selbst zu blockieren. So kannst du eine falsche Sichtweise befreien und verwandeln und tieferes Gewahrsein ist das Geschenk.

Der Festsaal

...den Geist feiern...

...das neunte Haus...

Nachdem sich im achten Haus das zu Verwandelnde gezeigt hat und integriert wurde, ist es nun die Aufgabe des neunten Hauses, mit den so vereinten Kräften Begeisterung und Freude an den Tag zu legen und sich für positive geistige Ziele einzusetzen. Dafür eignet sich ein Festsaal. Zu allen Zeiten wurde gefeiert. Im Namen der Göttin und ihrer Verwandlungsstufen waren die Feste nach den Jahreszeiten ausgerichtet, mit den Hauptfesten für Winter- und Sommersonnenwende und Frühlings- und Herbst-Tagundnachtgleiche. Das Jahr starb und erneuerte sich in spiralförmiger Bewegung und die Menschen ahmten die damit verbundene organische Verwandlung nach, indem sie die Feste zu den Themen der einzelnen Verwandlungsstufen ausrichteten. (siehe mein Buch: Göttin der Gezeiten, ein Göttinnenjahr mit seinen Festlichkeiten, Heyne-Verlag, 2001). Durch die regelmäßigen Feiern wurde das soziale Bewusstsein der Gemeinschaft gefördert und gleichzeitig konnte sich der gemeinsame Geist auf die unterschiedlichen Kräfte der Göttin ausrichten, so dass sowohl das spirituelle Bewusstsein gefördert wurde als auch die soziale Integration des Einzelnen. Bei einer Feier entsteht Freude, und man teilt diese mit den anderen Mitgliedern der Gemeinschaft, die sich so wiederum potenziert. Ist die Freude mit einem geistigen Ziel verbunden, dann erfährt man Glück, das keinen Raum für „niedere" Gefühle lässt. Freude, die von innen kommt, verleiht Führungskraft.

Im neunten Haus stellt sich die Aufgabe, entweder selbst die Führung zu übernehmen oder sich einer Gemeinschaft anzuschließen, die geistige und spirituelle Werte zu fördern versteht. Man ist ebenfalls aufgefordert, seinen geistigen Horizont zu erweitern, z.B. durch die Beschäftigung mit anderen Kulturräumen und des eigenen Kulturraumes, durch Reisen und Weiterbildung. Die positive Kraft des neunten Hauses richtet sich immer auf ein Ziel aus, sie möchte etwas erreichen und darstellen, angesammelte Kräfte und Erfahrungen verteilen und andere damit begeistern. Im neunten Haus bildet sich die persönliche Fähigkeit zum Lehren aus. Sei dies im Kleinen oder Großen, denn jeder Mensch trägt Erfahrungen in sich, die durch Weitergabe andere bereichern können.

Das neunte Haus oder der Festsaal ist auch der Raum der Fülle. Selbst bereichert, kann man andere bereichern. Durch die positive Ausrichtung des Geistes entsteht das Gefühl des inneren Reichtums. „Wir sind, was wir denken. Mit unseren Gedanken schaffen wir die Welt. Sprich oder handle mit einem unreinen Geist und Schwierigkeiten werden dir folgen, wie das Rad dem Ochsen, der den Karren zieht. Wir sind, was wir denken. Sprich oder handle mit einem reinen Geist und Glück wird dir folgen, wie dein Schatten, unerschütterlich.“ (aus den Lehrreden Buddhas). Diese Weisheit möchte im neunten Haus erfahren werden. Dazu ist es notwendig, die eigenen Gedankenketten immer wieder zu prüfen und sie durch regelmäßige Übung allmählich in positivere Muster zu überführen. Positive Gedankenmuster entstehen u.a. durch die Beschäftigung mit den überlieferten Weisheitslehren und der kontinuierlichen inneren Arbeit. Der Geist überdauert den Körper und inkarniert sich aufgrund seiner gesammelten Eindrücke immer wieder in passenden Umständen und Formen, um seine Entwicklung zu vervollkommnen. Ist es da nicht wichtig, auf ihn zu achten und ihn zu schulen? Im neunten Haus ist genau das die Aufgabe: sich mit dem persönlichen geistigen Werdegang auseinanderzusetzen und ihm vermehrte Aufmerksamkeit zu schenken.

Im neunten Haus lassen sich darüber hinaus Erfahrungen sammeln, bei denen es nicht nur bei geistigen Einsichten bleibt, sondern die daraus entstehen, dass sie mit dem Herzen verbunden ihren Ausdruck im täglichen Leben finden. Im Festsaal werden die Gewinne gefeiert, die sich daraus ergeben, dass die geistige Entwicklung allmählich über die Bedürftigkeit siegt, weil der Geist stabil geworden ist und der Glaube an das Gute auf nahezu unerschütterlichen Beinen steht. Der Glaube an die positiven Kräfte bewirkt auch, dass das Selbstbewusstsein steigt und die persönliche Ausstrahlung zunimmt, so dass sie auf andere wirken kann und begeisterte Funken überspringen. Im neunten Haus lernen wir, uns für übergeordnete Ziele einzusetzen, die entweder die kleine oder große Welt retten möchten oder zumindest dazu beitragen, dass ein besseres Leben möglich ist. Im Festsaal des Lebens kann das, woran man glaubt, verkündet oder die allgemeine Stimmung angehoben werden, sobald eine/r der Anwesenden die Führung übernimmt. Eine fröhliche Stimmung bewirkt Offenheit und Bereitschaft, was wiederum die Voraussetzung für Veränderungen ist. Wahre LehrerInnen sind häufig auch gute UnterhalterInnen, sie können sich in die Bedürfnisse der Anwesenden hineinfühlen und lehren dann spontan, aus dem Moment heraus das, was situativ wirklich gebraucht wird. Sie zeichnen sich aus durch übermäßige Herzensgüte und Großzügigkeit, die erfahrbar und fühlbar den Raum erfüllt. Unsichere, ängstliche LehrerInnen halten sich an den Lehrplan und sind nicht in Kontakt mit den Anwesenden. So kann auch keine wirkliche Übertragung oder Berührung stattfinden. Im Festsaal herrscht normalerweise eine euphorische Stimmung, knistert auch eine gespannte

Erwartungshaltung und die Feiernden sind aufgeschlossen und kontaktbereit. Sie treffen sich, um eine gemeinsame Erfahrung zu machen und diese mit Freuden zu teilen. Der Raum des neunten Hauses enthält diese Fähigkeit der Freude, die man nutzen kann, um zu enge Haltungen und Sichtweisen zu überkommen. Bin ich fröhlich, fällt es mir viel leichter, über meine Grenzen hinauszudenken, als wenn ich deprimiert bin, denn dann scheinen die Hindernisse unüberwindbar. Deshalb ist es wichtig, immer mal wieder zu feiern, damit sich die positive Haltung stabilisieren kann. Leider sind die Feste, in welchen der Bezug zur ursprünglichen weiblichen Göttinnenenergie zum Ausdruck kommt, in unserem Kulturraum am Aussterben. Wir sind aufgefordert, die alten Feste wieder neu zu beleben und in einen religiösen oder geistigen Zusammenhang zu stellen, Musik und Tanz rückzubinden, um damit unserer Dankbarkeit und Freude über das Dasein Ausdruck zu geben.

Große Konzerte bereiten beispielsweise den Raum für die Erfahrungen des neunten Feldes, des Festsaals. Die Euphorie des Publikums überträgt sich auf alle und wächst dadurch zu einer Erfahrung, die man alleine oder in einem kleinen Rahmen nicht gemacht hätte. Wird im Rahmen einer solchen Veranstaltung auch noch eine Botschaft verkündet, sei es für den Frieden auf Erden oder die Befreiung aus Unterdrückung und Zwang oder ähnliches, dann wirkt ein solcher Eindruck natürlich noch eindringlicher bis tief in unsere Herzen hinein, denn in Wahrheit wollen wir alle in Frieden und Liebe leben und nichts und niemanden von dieser Fülle ausschließen.

Im neunten Haus ist es also wichtig, sich über die persönlichen Interessen hinaus zu entwickeln und geistige Werte zu suchen und auszubilden, die dem Leben eine Ausrichtung und ein Ziel geben. Kulturelle Veranstaltungen können dazu beitragen, dass sich das Bewusstsein im gemeinsamen Erleben mit diesen auseinandersetzt. Das Aufsuchen von geeigneten bewusstseinserweiternden Selbsterfahrungsgruppen ist im neunten Haus ratsam. Der Raum des neunten Hauses oder der Festsaal steht auch für bewusstseinserweiternde Reisen wie beispielsweise PilgerInnenreisen. Diese gab es schon immer. Reisen, die unternommen wurden, mit dem Ziel, einem heiligen Ort oder Menschen seine Aufwartung zu machen und dort entweder Rat zu suchen oder einfach nur Dankbarkeit auszusprechen. Die PilgerInnenreise unterscheidet sich von der normalen dadurch, dass sie bewusst geschieht, auf dem Weg schon lernt die Pilgerin jeden ihrer Schritte mit Aufmerksamkeit und Achtsamkeit zu verfolgen. Das Geschenk, das sie erhält, ist Erkenntnis und Erhellung, denn sie macht sich auf den Weg zum Licht und erlangt auf diese Art größere geistige Reife. Ein geistig gereifter Mensch besitzt häufig auch eine innere Bescheidenheit, denn er hat sich von seinem persönlichen Egofixierungen gelöst und stellt nun das gefundene Licht in den Dienst, befreit davon, es zur Schau stellen zu wollen. Es strahlt einfach und natürlich von innen nach außen.

So lässt sich über den Festsaal, das neunte Haus sagen, dass es die Aufgabe stellt, das Licht zu finden und aktiv in die Welt zu tragen. Es ist das Haus der geistigen Sammlung und der religiösen Einbindung, der humanen Werte und der begeisterten Freude, die sich daraus ergibt, dass man seinen Weg gefunden hat und bewusst darauf fortschreitet. Diese Freude gibt Grund zur Feier und zur Festlichkeit.

Das Ritual des Festsaals

Mach dich auf und besuche eine Veranstaltung, die dich anregt und bei der du deiner Lebensfreude Ausdruck geben kannst. Feiere und lasse alle Spannungen los, indem du tanzt, singst oder Musik machst. Öffne alle deine Sinne für das Fest, das du deinem höheren Bewusstsein widmest. Versuche, die anderen Teilnehmer aufzumuntern und zu begeistern und beobachte, wie vielleicht dadurch deine eigene Lebensfreude noch vermehrt wird. Du selbst bist die Regisseurin deines Lebens, die Stimmungen hervorrufen kann und Einfluss auf die Gesamtatmosphäre hat. Überlege dir, in welchen Lebensbereichen du im Moment Erfolge zu verzeichnen hast, ein Stückchen weiter gekommen bist und feiere diesen Zugewinn. Lobe dich selbst dafür und sprich dir deine Anerkennung aus. Je mehr du dich innerlich auf die Gewinnerseite einstellst, desto leichter wirst du auch erreichen, was du dir vorgenommen hast. Achte aber stets darauf dass nicht nur du, sondern alle dabei gewinnen. Widme das Fest der Göttin oder der höheren Kraft, an die du glaubst.

- Deutung der Karte auf drei Ebenen -

Der Festsaal weiß

Deine Aufgabe ist, dich in die geistige Lehre zu begeben. Du hast viel positive Kraft in dir, die eine Ausrichtung braucht, um nicht zu verpuffen. Vielleicht kannst du eine Reise planen oder unternehmen, die dich geistig anregt und inspiriert. Überlege, welche Ziele du mit deinem Leben verfolgst und wie du sie am besten erreichen kannst. Schließe dich einer Gruppe oder Gemeinschaft an, mit der du deine geistigen Interessen teilen und weiterentwickeln kannst, aber achte stets darauf, dass sie wirklich zu deiner geistigen Bereicherung beiträgt. Falls die Gruppe oder Gemeinschaft autoritäre, einengende Strukturen hat, trenne dich nötigenfalls auch wieder von ihr. Sei auf jeden Fall behutsam mit dir selbst. Der Festsaal ruft zwar, aber noch bist du sehr beeinflussbar und damit auch manipulierbar. Suche Menschen auf, von denen du etwas lernen kannst, was dir Freude macht. Vielleicht regt sich gerade ein verborgenes Talent und sorgt für ein wenig Unzufriedenheit, weil du es so lange vernachlässigt hast. Kümmere dich darum, du kannst im Moment über deinen gewöhnlichen Erfahrungshorizont hinauswachsen. Du kannst ruhig ein wenig mehr Aktivität an den Tag legen und dich weiter als sonst aus deinem sicheren Rahmen entfernen. Sei wachsam!

Der Festsaal rot

Du fühlst dich auf angenehme Weise beflügelt und eilst voran. Große Entwicklungsschritte bereiten sich vor. Du kannst reiche Erfahrungen auf dem geistigen Gebiet sammeln, wenn du bereit bist, dich fortzubilden. Vielleicht bist du auch zu stark geworden für deinen gewohnten Lebensraum, und es steht an, diesen zu verlassen. Lasse es zu, dass dein Geist expandieren möchte und stürze dich ruhig in anregende Erfahrungen. Du kannst es wagen, über deine gewohnten Vorstellungen hinauszudenken. Du bist dabei, zu wachsen. Wie ein Kelch, in dem sich kostbare Substanzen gesammelt haben, fließt du innerlich über und lässt andere an deinem Glück teilhaben. Widme deine Begeisterung einer guten Sache, für die du eintreten kannst. Überprüfe deine inneren Überzeugungen und setze dich mit einem anregenden Weltbild auseinander. Versuche das, was du im Moment lernst, auch gleich in die Tat umzusetzen. Versuche, inspirierende geistige Erfahrungen in deinen Alltag zu integrieren und umzusetzen.

Der Festsaal schwarz

IX

Das innere Licht strahlt aus dir heraus und verleiht dir eine faszinierende Anziehungskraft. Lerne, diese weise einzusetzen. Da du dir wahrscheinlich darüber bewusst bist, was du kannst und wo deine Fähigkeiten liegen, kannst du jetzt damit beginnen, anderen das, was du erfahren hast, beizubringen. Die Welt wartet auf deinen Beitrag. Du brauchst dich nur einen Schritt weiterzubewegen. Da, wo das Lampenfieber liegt, geht's lang! Schaue auf Bereiche in deinem Leben, in denen du dich zu sehr zurückgehalten hast und prüfe, ob du deshalb jetzt unzufrieden bist. Investiere hier deine Kraft und erlaube dir jetzt das zu tun, was du schon immer tun wolltest. So kannst du große geistige Befreiung erfahren, denn du begibst dich auf deinen Weg. Reife geschieht unter optimalen Bedingungen zum Wachstum. Unter welchen Umständen kannst du wachsen und reifen? Besuche Orte, die dir Kraft geben und die dich inspirieren. Gib deinen Gedanken Ausdruck. Feiere deinen Übergang, du bist im Begriff, zu einer wirklich erfahrenen Frau zu reifen.

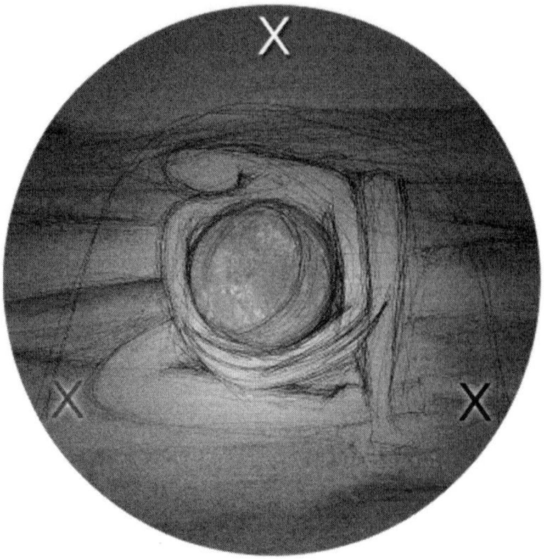

Die Einsiedelei

...das Selbst klären...

...das zehnte Haus...

Im zehnten Haus stellen sich folgende Aufgaben: sich selbst auf Wesentliches zu beschränken und das zu finden, was unzerstörbar ist, den Diamanten, das strahlend klare Bewusstsein. Während im neunten Haus die geistigen Prozesse einen Aufschwung erhielten und durch die Freude darüber eine gemeinsame Feier stattfand, zieht sich die Weise nun aus der Gemeinschaft zurück, um dem gefundenen Glück zur Dauer zu verhelfen. Sie macht sich ganz alleine auf in die Berge oder an einen anderen abgelegenen Ort, um ihr inneres Licht selbst hervorzubringen und zu bewahren. Sie weiß, dass sie für eine Weile den Kontakt zu anderen meiden muss, um sich selbst, ihrem innersten Kern unbeeinflusst begegnen zu können. Sie möchte in sich gehen, sich konzentrieren und herauskristallisieren, was unzerstörbar und dem Wandel nicht unterworfen ist. Immer leichter werden ihre Schritte, je weiter sie sich von den anderen entfernt, während sie die Pflichten des Alltags hinter sich lässt. Bis sie ankommt, in ihrer Einsiedelei, in der sie autark leben kann und so lange bleiben wird, bis sie findet, was sie sucht.

Die Einsiedelei oder das zehnte Haus stellt nun seine besonderen Aufgaben. Die Person, die sie aufsucht, lernt, sich auf das Notwendigste zu beschränken, zu verzichten und gewinnt dadurch die Freiheit von materiellen Abhängigkeiten. In der Einsiedelei braucht sie keine

Miete zu zahlen oder zu arbeiten, kann sich ganz nach Innen kehren und auf die Antworten warten, die ihr das Unbewusste preisgibt. Durch das einfache Leben, das sie führt, lernt sie, für ihre existenziellen Bedürfnisse zu sorgen, ohne aber dafür zu viele Zugeständnisse machen zu müssen. Sie beschränkt sich auf das, was ihr die Natur zur Verfügung stellt. Vielleicht beschließt sie auch zu fasten und widmet sich einer speziellen Methode der Körpererfahrung wie Focusing, Yoga, Tai Chi oder ähnlichem. So findet sie inneren Frieden und Ruhe, die Vorbedingungen für tiefere Einsichten. In der Einsiedelei kann sich die Person auch in einer Geistesdisziplin schulen, für deren Ausübung sie sich jetzt Zeit nimmt. Da sie keine Verpflichtungen hat, kann sie nun beruhigt abwarten. Ihre Ausdauer verleiht ihr die Gabe der Geduld. Ruhig verweilt sie an dem abgeschiedenen Ort, und ihr Geist kann sich setzen. Bald schon merkt sie wahrscheinlich, dass sich der Verzicht gelohnt hat, denn ihre Aufmerksamkeit wird feiner und die subtilere Wahrnehmung beginnt sich zu schärfen. Ihr Blick wird frei und die innere Stille wird nur von den unvermeidbaren Bewegungen unterbrochen. So kommt sie in einen Fluss, der sich von innen heraus entwickelt und für den sie ganz alleine verantwortlich ist.

Was findet eine Person in der Einsiedelei? Sie findet Gelöstheit, innere Bilder, Wahrheiten und sich selbst, so wie sie ist, ohne von außen beeinflusst zu werden. Sie kann ganz anders in Beziehung treten, zu sich und dem Leben. Sie findet, je länger sie verweilt, ein Licht, das niemals erlischt, das ihre Träume im Dunkeln leuchten lässt und den Tag durchdringt. Sie findet den Diamanten, den sie durch ihre Bewusstheit zu schleifen lernt und wird jeden Tag reicher, obwohl sie im asketischen Verzicht lebt. In der Einsiedelei lebt man freiwillig isoliert, nicht in Isolation unter Menschen. Die Wahl des Alleinseins führt allmählich zur Erfahrung des All-Eins-Seins. Während des Aufenthaltes in der Einsiedelei kann man sein Leben klären, Gedanken beobachten und deren Beziehung zur Welt durchtrennen, um sie dann wieder neu zusammenzusetzen.

Das zehnte Haus stellt diese Aufgabe. Erst wenn ich mich löse, durchschneide, was mich in Abhängigkeit bindet, kann ich wirkliche Beziehungen eingehen. Ich suche diese dann nicht mehr, weil ich nicht alleine sein kann, sondern sie wachsen aus konkreten Entscheidungen, aus der Erfahrung, dass ich mein Alleinsein zu akzeptieren gelernt habe. Wir werden alleine geboren und sterben alleine, wenn wir uns der Wirklichkeit stellen wollen, dann müssen wir auch diese Wahrheit akzeptieren. Das heißt allerdings nicht, dass man alleine bleiben muss. Es ist eher das Gefühl der Freiheit, das sich einstellt, wenn man es kann, denn dann ist es auch einfacher, bei sich zu bleiben, während man in Beziehung tritt, gleich welcher Art diese gestaltet sind. So reift im zehnten Haus die Selbstakzeptanz, indem man erst einmal desillusioniert, über was man sich normalerweise definiert. Das zehnte Haus öffnet die Augen zunächst auf eine unangenehme Art und Weise. Es zeigt, innerhalb welcher selbstauferlegten Zwänge ich mich bewege, um mich sicher zu fühlen und nimmt mir dann diese Sicherheit. Häufig kommt es wie ein Schock, wenn die Strukturen zusammenbrechen oder sich nicht mehr länger aufrechterhalten lassen. Es wirkt lebensbedrohlich und bringt Existenzängste mit sich, weil das, woran man schon IMMER festgehalten hat, nun keinen Halt mehr in sich birgt. So lernt man, sich auf ein Mindestmaß zu beschränken. Habe ich z.B. mein Geld mit unpassenden Aufgaben verdient, dann wird mich meine Arbeit nicht mehr länger versorgen. Gründet sich meine Sicherheit ausschließlich in meinem Partner, dann werde ich diesen sicher im zehnten Haus verlieren. Ist es das Haus, über das ich mich definiere, dann stürzt es sicherlich ein. Das zehnte Haus führt Trennungen herbei, die erst bedrohlich wirken, aber letztendlich in die Freiheit führen. Falsche Strukturen brechen zusammen, solange, bis die Sicherheit aus dem Innenraum wächst. Diese Sicherheit kann ich finden, wenn ich nicht dagegen ankämpfe, für eine Weile auf mich selbst gestellt zu sein, ohne größere Kontaktmöglichkeiten, sondern diese Zeit nutze, um mir über mich klar zu werden. Was in mir trägt mich wirklich? Was ist der Kern meines Wesens, die Eigenschaft, auf die ich mich in Zeiten der Not berufen kann und die dann auch dafür sorgt, dass die Not ein Ende findet? Ich würde sie niemals entdecken, wenn ich nicht für eine Weile meiner äußeren Sicherheiten beraubt wäre und mich weiter im Außen verlieren würde.

Im zehnten Haus, in der Einsiedelei steht der Raum zur Verfügung, um die Spreu vom Weizen zu trennen. Wenn man sich diesen Raum nicht selbst zu nehmen vermag, wird dieser für einen geschaffen. Hier findet man das eine Weizenkorn, das so perfekt ist, dass es ein neues Feld besamen kann. Hier findet man auch die Antwort auf die Fragen, wie viel und was man eigentlich wirklich braucht, worauf man eben nicht verzichten kann. Ist die Antwort gefunden, habe ich ein Fundament, auf das ich bauen kann. Denn was auch immer geschieht, was mir wirklich gehört und was ich wirklich erkannt habe, kann mir niemand wegnehmen. In der Einsiedelei bin ich aufgerufen, den Rohdiamant in mir zu finden, den ich dann sorgfältig schleife oder das Unzerstörbare in mir zu erspüren, das ich dann durch Übung und Konzentration vertiefen kann. Es ist das, was ich bin, was ich in mir finde, wenn ich eine Weile alleine war und Zeit hatte, mich selbst anzutreffen. Vielleicht ist es Ruhe oder Geduld, Scharfsinn oder Einsicht, die Fähigkeit, zu träumen oder zu visualisieren oder einfach nur Zufriedenheit, Genügsamkeit oder die Liebe, auf die ich bauen kann. Vielleicht finde ich heraus, dass ich ohne Natur nicht leben will oder dass ich unbedingt Menschen brauche. Jedenfalls findet sich immer etwas, ohne das es anscheinend wirklich nicht geht. Die Antwort bereitet schon den nächsten Schritt vor, der geleitet ist von der Energie des Wiederentdeckten. Weil sie ganz klar erschienen ist, ist es nun auch einfacher, nicht vom Weg abzukommen, sondern in konzentrierter Sammlung sich von innen heraus tragen und führen zu lassen. Das ist ein anderes Gehen als das, das hinter etwas herläuft, um es zu bekommen. Es ist ein Gehen, das von innen geleitet und geführt ist und daher fühlen sich die Schritte sicher und bedächtig an. Wenn ich höre, was mein innerster Kern mir sagt, kann ich auch nicht in die falsche Richtung laufen. Weil ich höre, was er sagt, habe ich auch keine Eile, denn wenn die Zeit reif ist, werden sich die Umstände durch meine bewussten Schritte manifestieren. Irrtum oder Versagen ist unmöglich. So lehrt das zehnte Haus oder die Einsiedelei die Einfachheit. Durch eine Art Ausschlussverfahren kristallisiert sich der Kern heraus, der sich als innere, tragfähige Sicherheit entpuppt. Um ihn zu finden, fallen alle ablenkenden Sicherheitsversuche weg. Sie greifen einfach nicht mehr. Die Sicherheit, die in einer besonderen eigenwilligen Fähigkeit begründet ist, ist meine eigentliche Berufung, der Grund, der mich in diese Inkarnation gebracht hat und gleichzeitig der Ausweg. Denn wenn ich sie gefunden habe, dann kann ich mit ihr arbeiten. Sobald ich mit ihr arbeite, klärt sich mein Leben, denn dann werde ich von Innen geführt und sehe, was mich wirklich betrifft. Ich sehe dann auch, was ich lernen muss und treffe klare Entscheidungen, die mich in dieser Richtung weiterbringen. So wird mein Diamant immer strahlender, während ich mich Schritt für Schritt weiterbewege. Meine Suche hat dann ein Ende, weil ich weiß, dass ich nur noch weitere Klarheit finden kann und die richtigen Entscheidungen schließen sich an.

Die Einsiedelei bietet den Raum für die Entwicklung zu einer eigenwilligen Person, die sich nicht mehr von den Umständen beeinflussen lässt. Weder kann man sie verlocken, noch vom Weg abbringen. Sie kennt sich selbst und bleibt sich selbst verpflichtet. Sie schließt sich zwar an und geht Verbindungen ein, aber im Innersten bleibt sie unantastbar und rein. Aus ihr strahlt die Liebe zur Existenz, von der sie nicht mehr abhängt. Sie hat gelernt, sich zu bescheiden und ohne äußeren Halt auszukommen. Deshalb hat sie sich in gewisser Weise eine Art Unzerstörbarkeit und Unsterblichkeit erworben. Ob sie stirbt oder weiterlebt, berührt sie nicht weiter, denn das Licht, das von ihr ausstrahlt, berührt beide Welten. Sie kann sie ganz geben und trotzdem unberührt bleiben, für sie gibt es keine Trennung mehr zwischen Innen und Außen, denn sie hat die trennende Grenze durchbrochen.

Das Ritual der Einsiedelei

Begib dich an einen einsamen Ort und sortiere aus, was du nicht brauchst. Stell dir vor, wie du in eine Spirale hineinläufst und dabei alles an darin befindliche Haken hängst, was du nicht unbedingt bei dir haben möchtest. Beobachte das erleichternde Gefühl, das sich einstellt, wenn du dabei leichter und leichter wirst. Benenne alles, was du an die Haken hängst. Im Innersten der Spirale erwartet dich dein Rohdiamant. Ihn kannst du mit deiner Fähigkeit schleifen, die du bei dir hast. Mit was schleifst du ihn? Was gehört untrennbar zu dir? Beobachte, wie gut es tut, die Schleifarbeit nur mit dieser Energie auszuführen. Bewege dich dann langsam wieder heraus aus der Spirale. Nimm dabei nur die Dinge wieder mit, die du auch wirklich möchtest. Triff jede Entscheidung bewusst und begründe sie vor dir selbst. Dann tritt hinaus ans Licht und beobachte, was jetzt anders ist als vorher.

- Deutung der Karte auf drei Ebenen -

Die Einsiedelei weiß

Deine Aufgabe ist es, dich im Moment zu beschränken. Vielleicht fühlst du dich deiner Bewegung beraubt, gestaltet sich deine Kommunikation schwierig oder bist du in Umstände geraten, die dir den Kontakt zu anderen erschweren. Auf unangenehme Weise wird dir bewusst, dass du alleine bist. Dieses Alleinsein kannst du nutzen, indem du aussortierst und Ordnung in dein Leben bringst. Wo liegen deine Prioritäten? Wo übernimmst du zuviel bzw. zu wenig Verantwortung? Du bist aufgefordert, deinen inneren Diamanten zu finden, eine einfache Wahrheit, die dich dann wieder weiterbringen kann. Wem oder was gegenüber fühlst du dich wirklich verpflichtet? In welchen Situationen und mit welchen Menschen handelst du, als hättest du eine Schuld zu begleichen? Wann und in Gegenwart welcher Personen nimmst du dich zurück, duckst dich und machst dich klein? Spüre, wo in deinem Körper sich unverarbeitete Schuldgefühle Raum schaffen, in Form von Verspannungen, Schmerzen und Unwohlsein. Welchen Wert gibst du deiner inneren Wahrheit? Glaubst du, dass du ernährt werden kannst, wenn du ihr folgst? Auf welche Weise erarbeitest du dir deine existenzielle Sicherheit? Von welchen Bedingungen hängt sie ab? Was glaubst du, erfüllen zu müssen, um Leben zu dürfen? Jetzt ist die Zeit, dir Fehler aus der Vergangenheit einzugestehen, dir und anderen dafür zu vergeben und daraus so zu lernen, dass du sie nicht noch einmal zu wiederholen brauchst. Du brauchst Fehlern kein Denkmal zu errichten, berichtige sie einfach.

Die Einsiedelei rot

Obwohl dir klar ist, welche eigenwillige Fähigkeit du besitzt, fehlt dir noch das Vertrauen, dass du davon oder damit auch wirklich leben kannst. Etwas wackelig bewegst du dich innerhalb deiner Lebensstrukturen und suchst größere Sicherheit und mehr Stabilität. Lerne, dich selbst realistisch einzuschätzen und auch deine Grenzen zu erkennen. Suche bewusst die Einsiedelei auf, um dir Klarheit über dein Leben zu verschaffen. Suche dort nach Sicherheit. Worüber bist du dir ganz sicher? Auf was kannst du getrost verzichten und auf was auf keinen Fall? In welcher Form strahlt dein inneres Licht nach außen? Wenn alles Vertraute aus deinem Leben wegfiele, was würde dann in dir übrig bleiben? Im zehnten Haus lernst du deine unerschütterlichen Fähigkeiten kennen und so zu schätzen, dass du darauf bauen kannst. Dafür fallen die Verhaltensmuster weg, die du aufgebaut hast, weil du nicht an sie glaubtest. Umarme die Desillusion, auch wenn es schwer fällt. Es gibt einen unerschütterlichen, unzerstörbaren Diamanten in dir, der schon lange darauf wartet, von dir gefunden zu werden. Jetzt ist die Zeit dazu, sich wirklich mit der unerschütterlichen Kraft in dir zu verbinden. Ein Durchbruch steht für dich an, weil sich die Umstände jetzt so ordnen, dass du mit deiner wirklichen Bestimmung in Kontakt treten kannst, wenn du mutig genug bist, die Einsiedelei für eine Weile aufzusuchen und dein Alleinsein zu akzeptieren.

Die Einsiedelei schwarz

Ob du es glaubst oder nicht, aber dein Unbewusstes hat schon längst Entscheidungen getroffen, die deine nächsten Schritte bestimmen werden. Du hast gute Vorarbeit geleistet in einer Zeit, da sich scheinbar nichts bewegte und kein Fortschritt zu erkennen war. Die Stagnation kommt zu einem Ende und der Durchbruch ist schon da, du brauchst nur genau hinzuschauen. Jetzt ist es an der Zeit, Selbstzweifel loszulassen und Sicherheit zu gewinnen. Du hast dich auf einen Weg begeben, der dir wirklich entspricht. Du hast schon geklärt, was deinen Diamanten ausmacht und jetzt ist es deine Aufgabe, auch dabei zu bleiben. Immer klarer wird sich herauskristallisieren, wie du am besten arbeiten kannst, je mehr du zu deiner inneren Wahrheit stehst. Die karmischen Weichen sind gestellt, stelle dich nun auch den damit verbundenen Prüfungen. Menschen werden dir entgegenkommen, mit denen du wirklich zusammenarbeiten kannst und von denen du unterstützt wirst. Arbeite daran, dass du noch besser sehen lernst, was hilfreich ist und was nicht. Du brauchst nicht mehr gegen die Schatten zu kämpfen, sondern es genügt, wenn du die Gelegenheiten ergreifst, die sich dir anbieten und die sich leicht anfühlen. Die Weise hat gelernt, sich auf sich selbst zu berufen und hat deshalb etwas zu geben, das andere brauchen. Sie hat Kompetenz erworben. Du besitzt diese Weisheit, arbeite daran, ihr noch mehr Struktur zu geben.

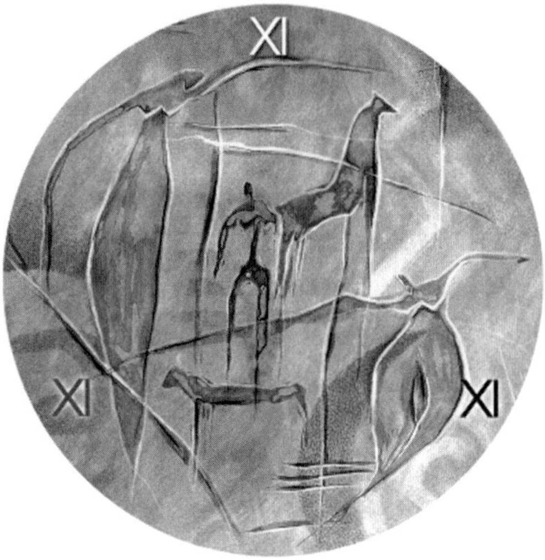

Das Luftschloss

...die Inspiration einladen...

...das elfte Haus...

Das Luftschloss ist ein unirdischer Ort, der aus der Gedankenkraft der Weisen erbaut wurde. Hier kann sie sich aufhalten, nachdem sie ihre irdischen Verhaftungen im zehnten Haus, der Einsiedelei, geklärt und gelöst hat und mit ihren Ideen eine neue Lebensqualität initiieren. Wenn die Stagnation anerkannt und mit Geduld durchlebt wurde, dann befreit sich nach der gewonnenen Einsicht in das Unvermeidbare wieder die konzentrierte Energie und revolutioniert den Geistkörper. Raum für einen wirklichen Neuanfang entsteht durch die gewonnene Freiheit. Der neue Anfang zeichnet sich dadurch aus, dass die Wahrheit, die sich im zehnten Haus, in der Einsiedelei, herauskristallisierte in andere Zusammenhänge gebracht wird, d.h. die Persönlichkeit hat die Möglichkeit, sich neu zu strukturieren und zusammenzusetzen, weil alte Muster durchschaut und losgelassen wurden. Dies geschieht mit Hilfe der Gedanken. Die Bewohnerin des Luftschlosses wohnt an einem Ort, von dem aus sie den Überblick hat. Ein wenig erhöht ist ihre Position und dem Wind ausgesetzt, der ihr allerlei zuträgt. Ihre besondere Aufgabe ist es, auch Stürme auszuhalten und dem Wind eine Richtung zu geben, damit sie nicht von ihm davon getragen wird. Im

Luftschloss braucht es Standfestigkeit und Beweglichkeit zugleich, Nachgiebigkeit gepaart mit Willenskraft und Empfänglichkeit, die auch aktiv zu reagieren weiß. Die Weise des Luftschlosses lernt, eine Synthese aus ihren gegensätzlichen Persönlichkeitsanteilen zu bilden. Sie ist männlich und weiblich zugleich, ihre scharfe Intelligenz durchdringt den vom Wind bewegten Raum und lässt sich von ihm bewegen. Sie lernt, sich von ihm inspirieren zu lassen und so Antworten zu finden, anstatt sie zu suchen. Das Luftschloss ist einerseits ein unsicherer Ort, andererseits ein sehr kreativer Raum. In ihm herrscht ständig Bewegung, denn er ist durchlässig und veränderbar. Wird er von Wesen betreten, die ihre Aufgaben im zehnten Haus nicht erfüllt haben, werden diese vielleicht richtungslos hin und hergeworfen, sie fühlen sich desorientiert, denn ihnen fehlt die Unerschütterlichkeit, Standfestigkeit und Unzerstörbarkeit der getroffenen Entscheidung.

Das elfte Haus stellt hohe Anforderungen an seine Besucher. Paradox und unlogisch wirbelt es alles durcheinander, um die Erschließung neuer Zusammenhänge zu ermöglichen. Närrinnen und kindliche Weise sind hier willkommen, Menschen, deren Geist sich bewegen lässt und deren Humor noch nicht erloschen ist. Die wenigen Mutigen werden ebenfalls hier beherbergt, die es wagen, alles Gelernte zu vergessen und noch einmal ganz neu zu beginnen, die sich öffnen lassen und darauf verzichten, eine Professur anzutreten, weil ihnen ihr kreativer Geist wichtiger ist als ihre Stellung in der Hierarchie. Zu allen Zeiten gab es die verrückten Weisen, die sich am Rand der Gesellschaft aufhielten, um die kollektiven Werte durch humoristische Einlagen in Frage zu stellen und die dadurch den Blick der „Gefangenen" auf Freiräume richten konnten. „Vielleicht ist alles gar nicht so, wie es erscheint", rufen sie, und „Befreiung ist möglich!"

Das elfte Haus bietet die Möglichkeit zur Revolution, denn es setzt die gesammelten Erfahrungen in neue Sinnzusammenhänge, indem es Sinnzusammenhänge und Bedeutungen einfach durcheinanderwirbelt - den vermeintlichen Sinn einfach sprengt. Im elften Haus können wir lernen, wieder spontan zu werden, unvoreingenommen zu reagieren, intuitiv und lebendig, wenn wir es schaffen, alles in Frage zu stellen, was wir bisher wussten. Das Luftschloss hat eine Doppelmembran: der Wind trägt Informationen und Botschaften hinein und die Luftschlossbewohnerin sendet ihre Erfahrungen in Form von Nachrichten aus. Je empfänglicher sie ist, desto tiefer auch ihre Botschaft. Im Luftschloss ist Übertragung möglich. Es bietet Raum, um zu verteilen, während zugleich gesammelt wird. Hier kann der kreative Geist sich grenzenlos entfalten und denkt sich ständig neue Möglichkeiten aus. Da das Luftschloss im Himmel gebaut ist, bleiben Gedanken leicht, frei und dem Überirdischen verbunden.

Für gewöhnliche Sterbliche bedeutet das, im elften Feld Raum für neue Erfahrungen zu schaffen. Man ist aufgefordert, Informationen über kosmische, statt irdische Gesetzmäßigkeiten zusammenzutragen. Das können wissenschaftliche Untersuchungen über Nullpunktenergie, außerirdische Erfahrungen, Nahtod-Erlebnisse, mystische Erfahrungen, Fügungen oder sogenannte Synchronizität sein, auch Erfahrungsberichte über spontane Heilungen, Wunder, heilige Orte, Heilmethoden. Die Beschäftigung mit Witzen ist eine der einfachsten Möglichkeiten, sich dem Luftschloss zu nähern, denn das Wesen des Witzes besteht in einer ungewöhnlichen und oftmals paradoxen Lösung. Diese vermag es, unsere gewohnte Denkweise mit einer Portion Humor außer Kraft zu setzen und uns so für sehr ungewöhnliche Sinnzusammenhänge zu öffnen. Das Luftschloss bietet Raum, um Studien zu betreiben, die außergewöhnliche Zusammenhänge herstellen, zumindest althergebrachte Vorstellungen zu übersteigen vermögen. Im Luftschloss gilt das Zufallsprinzip: es begegnen uns sogenannte „Zufälle“ und Überraschungen, die es vermögen, das Leben plötzlich auf ungeahnte unvorhersehbare Weise aus den Angeln zu heben, wenn man ihnen mit Offenheit begegnet. Das Luftschloss oder das elfte Haus räumt eine gewisse Narrenfreiheit ein, lässt Raum zum Experiment und öffnet unsere Vorstellungswelt durch unerwartete Erfahrungen. Es stellt sich die Aufgabe, sich auf ein ganz neues Erleben einzustellen, Veränderungen einzuladen und sich durch Studien auf das Paradoxe im Leben vorzubereiten.

Im Luftschloss oder elften Haus wird dafür gesorgt, dass sich Erkenntnisse auf bisweilen ungewöhnlichen Wegen vernetzen und verbreiten. Wird man sich dieser Vernetzung bewusst, dann stellt sich Freude ein und man kann sie nutzen. Die gedankliche, mentale Ebene besitzt ungeheure Kraft und je mehr diese Kraft sich mit anderen verbindet, desto größere Veränderungen können manifestiert werden. Dazu ist es notwendig, dass man seinen Gedanken eine Form gibt, die von anderen verstanden werden. So können sich durch den Austausch Ideen manifestieren, die alleine nicht zustande gekommen werden. Das Luftschloss ist die zentrale Vernetzungsstelle, in der vermittelt wird.

Das Luftschloss besitzt die Kraft der vier Winde, die die Elemente bewegen. Bleiben sie ungelenkt, dann richten sie eine Menge Chaos an. Sie gleichen dann einem heftigen Sturm, der sich auch in geistiger Verwirrung manifestieren kann, wenn nämlich die Eindrücke mit solcher Gewalt auf den Geist einstürmen, dass der sie nicht mehr verarbeiten kann. Werden sie gelenkt, dann kann ihre große Kraft wirklich die Welt bewegen. Wie aber lernt man die Winde zu lenken? Durch Bewusstheit und neugierige Offenheit, die im Luftschloss erlangt werden kann.

Das Ritual des Luftschlosses

Stell dir vor, du sitzt in deinem Luftschloss. Es ist ein Gebäude, das du mit deinen Gedanken bauen und aufrechterhalten kannst. Es bedarf wahrscheinlich einiger Übung, bis es dir gelingt, sein Bild aufrechtzuerhalten. Du hast keinen Körper mehr, sondern bist zu einer Lichtgestalt geworden. Ganz leicht und frei schwebst du im Zentrum deines Schlosses. Der Raum im Schloss ist erfüllt von hellen, lichten Strahlen. Diese Strahlen nähren deinen Lichtkörper und versorgen ihn mit frischer Energie. Deine Gedanken kommen zur Ruhe und still genießt du es, in dem Licht zu schweben und dich durch die Bewegung der Strahlen sanft treiben zu lassen. Vielleicht bemerkst du, wie sich ein Gefühl von Freiheit einstellt und dein Herz leichter wird. Du schaust nach draußen und siehst noch viele andere Luftschlösser, die von anderen Lichtwesen bewohnt werden, und alle sind durch ihre Strahlenvielfalt miteinander verbunden. Ein leiser Gedanke genügt, um von den Strahlen erfasst zu werden und loszufliegen. Du empfängst genauso leicht die Gedanken der anderen Lichtwesen, die du aufnimmst, ohne daran festzuhalten. Beobachte einfach, dass es so ist. Jetzt versuche, mit deinen Gedanken ein schönes Bild zu entwerfen, etwas, das du dir von Herzen wünschst. Dann lasse auch dieses Bild wieder los, aber gib ihm diesmal eine Richtung. Sende es zu der Quelle deines Vertrauens und wünsche dir, dass es sich erfüllt, sollte es dem Wohle der Gesamtheit dienen. Schau dich in deinem Schloss um. Sind die farbigen Strahlen noch genauso wie vorher oder haben sie sich verändert? Vielleicht haben sie eine andere Farbe bekommen oder strahlen intensiver? Werde dir darüber bewusst, dass deine Gedanken Wünsche formulieren, die erfüllt werden können - genauso wie sie diese auch behindern, indem sie negative Prophezeiungen aussprechen. Bleibe bereit und offen und bitte um eine sich spontan manifestierende Überraschung, die sich dir im Luftschloss zeigt. Die Überraschung gehört an einen Ort in deinem Lichtkörper, wo du sie aufbewahren kannst. Was verändert sich dadurch? Versprich dir, dich an die Überraschung zu erinnern, wann immer du sie im irdischen Leben brauchst.

- Deutung der Karte auf drei Ebenen -

Das Luftschloss weiß

XI

Alles ruft nach Veränderung. Es ist für dich an der Zeit, dir einen neuen Lebensraum zu eröffnen. Gemeinschaftliche Projekte stehen an, und nichts wird mehr so sein wie vorher. Lass dich von den vier Winden an einen anderen Ort tragen, damit du noch einmal von vorne anfangen kannst. Befreie deinen Geist von seinen negativen Prophezeiungen und gehe der Veränderung mit offenen Armen entgegen. Du verwandelst dich von einem Einzelwesen in ein Gruppenwesen, das ganz andere Aufgaben zu erfüllen hat. Nimm diese Aufgaben für eine Weile wichtiger als dich selbst. Lasse dich inspirieren und verschließe dich nicht. In deinem Bewusstsein gibt es gerade eine Erfahrungslücke, die Überraschungen einlädt. Überlass dich dem Unerwarteten und schau, was passiert. Wer nicht wagt, der nicht gewinnt.

Das Luftschloss rot

XI

Die Karmawinde tragen dich mit mächtiger Kraft voran. Im Moment wird wahr, was du dir schon lange erträumt hast, aber vielleicht auf eine andere Art, als du es dir vorstelltest. Das Glück kommt in unterschiedlichen Gesichtern. Du wirst bewegt und durch die Bewegung frei. Erhalte dir deinen Humor und deine kindliche Neugier und begib dich hinein, in das neue Kapitel deines Lebens. Es ist freier und weiter als das alte, und mit deinen positiven Gedanken kannst du dazu beitragen, dass sich in deinem Leben ganz neue Weichen stellen. Du bist einen weiten Weg gegangen und mit dir selbst einigermaßen im Reinen. Nun kann es sein, dass deine geistigen Helfer ihren Plan ausbreiten und du diesen bewusst mitgestaltest, weil du sie plötzlich bemerkst. Mach dich gefasst auf ungewöhnliche Erlebnisse, die deine bisherigen Erfahrungen in den Schatten stellen. Vielleicht wirst du hellhöriger, hellsichtiger oder einfach empfänglicher für die Schwingungen des Zeitgeschehens. Lass zu, dass sich auch unerwartete, noch nicht gedachte Gedanken manifestieren und schau, wohin sie dich tragen können. Viele Überraschungen warten auf dich, du kannst ihnen entgegen gehen, während du mit deiner bisherigen Vergangenheit zufrieden abschließt.

Das Luftschloss schwarz

Wer hätte das gedacht, du bist weiter als du glaubtest und deiner Zukunft fast vorausgeeilt. Wahrscheinlich weißt du im Moment mit sicherem Gespür viele Dinge im Voraus. Lass zu, dass Bilder in dir entstehen, die dir eine Richtung geben können. Du bist zu einer Visionärin geworden, die sich vom Zeitgeist inspirieren lässt, weil sie sich von ihm erfassen ließ. Deine Gedanken haben eine enorme Kraft im Moment, versuche, sie an möglichst vielen Orten auszudrücken und ihnen kreative Gestalt zu geben. Du kannst andere inspirieren, weil du dich nicht mehr zu stark mit deiner Person identifiziert, sondern eher um das Wohl des Ganzen besorgt bist. Wandle dich mit den Anforderungen der Zeit und verteile wieder schon beim Sammeln. Nichts wird mehr so sein wie früher. Du bist ganz frei und doch verbunden. Deine Aufgabe ist es, deine Umgebung ein wenig mit deinen Ansichten zu verwirren und den Staub der Gewohnheiten mit deinem Witz aufzurütteln. Mach dich an die Arbeit, jetzt können richtige, nachhaltige Veränderungen geschaffen werden, die den kollektiven Geist beeinflussen.

Das Boot

...hineintauchen...

...das zwölfte Haus...

Während im elften Haus der inspirierte Geist sich mit anderen netzwerkartig verband, kehrt er im zwölften Haus letztendlich zurück nach Hause, zum Ursprung, in den ungeborenen Raum und findet dort seine Auflösung. Ein Boot ist ständig in Bewegung. Es lässt sich steuern, treiben, wird von den Wellen geschaukelt und bleibt mit dem Wasser verbunden, es sei denn, man trägt es an Land (aber dann ist es am falschen Ort). Vom Boot aus kann man ins Wasser springen, tauchen, schwimmen und mit der Wasserwelt Kontakt aufnehmen. Im Wasser gelten andere Gesetze als an Land. Im Wasser bewegt man sich nachgiebig, mit der Strömung, mit den Wellen und die Atmung wird tiefer. Man wird getragen und entspannt sich, während man sich bewegt. Je gelöster die Bewegungen, je langsamer und kraftvoller, desto schneller gleitet man durchs Wasser. Wasser fordert rhythmische Bewegungen, die fließend ineinander übergehen. Taucht man unter, wirkt alles, was man sieht, vergrößert, die Farben werden plastischer und Stille umgibt einen. Unter Wasser ist man schwerelos und mühelos kommt man voran (wenn man genug Luft mitgebracht hat) und es eröffnet sich eine ganz andere Welt. Man kann mit dem Körper und seinen Sinnen den Kontakt mit dem Wasser und seinen Bewohnern aufnehmen. Hier ist die Sprache unwichtig, dennoch dringen Geräusche und Klänge an das Ohr. Beim Tauchen bewegt man sich mit dem Wasser, nicht dagegen. Das Wasser wiederum unterstützt die Bewegungen. Das Zeitempfinden ist unter Wasser ziemlich aufgehoben. Jetzt ist immer. Die Wahrnehmung beim Tauchen ist ganzheitlich. Man kann ganz im Wasser aufgehen. Kommt man wieder an die Oberfläche, ist man erneut den Gesetzen der Schwerkraft ausgesetzt, bringt aber tiefe Eindrücke mit.

Das zwölfte Haus oder das Boot stellt die Aufgabe, unterzutauchen und die Geheimnisse der untermeerischen Tiefe zu lüften. Keine leichte Aufgabe, da sich das nur in Selbstvergessenheit vollbringen lässt. Durch absichtsloses Gleiten oder Fischen im Trüben kann mancher Schatz geborgen werden. Im zwölften Haus kann man nur etwas finden, wenn man vergessen hat, dass man es sucht. Man gleicht einer Wegfinderin, die sich bis kurz vor dem Ziel orientiert und dann einfach weitergeht, ohne ankommen zu wollen. Vielleicht findet sie dann das Ziel, weil sie das Gehen entdeckt oder das Atmen oder irgendetwas ganz anderes, in dem sie aufgehen kann. Sie geht und lässt gleichzeitig geschehen, ohne länger selbst eingreifen zu wollen, gelöst und ganz in ihr Tun versunken. Sie riskiert dabei, völlig vom Weg abzukommen, in die Irre zu laufen und nicht mehr zurückzufinden. Sie gewinnt, wenn sie ankommt, Vertrauen ausbildet in die magnetische Anziehungskraft der Führung, die sie leitet, wenn sie sich ihr ganz absichtslos überlässt.

Das zwölfte Haus verfeinert die subtile Wahrnehmung. Hier kann man spüren, ahnen, scheinbar unbegründet „wissen". Die Wege, die durch das zwölfte Haus führen, sind verschlungen, unsichtbar und nicht zu finden, wenn man es nicht schafft, sich zu lösen. Lösen heißt, sich von Ansprüchen lösen, von Erwartungen lösen, von Wünschen lösen. Die Hoffnung aufgeben und sich überlassen. Die Prüfung findet auf der tiefsten Vertrauensebene statt. All mein Wissen hilft mir nichts, wenn ich mich nicht vertrauensvoll einer tieferen Weisheit hingeben kann, mich fallen lassen kann. Die Weisheit des zwölften Hauses, des Bootes, kommt erst zum Vorschein, wenn ich losgelassen, meinen Willen aufgegeben habe. Mitgehen ohne unterzugehen, teilnehmen, ohne mit dem Ego dabei zu sein, präsent sein in Selbstvergessenheit, das sind die Wege, die hineinführen. Im zwölften Haus nimmt die Erlebnistiefe zu. Weil man sich einem größeren Erleben anvertraut und mitschwingt, kann man auch mitfühlen. Es gibt dann kein Problem, das außerhalb von mir liegt, sondern eher das Erfassen einer anwesenden Wellenbewegung, einer Schwingung, mit der ich mitschwinge und die sich dadurch verändern kann. Jeder, der von ihr erfasst wird, ist auch für ihre Bewegung mitverantwortlich. Im Boot hängen alle Mitfahrenden voneinander ab. Keiner kann sich zurückziehen, keiner kann ausfallen, sonst droht allen der Untergang. Konflikte, die auf dem Wasser auftreten, verlangen eine sofortige Klärung, weil es keine Fluchtmöglichkeiten gibt. Das zwölfte Haus spiegelt ganz deutlich das, was ist. So, wie ich hineinschaue, schaut´s auch wieder heraus. Es gibt darin nichts zu finden außer mir selbst. Liebe ich das Boot, den Sprung ins unbekannte Wasser, das Eintauchen in die Tiefe, begegne ich in den Untiefen des Gewässers auch Liebe. Hasse ich es, mich ins Unbekannte Wasser zu wagen, begegne ich Hass. Werde ich darin traurig, begegne ich Traurigkeit, habe ich Hoffnung, treffe ich auf Hoffnung und so weiter. Ich blicke in alle meine Gefühle und begegne ihnen durch den Spiegel. Kann ich sie erkennen und als mir zugehörig zuordnen, dann kann ich auch in ihnen aufgehen, mit ihnen eins werden und mich ihnen überlassen, solange, bis ich erkenne, dass sie nicht mehr als eine Wellenbewegung im Ozean sind, die durch die Unruhe des Egos hervorgerufen werden. Verweile ich still, kann ich tiefer sinken, tiefer tauchen und finde dann den ruhenden Pol des Selbst, das schaut und sich dabei erkennt. Im Erkennen liegt Glück. Die tiefe Selbstschau, die einem Eintauchen in die Tiefen des Ozeans gleicht, macht glücklich, denn sie entsteht, nachdem sich die Wellen beruhigt haben und das Spiegelbild klar erscheint. Es gibt darin gar nichts zu sehen. Form ist eine Illusion, Gefühle sind Illusion, Leidenschaft ist eine Illusion, und Gedanken sind Illusionen, „weiß" das zwölfte Haus. Keine Illusion ist, dass die Gesamtheit der Eindrücke das Leben ausmacht. Im zwölften Haus findet eine wirkliche Umkehr statt, zufrieden kann man anerkennen, dass es so ist, wie es ist, und dann loslassen, um sich nach Innen zu richten. Gehen lassen, geschehen lassen. Einatmen und ausatmen, mehr ist nicht zu tun und alles entfaltet sich von selbst. Aus der tiefen inneren Ruhe heraus lässt es sich gut leben. Es gibt dann viel zu erledigen, aber wenig zu tun. Der eigene gereinigte Spiegel klärt auch die anderen, die hineinblicken, und so ebenfalls sich selbst erkennen.

Im zwölften Haus stellt sich heraus, dass das Leben auch ein Opfer ist. Wenn ich mich dem Leben übergebe, dann heißt das, dass ich ab heute dazu beitrage, es zu schützen und für es zu sorgen, mit den besten Mitteln, die mir zur Verfügung stehen.

Das Ritual des Bootes

Begib dich an ein Wasser und schaue hinein. Bastele kleine Schiffchen oder eine Flaschenpost, auf denen du loslässt, was dich beschäftigt, und lasse sie von der Strömung wegtreiben. Lege auch deine Wünsche und Hoffnungen hinein und übergib sie dem Fluss. Zünde kleine Schwimmkerzen an und schicke sie los zum Zeichen deiner Dankbarkeit, dass du bis zum heutigen Tag beschützt wurdest.

Du kannst dieses Ritual auch in Form einer Traumreise ausführen. Stell' dir vor, dass du dich auf einem Boot befindest. Du springst ins tiefe Meer. Die Wellen umspülen deinen Körper. Du kannst loslassen und hinabtauchen. Genieße das Wasser, das dich trägt und deine Schwerelosigkeit. Warte, was dir begegnet...

- Deutung der Karte auf drei Ebenen -

Das Boot weiß

Steige in dein Boot und überlass dich seiner Fahrt. Tauche hinein in deine Gefühle und lasse sie fließen. Reinige deine Atmosphäre von zu viel Unruhe und Störungen. Du brauchst Zeit, um in dich zu gehen. Deine Aufgabe ist, dich u.a. mit Methoden zu beschäftigen, die dich tiefere Bewusstseinszustände erfahren lassen. Meditationen, Traumreisen oder Trancetechniken sind dafür gut geeignet. Achte darauf, dass du ganzheitliche Erfahrungen sammeln kannst und hüte dich vor spiritueller Träumerei. Tauche tief ein, in den Ozean der kollektiven Erfahrung und schaue, welche Bilder sich dir enthüllen. Öffne dich wieder, damit du empfangen kannst. Sollte es Menschen in deinem Umkreis geben, die lieber nehmen, statt geben, dann halte dich von ihnen für eine Weile fern. Deine Wahrnehmung sensibilisiert sich und in einer solchen Zeit braucht man alle Energien für sich.

Das Boot rot

Du bist eingestiegen und losgesegelt. Mit an Bord sind Menschen, mit denen du ein stillschweigendes Übereinkommen geschlossen hast. Du kannst ihnen vertrauen, sie sind zu deiner Unterstützung unterwegs, genauso wie du zu ihrer. Wahrscheinlich wartet im Moment eine altruistische Aufgabe auf dich, die du gern erfüllst. Überlasse dich deiner feinen Wahrnehmung und bilde diese durch die entsprechenden Meditationsübungen aus. Jetzt ist eine gute Zeit, um ganz nach innen zu gehen. Falls du therapeutisch arbeitest, kannst du dich wahrscheinlich im Moment besonders gut in andere hineinversetzen. Fülle die Batterie deiner Lebensenergie immer wieder mit Unternehmungen auf, die dir gut tun. Achte auf dich selbst genauso wie auf andere. Wahrscheinlich fühlst du dich auch gerufen, einen spirituellen Lehrer oder eine Lehrerin aufzusuchen. Gib dem Ruf nach, im Moment kannst du wirklich tiefe Erfahrungen sammeln, wenn du dich auf die Stille in dir einlässt.

Das Boot schwarz

XII

Du hast Aufgaben übernommen, die anderen helfen genauso wie dir selbst. Allmählich lernst du, ein Kanal zu sein, und spürst, wie dich Kraft erfüllt, während du gibst. Je weniger du dich damit identifizierst, dass du es bist, die heilende Kräfte hat, sondern diese einfach durch dich wirken, desto mehr lernst du, dich zur Verfügung zu stellen. Mit dieser Einstellung verhinderst du, dass du dich erschöpfst. Auch partnerschaftlich kannst du tiefere Erfahrungen sammeln, denn deine Sexualität bekommt eine neue Dimension. Du bist eine wunderbare, einfühlsame Geliebte, die in freiem Fluss mit ihrem Partner Verbindung eingehen kann, die beide transformiert. Verbinde dein Herz mit deiner Leidenschaftlichkeit. Du kannst lernen, dich ganz loszulassen und im gemeinsamen Erleben verschmelzen. Beschäftige dich mit den buddhistischen Tantralehren und reinige deine Chakren von Zeit zu Zeit mit entsprechenden Meditationen. Gib deinen tiefen Gefühlen Ausdruck, schreibe oder male sie auf. Du bist nicht immer so bereit, so weit zu gehen.

Spielvorschläge

Spielen kann man mit den Karten auf viele erdenkliche Arten. Die folgenden Legesysteme sind zur Anregung gedacht, wobei der Fantasie keine Grenzen gesetzt werden wollen. So, wie es die Situation erfordert, können jeweils neue Wege gefunden werden, um Antworten zu empfangen.

Zu Anfang ist es sicherlich gut, sich auf eine Karte zu beschränken, um sich mit dem Spiel vertraut zu machen. Auf der Rückseite der Karten lässt sich eine Dreiteilung erkennen. Sobald du Karten auslegst, achte darauf, dass eine der drei Linien nach oben zeigt. Wenn du die Karte dann vorsichtig herumdrehst, so dass ihre Position erhalten bleibt, liegt entweder ein weißes, schwarzes oder rotes Symbol oben. Nun kannst du im Buch unter der entsprechenden Farbe die Deutung der Karte nachlesen. Die drei Farben, weiß, rot, schwarz bezeichnen drei Entwicklungsstufen, die innerhalb des Kreises angezeigt werden. Die erste Stufe beschreibt die Energie in ihrem Jungmädchenaspekt. Sie ist noch frisch und unerfahren. Die zweite Stufe deutet den reifen, entwickelten weiblichen Aspekt, die Seele ist bereit, in gleichberechtigte Partnerschaft zu treten, eine innere Hochzeit findet statt. Die dritte Stufe beschreibt den weisen, alten Aspekt. Die mit der Energie verbundenen Erfahrungen drängen zum Einsatz. Man kann sie auch so deuten, dass eine Schwelle überschritten werden kann und wichtige Übergänge zur anschließenden Tierkreisenergie stattfinden. Die Seele ist bereit zur Wandlung. Wenn du nur mit einer Karte arbeitest, empfiehlt es sich, den gesamten Text über die Göttin, die Aktivität oder die Wirkstätte zu lesen, einschließlich der entsprechenden Deutung.

Die zwölf Göttinnen lassen sich als aktive Energien deuten, sie beinhalten Handlung, konzentrierte Energie, die schnell zu einer Veränderung drängen. Ihre zwölf Aktivitäten bezeichnen eher Phasen, die durchlebt werden wollen. Zeigt sich eins der zwölf Häuser, so lassen diese sich als Aufgaben verstehen, die noch vor dir liegen. Räume möchten gestaltet werden. (Gehe noch einmal zurück zum Anfang des Buches und lies in der Einführung die Beschreibung der Göttinnen, ihrer Künste und ihrer Wirkstätten nach.)

Innere Achtsamkeit

Angenehmes Setting und innere Bereitschaft sind ausschlaggebend für das Ergebnis der Befragung. Richte dir deinen Raum so ein, dass du dich wohlfühlst und ungestört bleibst. Erinnere dich daran, dass du mit deiner inneren Göttin und ihrer Weisheit in Kontakt treten möchtest. Wenn du magst, kannst du auch Blumen bereitstellen und einige Kerzen anzünden, Tee kochen und erst einmal tief durchatmen, bis sich dein Geist beruhigt hat und empfänglich geworden ist. Stell dir vor, dass du alles Belastende an bunte Luftballons bindest und in den Himmel schickst – dort wird schon dafür gesorgt werden. Dann achte auf deine Verbindung zur Erde. Du lebst eingebunden in den natürlichen Wachstumsprozess der sich entwickelnden Zeit. Du bist genau am richtigen Ort – hierhin haben dich deine bisherigen Erfahrungen geführt. Dann richte deine Aufmerksamkeit auf die dich umgebenden vier Himmelrichtungen. Du bist auch horizontal in deine Umgebung eingebunden, die dich stützt und dir den nötigen Halt gibt. Rufe, wenn du magst, den inspirierenden Geist der vier Winde herbei, um dein Orakel auf allen Ebenen zu deuten und dich mit verschiedenen Blickwinkeln auseinandersetzen zu können. Dann richte deine Aufmerksamkeit auf den Raum über dir. Stelle dir vor, du bist mit einer Silberschnur an den Kosmos angeschlossen.

Diese Schnur tritt durch dein Scheitelchakra (in der Schädelmitte) ein und verbindet dich vertikal mit dem Erdinneren. Atme eine Weile im Bewusstsein der Eingebundenheit, bis in dir das Gefühl von Offenheit und Unvoreingenommenheit entstanden ist.

Dann wende deine Aufmerksamkeit deinem Herzen zu. Welche Frage kannst du dort in eindeutiger Klarheit formulieren? Schreibe dir die Frage auf. Achte darauf, dass sie sich nicht mit ja oder nein beantworten, sondern Raum für Ratschläge lässt. Fragen wie: Warum, Wie, Was kann ich lernen usw. bieten sich hierfür an. Dann mische die Karten mit kreisförmigen Bewegungen, wie einen Strudel, auf dem Tisch. Möchtest du etwas loslassen, dann mische links herum, möchtest du etwas manifestieren, dann mische rechts herum. Deine klare Frage behältst du hierbei im Kopf. Ziehe dann die Karten in der angegebenen Reihenfolge oder folge einfach deiner Intuition. Nun bist du bereit für die Antworten.

Kosmischer Blitz

Konzentriere dich auf die Frage: wo bin ich grade? Wo im großen Rund ist meine derzeitige Position? Ziehe eine Karte für deine momentane Situation und meditiere über ihre Bedeutung.

Das Standpunktspiel

Position 1: Die Fragerin
Position 2: Die unbewusste Haltung.
Position 3: Die mentale Haltung.
Position 4: Das, was war.
Position 5: Das sollte verändert werden.
Position 6: So sollte damit umgegangen werden.
Position 7: So sieht es aus.

Das Standpunktspiel gibt dir die Möglichkeit, deine aktuelle Situation in ihren verschiedenen Facetten zu erfassen. Die erste Karte repräsentiert deine Ausgangsposition, das, was dich im Moment beschäftigt. Die zweite Karte gibt Einblick in deine gefühlsmäßige Situation, die dritte spiegelt deine mentale Einstellung wider. Die vierte Karte zeigt das, was du hinter dir lässt oder was dich beschäftigt hat. Sie hat deine momentane Situation hervorgerufen. Die fünfte Karte gibt Anregungen, was du verändern kannst, um eine positive Entwicklung einzuleiten. Die sechste Karte ruft zum Handeln auf. Versuche, das, was sie rät, in die Tat umzusetzen. Die siebte Karte zeigt, was im Moment im Bereich deiner Möglichkeiten liegt, was du erreichen kannst.

Das Geschenk

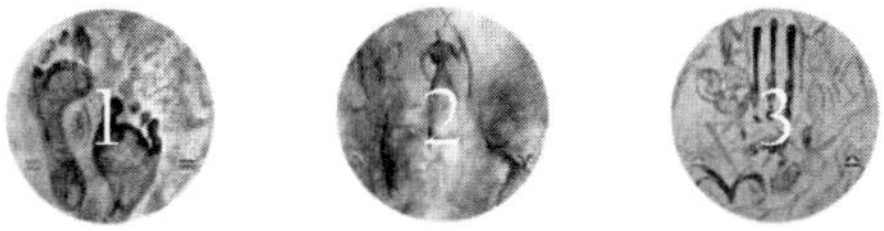

Position 1: Das Hindernis.
Position 2: Die Heilung des Hindernisses.
Position 3: Die befreite Energie.

Die erste Karte gibt an, was dich im Moment zurückhält und zu viel Kraft von dir bindet. Die zweite Karte zeigt den Weg der Heilung. Diese Energie kann dich begleiten und die Entwicklung in eine positive Richtung lenken. Die dritte Karte weist auf den befreiten Zustand, der entstehen kann, wenn das Hindernis befreit ist.

Das Hindernis überwinden

Position 1: Ausgangspunkt.
Position 2: Hindernis.
Position 3: Heilung.
Position 4: Ausgang.

Dieses Legesystem ähnelt dem vorherigen. Der Ausgangspunkt der Karte eins zeigt dich in deiner momentanen Situation. Die zweite Karte zeigt, was dir im Weg steht. Die dritte Karte gibt Anregungen über Veränderungen, die das Hindernis überwinden können. Die vierte Karte zeigt dir den nächsten Schritt, der für dich ansteht, nachdem das Hindernis aufgelöst ist.

Krisenbewältigung

Position 1: Ausgangspunkt.
Position 2: Das hat in die Krise geführt.
Position 3: So bin ich mit dem Leben bisher umgegangen.
Position 4: Das kann ich verändern.
Position 5: Diese Energie wird mich bei der Veränderung unterstützen.
Position 6: Das ist der Ausweg.

Krisen sind Sackgassen, in die man gerät, weil man eine bestimmte Rolle spielt, die nicht mehr mit der inneren Wirklichkeit übereinstimmt. Weil damit ein gewisses Sicherheitsgefühl verbunden ist, das verhindert, dass sich die darunter liegende Angst zeigt, aber auch, dass neue Erfahrungen stattfinden können, fällt es schwer, diese Rolle aufzugeben. Man fühlt sich bedroht und gleichzeitig scheint es keinen Ausweg zu geben. Man steckt fest. Der Weg führt durch die Angst hindurch in einen weiteren Bewusstseinszustand. Man könnte Krisen auch als Wachstumsstörungen bezeichnen. Meist bedeuten sie das Aufgeben einer überholten Haltung dem Leben gegenüber. Sobald sich diese Haltung geändert hat, beginnt das neue Kapitel.

Wieder zeigt die erste Karte deine momentane Situation. Die zweite erläutert, wie du in das Jetzt hineingeraten bist. Sie gibt auch Aufschluss über deine Handlungen, die dich in die Sackgasse geführt haben. Die dritte Karte zeigt die Rolle, die du spielst, um den Schmerz oder die darunter liegende Angst zu verbergen. Die vierte Karte regt an, was du verändern kannst. Konzentrierst du dich auf ihre Energie, werden sich neue Wege öffnen können. Die fünfte Karte zeigt dir den Weg aus der Sackgasse heraus, das Ziel, auf das du dich zu bewegst, indem du die Rolle wie eine alte Haut abstreifst.

Lebensglück

Position 1: So kann ich wachsen.
Position 2: Das dient meiner Unterstützung.
Position 3: Das schränkt mich ein.
Position 4: Da wartet das Glück.
Position 5: Das ist der Weg.

Beim Lebensglück gibt es keine Ausgangsposition. Glück ist ein Zustand, der aus innerem Wachstum resultiert. Es bezeichnet das Gefühl der Fülle. So zeigt dir das Spiel, was für dein Unterbewusstsein Glück ausmacht und wie du das Gefühl der Fülle in dir kultivieren kannst. Die erste Karte beschäftigt sich mit deinem Wachstum. Sie zeigt, welches Thema dazu beiträgt, dass du über das Gefühl des Mangels hinauswachsen kannst. Die zweite Karte zeigt die Bedingungen, unter denen das Wachstum stattfindet. Integrierst du die Energie und beziehst sie in deine Entwicklung mit ein, kannst du über dich selbst hinauswachsen. Die dritte Karte zeigt, was du überwinden solltest oder auch Umstände, die du getrost verlassen kannst. Die Beschäftigung mit dieser Energie hält dich davon ab, Glück zu empfinden. Die vierte Karte spricht das an, was das Gefühl der Fülle entstehen lassen kann. So definiert dein Unterbewusstsein im Moment Glück. Die fünfte Karte zeigt dir die Energie, die dich trägt. Wenn du bei ihr bleibst, sie von innen heraus wirken kann, dann führt sie dich aus dem Zustand des Mangels heraus. Die Beschäftigung mit dem von dir ausgewählten Weg kann dazu führen, dass du dich reich und voll fühlst.

Lebensaufgabe

Wird man geboren, kennt die Seele die Aufgabe, die sie zu erfüllen hat. Die Entwicklung bringt mit sich, dass ein Kind aus der Abhängigkeit der Eltern heraus zu einem autonomen Individuum wird, das eigenverantwortlich im Leben steht und dieses meistert. Wird die innerseelische Entwicklung von den Eltern nicht gefördert oder von der Umwelt behindert, tritt die Erfüllung der Lebensaufgabe immer weiter in den Hintergrund auf Kosten eines angepassten Verhaltens, das mit sich bringt, dass ein Mensch zwar funktioniert und seine Existenz bestreitet, aber sich vielleicht von seiner ursprünglichen Aufgabe immer weiter entfernt. Dieses Verhalten heißt in dem Spiel „Lebensaufgabe: verborgenes Kind". Das verborgene Kind ist zu einem Zeitpunkt in seiner Entwicklungsgeschichte stecken geblieben und weigert sich seitdem, am Leben teilzunehmen bzw. wahrzunehmen, was der Fluss der Zeit erfordert. Damit verbunden hält es an einer Rolle fest, sei es die der Rebellin, der Fleißigen, der Leistungsorientierten, der Hilfsbedürftigen, der Kranken, der Einsamen, der Geselligen, der immer Fröhlichen usw. Die Rolle hat es gewählt, um in den Umständen seiner Kindrealität überleben zu können. Sie entspricht nicht seiner wirklichen Bestimmung. Das verborgene Kind kreiert sich ein passendes Umfeld, in dem es sich mit der Rolle, die es angenommen hat, sicher zu bewegen weiß. Die Realität wird nun aus dieser Perspektive heraus wahrgenommen und lässt nur bestimmte Erlebnisse zu. Kann das verborgene Kind im Inneren aufgesucht werden und in den Dialog mit dem erwachsenen Selbst treten, lässt es sich dazu überreden, sich in die Gesamtpersönlichkeit zu integrieren. Es nimmt dann teil und gibt es auf, die Wirklichkeit unterbewusst zu manipulieren. (Für diesen Integrationsprozess ist allerdings eine therapeutische Begleitung ratsam.) Traumreisen und innere Dialoge können ihn unterstützend begleiten. Das integrierte Kind braucht sich sein Umfeld nicht mehr auf anstrengende Weise so zu erhalten, wie es sich sicher fühlt, sondern die Gesamtpersönlichkeit kann sich jetzt in der Welt, in die sie eingebunden ist, Zuhause fühlen. Es ist das Gefühl, angekommen zu sein und in Umständen zu leben, die sich wie eine Heimat anfühlen. So verwurzelt kann sich die Rolle des verborgenen Kindes in bewusstes Sein verwandeln. Eine Energie, die sich aus der Sicherheit der integrierten Persönlichkeit entwickelt und ohne Anstrengung natürlich von Innen heraus ausstrahlt. Nun kann sich die gesamte Persönlichkeit der Lebensaufgabe widmen und so ihre Bestimmung erfüllen.

Die erste Karte zeigt das verborgene Kind und seine Überzeugungen. Lasse dir Zeit und beschäftige dich mit dem gesamten Kapitel der Karte. Diese Energie bzw. aus dieser Energie heraus gestaltet sich bis zum jetzigen Zeitpunkt unterbewusst deine Lebensstruktur. Die zweite Karte zeigt dir die Möglichkeiten deines integrierten Kindes. So verwandelt es sich, nachdem du den Kontakt mit ihm gesucht hast. Die dritte Karte zeigt das Umfeld, in dem sich das verborgene Kind sicher fühlt. So sehen die Umstände aus, die du dir selbst kreierst, um ganzheitliche Erfahrungen zu meiden. Diese Energie braucht dein verborgenes Kind, um sich nicht bedroht zu fühlen. Die vierte Karte repräsentiert das bewusste Sein der integrierten Gesamtpersönlichkeit. So ist deine natürliche Ausstrahlung oder die Fähigkeit, die du in dir trägst, wenn du deine Lebensaufgabe angenommen hast. Die fünfte Karte erläutert die Rolle, das bewusste Sein des verborgenen Kindes. Mit dieser Rolle hat es gelernt, sich in seinem vertrauten Umfeld zu bewegen. Die sechste Karte zeigt die Heimat der integrierten Gesamtpersönlichkeit. Diese Formen kann die Wirklichkeit annehmen, sobald die Lebensaufgabe angenommen wird. Die Heimat unterscheidet sich vom Umfeld dadurch, dass sie sich auf natürliche Weise entfaltet und nicht mit Anstrengung künstlich aufrechterhalten werden muss. Die siebte Karte letztendlich erläutert die Lebensaufgabe. Sie kann als zentraler roter Faden von der Gesamtpersönlichkeit erfüllt werden.

Abhängigkeiten

Position 1: Was quält mich?
Position 2: Was sollte ich loslassen?
Position 3: Das brauche ich zu meiner Festigung.
Position 4: Das dient meiner Heilung.
Position 5: Dem sollte ich aus dem Weg gehen.
Position 6: Das dient meiner Unterstützung.
Position 7: Diese Energie befreit sich, nachdem ich die Abhängigkeit aufgegeben habe.

Abhängigkeiten spielen eine große Rolle im Leben. Nahezu jeder ist von etwas abhängig, selbst wenn es sich nur um geliebte Gewohnheiten handelt, die man nicht aufgeben möchte oder kann. Mache dir eine deiner Anhängigkeiten bewusst und suche nach den Hintergründen. Natürlich wird man einen Bereich, in dem sich Abhängigkeiten gebildet haben, nicht über Nacht befreien können. Das Spiel kann dir höchstens Anregungen liefern, wie du auf kreative Weise mit der Entwicklung umgehen kannst.

Die erste Karte zeigt, was dich quält. Diese Energie hält dich in der Abhängigkeit gefangen. Sie ist der verborgene Grund. Die zweite Karte erklärt den Bereich, den du loslassen kannst. Die Beschäftigung mit dieser Energie hält dich sonst weiterhin gefangen. Die dritte Karte erläutert den Bereich, den du in dir festigen solltest. Über diese Energie kannst du mehr Stabilität erlangen und dadurch der Abhängigkeit entgegen treten. Die vierte Karte zeigt die Energie, die dich beim Heilungsprozess begleiten kann. Sie zeigt zum einen, welcher Bereich in dir bedürftig ist und zum anderen findest du Anregungen darüber, wie du mit deiner Bedürftigkeit umgehen kannst. Die fünfte Karte deutet auf den Bereich im Leben, dem du für eine Weile aus dem Weg gehen solltest. Die Beschäftigung mit dieser Energie schafft die Anhängigkeit. Die sechste Karte ist die unterstützende Energie, für die du sorgen solltest, solange der Befreiungsprozess andauert. Die siebte Energie repräsentiert die befreite Energie. Sobald du dich aus dem Muster herausbewegst, steht dir diese Energie zur Verfügung.

Fragen des Lebens

Position 1: Ausgangssituation.
Position 2: Hoffnungen, Träume, Ängste.
Position 3: Vergangenheit.
Position 4: Zukunft.
Position 5: Das Umfeld der Vergangenheit.
Position 6: Das Umfeld der Zukunft.
Position 7: Deine Energien, die du in die Vergangenheit investiert hast.
Position 8: Deine Energien, die du in die Zukunft investieren solltest.
Position 9: Dein angestrebtes Ziel.
Position 10: Der kosmische Plan, das Ergebnis.

Das umfangreiche Spiel Fragen des Lebens ermöglicht dir einen Überblick über deine Gesamtsituation. Konzentriere dich auf ein Thema, von dem du dir Klärung erhoffst und ziehe dann die zehn Karten in der angegebenen Reihenfolge.

Die erste Karte gibt dir Einblick in deine Ausgangssituation. Die zweite Karte zeigt, was du dir erhoffst, deine Wünsche oder auch mit dem Thema verbundene Ängste. Die dritte Karte beschreibt die Vergangenheit. Die vierte Karte zeigt die Richtung deiner Entwicklung, das, was vor dir liegt. Die fünfte Karte repräsentiert die Energien deines Umfelds in der Vergangenheit. Die sechste Karte gibt Auskunft über die Energien deines zukünftigen Umfelds. Die siebte Karte beschreibt die Energien, die du in die Vergangenheit investiert hast. So hast du dich in Vergangenes eingebracht. Die achte Karte zeigt die Energien, die du in die Zukunft investieren wirst. So kannst du dich in zukünftiges einbringen. Die neunte Karte beschreibt das persönliche Ziel, das du anstrebst. Die zehnte Karte weist auf das Ergebnis deiner Frage im Sinne des übergeordneten Plans oder auch die kosmische Sicht der zentralen Lösung.

Projektespiel

Position 1: Die Motivation.
Position 2: Die Zielgruppe.
Position 3: Vorgehensweise.
Position 4: MitarbeiterIn A.
Position 5: MitarbeiterIn B.
Position 6: Die Frucht.

Das Projektespiel eignet sich für gemeinschaftliche (Gruppen-)Projekte. Konzentriert euch auf euer Vorhaben und zieht die Karten abwechselnd in der Reihenfolge. Die erste Karte gibt Auskunft über die Motivation, die dem Projekt zugrunde liegt. Die zweite Karte gibt Auskunft über die Zielgruppe. Wen könnt ihr mit eurem Vorhaben erreichen? Die dritte Karte gibt Anregungen über die Arbeitsweise. Wie sollten wir am besten vorgehen? Wie können wir unser Projekt effektiv umsetzen? Die Karten vier und fünf zeigen die individuellen Aufgaben der am Projekt beteiligten Personen. Wenn es mehr als zwei Mitarbeiter gibt, braucht ihr natürlich so viele Karten wie Mitarbeiter. Die letzte Karte weist auf die Ernte, die Frucht, das Resultat eures Projekts. Das kommt dabei heraus.

In Beziehung treten

Position 1: Vergangenes Thema der Beziehung.
Position 2: Gegenwärtiges Thema der Beziehung.
Position 3: Zukünftiges Thema der Beziehung.
Position 4: ParnterIn A gibt in die Beziehung...
Position 5: PartnerIn B gibt in die Beziehung...
Position 6: Aufgabe der Beziehung.
Position 7: Kosmische Sicht der Beziehung.

Das Beziehungsspiel kannst du entweder auf einen Partner oder auf ein Thema (z.B. Geld, Arbeit, Wohnort) bezogen spielen, denn auch mit seinem Thema tritt man auf bestimmte Art und Weise in Beziehung. Die erste Karte erläutert die Vergangenheit der Beziehung. Das liegt hinter euch. Die zweite Karte zeigt die gegenwärtige Beziehung. Die dritte Karte weist auf die Zukunft der Beziehung, hier entwickelt sie sich hin. Die vierte Karte beschreibt die Aufgabe der Beziehung. Hier liegen gemeinsames Fortschreiten, aber auch damit verbundene Schwierigkeiten begründet. Die Meisterung dieser Ebene ist mit Arbeit verbunden. Die Beziehung trägt Früchte, sobald diese Ebene umgesetzt ist. Die siebte und letzte Karte gibt Einblick in die spirituelle Ebene der Beziehung. Das ist die kosmische Sichtweise, der kosmische Plan, der mit der Beziehung verbunden ist. Manchmal unterscheidet sich dieser stark von den persönlichen Wünschen der beteiligten PartnerInnen. Ziehe auch diese Sichtweise in deine Beziehung mit ein.

Spiele für Astrologinnen

Position 1: Göttinnenaspekt.
Position 2: Beschäftigung der Göttin.
Position 3: Göttinnenort.

Sortiere die Karten nach Göttinnen, Betätigungen und Orten (Häusern). Du hast jetzt drei gleiche Stapel vor dir liegen. Stelle deine Frage in gelöster Konzentration und ziehe aus jedem Stapel eine Karte. Du erhältst eine Göttin (eine Planetenenergie), eine ihrer Künste (Tierkreisenergie) und eine Göttinnen-Wirkstätte (ein Haus). Nun kannst du entweder die Deutungen aus dem Buch dazu lesen oder mit deinem eigenen Wissen die Karten interpretieren. Die Göttin repräsentiert die aktive Energie, die du in die Lösung der Frage investieren solltest. Ihre Betätigung zeigt auch dein Betätigungsfeld an. Ihr Haus bezeichnet die Aufgabe, die vor dir liegt oder das geeignete Umfeld für deine Frage.

* * *

Du kannst dir auch mit allen 36 Karten dein Horoskop auslegen. Vielleicht inspirieren dich die weiblichen Qualitäten der Göttinnen zu neuen Sichtweisen. Hilfreich ist auch, die Transite anzuschauen. Du suchst dir die passenden Göttinnen, Betätigungen und Orte aus und legst sie entsprechend der am Transit beteiligten Planeten aus. Beobachte, was die Bilder in dir auslösen. Schreibe deine Eindrücke auf. Man kann auch auf Gruppenreise gehen. Legt eure individuellen Sonnenzeichen in einen Kreis oder auch die Mondzeichen usw. Lest euch die Göttinnenqualitäten vor und untersucht die damit verbundenen Möglichkeiten...

Für den Partnervergleich sind die Göttinnenkarten auch geeignet. Lege die Karten der Göttinnen wechselseitig in die beiden Betätigungskreise. (Du brauchst dafür allerdings zwei Spiele, oder du bastelst dir passende Karten). Beobachte, wie sie sich ergänzen, aber auch welche Unterschiede auftreten.

Der Fantasie sind keine Grenzen gesetzt. Beziehe dein eigenes astrologisches Wissen ein und spiele mit deinen Einfällen.

Anhang

Danke an meinen Sohn Julian, der für mich eine Amazone gemalt hat.

Dank und Widmung

Danke an alle meine inspirierenden Freundinnen, besonders Jutta Damm fürs Korrekturlesen und Überarbeiten. Ich fühle mich durch sie eingebunden in ein gut funktionierendes soziales Netz, das mich nährt und stützt und mich auch beim Schreiben und durch viele Krisen begleitet hat. Geduldig zugehört und nach Ideen gesucht haben gemeinsam mit mir Gisela MacAulay und Katharina Stöckert. Besonderer Dank gilt Andrea Liebers, die Cambra und mich zusammengeführt hat.

Wäre ich zum Zeitpunkt des Schreibens nicht verliebt gewesen, hätte ich auch nicht so beflügelt geschrieben und gesucht – danke an meine Beziehung, an Chris, der mich inspiriert hat und mir das Gefühl gab, ganz in Sicherheit geliebt zu sein. So ließen sich viele Göttinnenaspekte durch die Vielfalt der Erfahrungen in der Beziehung finden, die vielleicht sonst im Verborgenen geblieben wären.

Aus dem Glück heraus lässt sich vieles gestalten:

> *Mögen alle Wesen Glück erfahren und die Ursachen von Glück, mögen sie frei sein von Leid und den Ursachen von Leid. Mögen alle niemals getrennt sein von der großen Glückseligkeit, die frei ist von Leid. Mögen alle in dem großen Gleichmut verweilen, frei von Leidenschaft, Aggression und Vorurteil.*

wünscht ein traditionelles buddhistisches Gebet, das alle Belehrungen und Rituale beginnt. In diesem Sinne danke ich meinen Lehrern, Ven. Tenga Rinpoche und Sogyal Rinpoche und allen anderen für ihre Belehrungen und Einführungen in die Natur des Geistes und für die Anleitung der Meditationen über Tara, die Mutter aller Wesen. Diese Meditationen begleiten mich schon mein halbes Leben und ich habe mittlerweile volles Vertrauen in das Verfolgen des Weiblichen Weges gewonnen. Mein Dank gilt der weiblichen Kraft, die alles Sein durchwirkt!

Wenn man die Paläste der Sinnesorgane betritt,
und die wundervollen Ekstasen erfährt,
nimmt eben diese Welt
den einen Geschmack spiritueller Ekstase an...
Die heilige Glückseligkeit wird durch Wonne gefestigt,
durch höchstes Entzücken am Glück der anderen.

Aus einer Unterweisung über die „Große Glückseligkeit“ (mahasukha), Sahayoginichinta (Miranda Shaw, Frauen, Tantra und Buddhismus, S. 267)

* * *

Weitere Informationen zum Thema und über Workshops/Beratungen/Ausstellungen/ Seminare findet ihr unter

Cambra Skadé, Homepage: www.cambra-skade.de

Ulla Janascheck, Klosterstr. 10, 55270 Klein-Winternheim, eMail: ullla.janascheck@gmx.de

Cambra Maria Skadé

1961 im Zeichen des Skorpion geboren, studierte Kommunikations-Design und lebt als freischaffende Künstlerin und Dozentin in Bayern und Altkastilien. Sie arbeitet, auch im Rahmen ihrer Lehrtätigkeit, im Zwischenraum von Ritual, Performance, Objekt- und Bildverknüpfungen. Autorin (Töchter der Mondin), Butoh-Tänzerin. Ihre Themen sind weibliche Lebenskunst, Kunst als magischer Akt, die Verbindung von Kunstform und Lebensform.
www.cambra-skade.de

Ulla Janascheck

1961 im Zeichen der Zwillinge geboren, studierte Kommunikationsdesign und beschäftigt sich seit 1985 mit Astrologie und Frauenthemen unter Einbeziehung der mythologischen Hintergründe. Ausbildung zur Focusing-Therapie. Leitung von Workshops und begleitende Beratung. Autorin von Transit-Tagebuch, Lebensraum Astrologie, Göttin der Gezeiten. Freie journalistische Tätigkeit bei verschiedenen Fachmagazinen. Ihr Wunsch ist, die Vielschichtigkeit des Weiblichen in die offene Begegnung zu tragen.

Literaturliste

Tsültrim Allione, *Tibets weise Frauen*, Dianus-Trikont, München, 1986.
Luisa Franca, *Mond, Tanz und Magie*, Frauenoffensive, München, 1986.
Heide Göttner-Abendroth, *Die tanzende Göttin*, Frauenoffensive, München, 1985.
Heide Göttner-Abendroth, *Für die Musen*, Zweitausendeins, Frankfurt, 1988.
Robert Graves, *The White Goddess*, Faber & Faber, London, 1961.
Nor Hall, *The Moon and the Virgin*, The women's press, London 1980.
Anne Kent Rush, *Mond, Mond*, Frauenoffensive, München 1978.
Lianella Livaldi-Laun, *Lilith*, Chiron, Moessingen, 1994.
Erich Neumann, *Die große Mutter*, Walter-Verlag, Solothurn, 1994.
Petra Niehaus, *Astrokalender Sternenlichter*, Simon und Leutner Verlag.
Brigitte Röder, Juliane Hummel, Brigitta Kunz, *Göttinnendämmerung*, Droemer Knaur, München, 1996.
Birgit Shiran u.a., *Mutterrecht der Sterne*, Inanah, Sulzdorf, 1985.
Barbara G. Walker, *Das geheime Wissen der Frauen*, Arun, Engerda, 2003.
Gerda Weiler, *Der enteignete Mythos*, Helmer, Königstein-Thurnus, 1996.
Shuttle/Redgrove, *Die weise Wunde Menstruation*, Fischer, Frankfurt/Main, 1982.
Martin Wilson, *In Praise of Tara*, Wisdom publications, London, 1986.
Thubten Yeshe, *Die grüne Tara*, Diamantverlag München, 1998.
Cambra Maria Skadé, *Töchter der Mondin*, Arun, Engerda, 2002.
Ulla Janascheck, *Erlebnisraum Astrologie, mit Fantasie durch den Tierkreis reisen*, Chiron-Verlag, Mössingen, 2001.
Ulla Janascheck, *Transit-Tagebuch*, Chiron-Verlag, Mössingen, 2000.
Ulla Janascheck, *Göttin der Gezeiten*, Heyne-Verlag, München, 2002.
Johann Munzer, *Nidana-Astrologie*, Edition Vidya, CH-Arzo, 2002.
Shahrukh Husain, *Die Göttin*, Evergreen, Taschen GmbH, 2001.
Tracy Marks, *Dein verborgenes Selbst*, Verlag Hier und Jetzt, Hamburg, 1995.
Petra Niehaus, *Das Handbuch der astrologischen Biografiearbeit*, Ebertin, Freiburg im Breisgau, 1998.
Miranda Shaw, *Frauen, Tantra und Buddhismus*, Fischer Taschenbuch Verlag, Frankfurt/M, Juli 2000.
Tenga Rinpoche, *Die fünf Nägel des Naropa*, Khampa Buchverlag, Osterby, 1998.
Chögyam Trungpa, *Die Insel des Jetzt im Strom der Zeit*, Fischer Taschenbuch Verlag, Frankfurt/Main, 1999.
Meridian, Fachzeitschrift für Astrologie, Jehle und Garms OHG.
Astrolog, Zeitschrift für astrologische Psychologie, Schweiz.

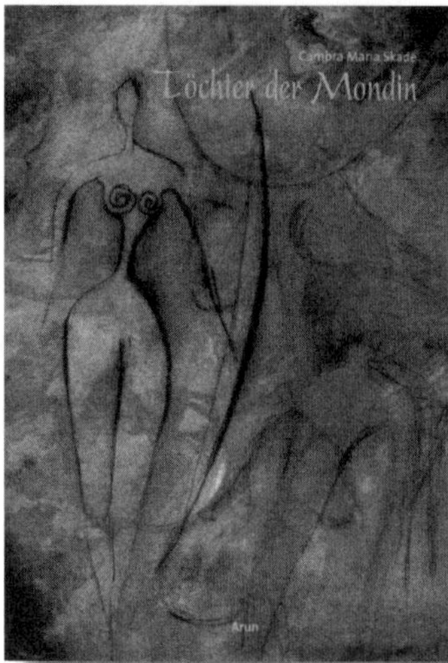

Cambra Maria Skade

Töchter der Mondin

In diesem Buch wird mit Gedichten, mythischen Geschichten, Bildern, Fundstücken und Objekten vom Lebenszyklus erzählt, der Weißen, der Roten, der weisen Alten in uns, von den Jahresfesten, den Elementen und ihrer Energie. Die weibliche Potenz bekommt eine phantasievolle Gestalt verliehen.

Es sind sinnlich-magische Geschichten und Bil**der, die den Weg** zu Ahninnen, Begleiterinnen, Patinnen, zur Eige**n-Macht, zur Schöpferin**nenkraft zeigen, dazu, wie eine selbstbestimmt, **lustvoll, einfallsreich ihr Leben leben kann**. Auf dem Weg durch das Buch, das Jahr, das Leben, tauchen Bilder auf von Müttern, Großmüttern, von Frauen, auf deren Schultern wir stehen, an deren Fülle von Lebenserfahrungen wir anknüpfen können, die uns in die Tiefe der Zeiten führen, in die Tiefe des eigenen Ichs.

Ritualideen tauchen auf, als Anregung, den eigenen Weg, die eigene Form spielerisch zu finden, sich auf die Wurzeln zu besinnen und etwas Eigenes daraus weiterzuspinnen und die uns innewohnende Möglichkeit zur kreativen Lebensgestaltung zu entfalten.

Es eignet sich hervorragend als Geschenkbuch.

Aber eigentlich ist es ein mytho-poetisches Gesamtkunstwerk!

160 S., durchgängig farbig bebildert,
Broschur, 21,0 x 29,0 cm (A4),
ISBN 3-935581-19-X
€ 25,50 / 43,00 SFR

Anke Rammé Firlefanz

Körpermalerei & Ritual

Ein Praxisbuch

„Als ich Anke Firlefanz kennenlernte, faszinierte mich, wie sehr ihre Arbeit, ihre Kunst im Alltag verwurzelt und eingebettet war. Kunst- und Lebensform miteinander zu verweben und das weiterzugeben, ist ihre besondere Qualität.

Es ist, als ob etwas längst verloren Geglaubtes wieder auftaucht, ein altes sich Erinnern, ein Stück heilwerden. Gerade in der Verbindung von Körpermalerei und Natur spiegelt sich auf wunderbare Weise unsere Seele in ihrer ganzen Weite.

Und so soll die Bemalung des Körpers - uralter Teil von Ritualen - hier als das verstanden werden, was sie einmal war: magischer Akt!

Wir können Verwandlungsmöglichkeiten erkennen und sie durch Bemalung manifest machen, unseren inneren Bildern Gestalt geben und so eine Möglichkeit auftun, den Zugang zum rituellen Erlebnis wiederzufinden.

Das Buch soll dazu anregen, spielerisch und lustvoll diese Möglichkeit für sich zu entdecken, sich alles zu erlauben, den eigenen Gestaltungsraum zu vergrößern, die Schöpferinnenkraft zu entfalten."

(Cambra Skadé)

160 S., 160 farbige u. 100 s/w-Abb.,
A4, Broschur,
ISBN 3-927940-42-9
€ 25,50 / 43,00 SFR.

Barbara G. Walker

Das geheime Wissen der Frauen

Wer kennt heutzutage noch die ursprüngliche herrschende Rolle der Frau in Mythologie, Religion und Geschichte, in Sprache, Kunst und Kultur? Die Antworten darauf hat Barbara G. Walker in 25 Jahren tiefgründig recherchiert.

Was einst durch das Patriarchat verfälscht und unterdrückt wurde oder gar in Vergessenheit geraten ist, wird von der Autorin mit diesem Werk aufgearbeitet und ins rechte Licht gerückt. Das uralte Wissen der Frauen, das früher als normal und selbstverständlich galt, wird hier wieder belebt.

Und sie verspricht nicht zuviel. Wer einmal angefangen hat, dieses (uralte) Wissen zu ergründen, der wird so bald nicht wieder davon loskommen.

Eine einzigartige Enzyklopädie mit altem Wissen und neuen Erkenntnissen - nicht nur für Frauen!

Ein Lexikon - ja ein Standardwerk - das in keinem Bücherregal fehlen darf!

1232 Seiten, viele Abb., 15,1 x 22,8 cm,
Hardcover, Schutzumschlag
ISBN 3-935581-26-2
€ 29,95 / 50,30 SFR

Scout Cloud Lee

Der Heilige Kreis

Ein Medizinbuch für Frauen

Dieses Buch behandelt die Ehrung des Kreises, die Herstellung von Rasseln und Trommeln, den Bau von Altaren, den Mondzyklus der Frau, Heilkreise, den Bau von Totems und Steinkreisen sowie Medizinrad- und Schwitzhüttenzeremonien.

Das Buch stützt sich sowohl auf uralte traditionelle Weisheiten als auch auf die zeitgenössische Spiritualität. Jede Leserin kann sich so mit ihrer eigenen Kraft und mit der eines großen Kreises von Frauen in Verbindung setzen.

Diese Anleitung zu den heiligen Zeremonien der Frauen ist das Ergebnis einer Zusammenkunft unterschiedlichster Medizinfrauen. Sie beinhaltet Worte der tiefen Weisheit dieser Welt, die im Verlauf dieses Treffens gesammelt wurden.

Eine herausragende Dokumentation moderner Frauenspiritualität, die auf alten indianischen und keltischen Traditionen fußt.

320 Seiten, 80 Abb., 17,0 x 24,0 cm, Broschur,
ISBN 3-935581-25-4
€ 16,00 / 27,50 SFR

Devdutt Pattanaik

Frauen in indischen Mythen

Die fünf Gesichter der ewigen Weiblichkeit

Der Autor bringt erstaunliche Bilder ans Tageslicht und stellt die fünf Gesichter der ewigen Weiblichkeit im Zuge der Entfesselung der Geheimnisse des Lebens dar.

Das Weibliche wird zunächst mit der Natur identifiziert und in einen göttlichen Zusammenhang gerückt. Man sieht sie als Urmutter sowie auch als Quell des Lebens und Nährens. Die ewig gebende Mutter verwandelt sich dann in eine tanzende Nymphe, eine Verführerin, die mit weltlichen Freuden lockt, und die Menschen an den Kreis des Lebens bindet.

Pattanaik erforscht die Mysterien der Geschlechter und der Biologie, bringt die Wurzeln der Tabus sowie der heute noch in Indien praktizierten Traditionen ans Tageslicht und zeigt im Zuge dessen die sterbliche Frau als Abbild der Muttergöttin.

256 S., 35 s/w Abb., 17,0 x 24,0 cm, Broschur,
ISBN 3-935581-01-7,
€ 20,50 / 34,60 SFR

Helge Folkerts

Frauenkreise

Feste, Feiern, Rituale um die heilige Mitte

Sehr einfühlsam und leicht verständlich gibt das Buch Tips zur Gestaltung des Jahreskreises, zu Ritualen, mythologischen Bildern und persönlichen Anliegen wie Tauf-, Geburts- oder Beisetzungsfeierlichkeiten.

Alle Feste, Rituale und Feiern um die *Heilige Mitte* werden erlebbar beschrieben und sind so für jede Frau leicht nachzuvollziehen.

Detailreiche Fotos illustrieren die geschilderten Rituale und regen nicht nur an, der weiblichen Spiritualität Ausdruck zu verleihen, sondern machen auch richtig Lust, die eigene Kreativität sinnvoll auszuleben.

128 S., durchg. 3-farbig, 16 S. 4-farbig, A5,
Broschur
ISBN 3-927940-61-1
€ 15,50 / 26, 70 SFR